犯罪心理学概论

主编 许永勤

对外经济贸易大学出版社
中国 · 北京

图书在版编目（CIP）数据

犯罪心理学概论 / 许永勤主编. —北京：对外经济贸易大学出版社，2012

司法警官职业教育系列教材

ISBN 978-7-5663-0400-1

Ⅰ.①犯… Ⅱ.①许… Ⅲ.①犯罪心理学－职业教育－教材 Ⅳ.①D917.2

中国版本图书馆 CIP 数据核字（2012）第 170326 号

犯罪心理学概论

许永勤 主编

责任编辑：阮珍珍 强晓洁

对外经济贸易大学出版社

北京市朝阳区惠新东街 10 号 邮政编码：100029

邮购电话：010－64492338 发行部电话：010－64492342

网址：http://www.uibep.com E-mail：uibep@126.com

唐山市润丰印务有限公司印装 新华书店北京发行所发行

成品尺寸：170mm×230mm 15.75 印张 292 千字

2012 年 8 月北京第 1 版 2012 年 8 月第 1 次印刷

ISBN 978-7-5663-0400-1

印数：0 001－2 000 册 定价：29.00 元

目 录

第一章　绪论……………………………………………………………… 1
第一节　犯罪心理学的研究对象……………………………………… 1
第二节　犯罪心理学的研究方法……………………………………… 4
第三节　犯罪心理学的研究历史与现状 ……………………………… 10

第二章　犯罪心理学的相关理论 ……………………………………… 17
第一节　精神分析理论 ………………………………………………… 17
第二节　行为主义与学习理论 ………………………………………… 26
第三节　认知与道德发展理论 ………………………………………… 33

第三章　犯罪行为的心理学研究 ……………………………………… 43
第一节　犯罪心理的生理学基础 ……………………………………… 43
第二节　犯罪心理形成的认知基础 …………………………………… 48
第三节　情绪与情感 …………………………………………………… 54
第四节　需要与动机 …………………………………………………… 58

第四章　未成年人犯罪心理 …………………………………………… 65
第一节　未成年人犯罪的概念与犯罪特点 …………………………… 65
第二节　未成年人犯罪的身心基础…………………………………… 69
第三节　未成年人违法犯罪的心理分析 ……………………………… 77

第五章　女性犯罪心理 ………………………………………………… 83
第一节　女性的心理特征 ……………………………………………… 83
第二节　女性犯罪的行为特征 ………………………………………… 87
第三节　女性犯罪的心理分析 ………………………………………… 92

第六章 暴力型犯罪心理 …… 99
第一节 攻击 …… 99
第二节 暴力犯罪的心理特征 …… 107
第三节 暴力杀人犯的心理分析 …… 112
第四节 性暴力心理分析 …… 116

第七章 财物型犯罪心理 …… 121
第一节 盗窃犯的心理分析 …… 121
第二节 诈骗犯的心理分析 …… 131
第三节 职务犯罪的心理分析 …… 140

第八章 变态心理与犯罪 …… 153
第一节 变态心理概述 …… 153
第二节 变态人格与犯罪 …… 160
第三节 精神病与犯罪 …… 166
第四节 性变态犯罪心理 …… 171
第五节 纵火犯罪心理 …… 177

第九章 群体犯罪心理 …… 181
第一节 群体犯罪概述 …… 181
第二节 不同类型群体犯罪的特征 …… 184
第三节 群体犯罪的心理分析 …… 187

第十章 犯罪的心理侦查 …… 201
第一节 被害人的催眠询问 …… 201
第二节 证人的认知询问 …… 205
第三节 犯罪人的心理画像 …… 209
第四节 犯罪人的心理测试 …… 214

第十一章 犯罪审讯心理 …… 225
第一节 审讯的心理学原理 …… 225
第二节 犯罪嫌疑人在审讯中的心理特点 …… 230
第三节 审讯中的心理策略及方法 …… 235

第一章

绪　论

每天，当我们打开电脑、电视以及网络，都或多或少地看到一些关于犯罪方面的新闻，偷盗、抢劫、校园暴力、家庭伤害等事件触动着人们的神经并引发人们的思考：人为什么会犯罪？犯罪人有什么特点？所有关于上述问题的推测，都将我们引入一个新的领域，即犯罪心理学。在本章中，我们将要完成以下几个学习任务。

本章任务

1. 掌握犯罪的定义
2. 掌握犯罪心理学的研究对象
3. 理解犯罪心理学的研究方法
4. 了解犯罪心理学的研究历史

第一节　犯罪心理学的研究对象

引　例

一位著名歌手谢某，因为吸毒已经被警方传唤多次。2011 年，该歌手再次因为吸毒被警方拘留。这次，谢某将面临强制戒毒的惩罚。算算该明星的吸毒史，这次已经算“三进宫”了。

提问：该明星的行为是犯罪行为吗？

一、犯罪的概念

我们要研究犯罪心理学，首先要了解什么是犯罪。犯罪是一个非常复杂的社会现象，很难有一个一致性结论。法学家、社会学家、犯罪学家以及犯罪心理学家都对此提出了自己的观点。

第一种，是一致观，该观点认为犯罪是为大多数社会成员所谴责的行为，是对大众一致遵循的社会规范、规则、价值观的否定。例如，英国学者边沁认为，犯罪是侵害公共秩序的行为。英国的霍布斯、意大利的贝卡利亚则认为，犯罪是侵害法律或社会规范的行为。意大利犯刑事实证学派的代表人物加罗法洛则认为，犯罪的本质是对人的自然情感的伤害，其中主要是对人的怜悯慈悲情感（例如杀人犯罪）和正直情感（例如抢劫犯罪）的伤害。在这里，加罗法洛将人的犯罪行为分为自然犯罪和人定犯罪，前者违反的是人的自然情感，而后者违反的是不断发展变化的法定犯罪。

第二种，是冲突观，该观点认为犯罪是当权的权富阶层为维护本身利益，而对无权势的、利益相冲突者进行压迫的结果，杜立契尔和克雷普木（Doleschal and Klapmuts）的说法正反映了这方面的特质："官方犯罪和被逮捕的犯罪者乃是由和其行为的损害性毫无关联的社会力量所产生的。最成功的犯罪人则少被抓到、少被起诉、亦少受惩罚。这些是有权、有钱和聪明的人。较不成功的犯罪人则较常被惩罚。他们则是缺乏权力、贫穷和较笨拙之人。"

第三种，是互动观。该观点是对上述两种观点的折衷，它既反对一致论观点中绝对的对与错的道德观，也反对以政治和经济的理由来标定犯罪行为。该观点认为，犯罪的定义反映的是在某一刑事司法机构中掌握一定权力的人，通过运用权力来影响社会对行为标准的评价。相对而言，它更强调社会对行为的评价以及这种评价对行为人的影响，并且认为这两者的评价标准不是一成不变的。正如社会学家贝克尔（Howard S. Berker）指出的："越轨者就是被成功地贴上标签的人；越轨行为就是被人们如此标定的行为。"简而言之，该观点更重视法律标准中所蕴含的道德标准对每个具体个人所起的作用。

相对而言，我国法学界对犯罪的概念有两种理解：一种是刑法学的概念，另外一种是犯罪学的概念。在刑法学上，根据我国《刑法》（1997）对犯罪的定义，犯罪是指严重危害社会、依照法律应受刑罚处罚的行为。这一概念包括三个基本特征：其一，犯罪是具有严重危害社会的行为，例如盗窃、抢劫；其二，犯罪是具有违法性的行为，这里的法主要是指刑法；其三，犯罪是应受刑罚处罚的行为。与其他偏差行为相比，犯罪行为是一种更严重的反社会行为，因而所受到的惩罚也最为严重。国家对犯罪行为的反应方式是采用刑罚手段，而不是行政处罚和经济制裁手段。该概念包含了三个特征：社会危害性、刑事违法性以及应受刑罚处罚性。按照这一定义，吸毒属于违反治安管理处罚条例的违法行为，没有违反刑法，会被拘留，具有一定的社会危害性，但不是犯罪。

在犯罪学领域，有的学者认为犯罪概念应该与刑法学保持一致，有的学者则认为犯罪学中的犯罪与刑法学中的犯罪因为研究的目的不同，在内涵和外延上既不相互包容，又不等同，而是存在着一种交叉关系。相对于刑法学，犯罪学更加注重犯罪的原因分析以及预防。因此，在内涵方面，犯罪学的犯罪概念以社会危害性为核心要素，不受刑事违法性制约；在外延上犯罪学上的犯罪包括绝大多数法定犯罪、准犯罪（如精神病人实施的危害行为）和具有人身危险性的待犯罪化的犯罪。具体如下：

第一，绝大多数法定犯罪。绝大多数法定犯罪，都严重扰乱正常的社会秩序，具有很大的社会危害性，因此，属于犯罪学的重点研究范围，但是，对于一些因历史或其他原因所造成的社会危害性很小的法定犯罪，则排除在外。

第二，触犯了刑法而不受到处罚的行为，又称准犯罪。这些犯罪行为包括：不满法定最低刑事责任年龄的少年实施的严重危害社会的行为；精神病人实施的严重危害社会的行为；自杀行为；滥用麻醉剂行为；依照治安管理处罚条例应当处罚的行为；以及我国新《刑法》第 13 条“但书”所指的行为等等。

第三，具有严重社会危害的违法行为。指虽没有触犯刑法，但按照治安管理处罚法应当处罚的严重危害社会的行为。例如卖淫、嫖娼、吸毒等。

第四，其他社会病态行为。指具有潜在的社会危害性，对社会正常秩序造成不良影响的行为。例如，自杀、药物滥用、酗酒、赌博等。

名人名言

当一个好人受到伤害，所有的好人定将与其同历磨难。

——［希腊］欧里庇得斯

二、犯罪心理学的研究对象

目前，国内外学者对于犯罪心理学的研究对象，存在两种观点：

一是狭义说，该观点认为犯罪心理学是应用心理学的基本原理和方法来研究犯罪人的犯罪心理形成、发展和变化规律，研究对象应该是犯罪人，以揭示犯罪动机为核心来探究犯罪者的性格、环境以及犯罪行为的过程。主要包括犯罪者的人格结构、犯罪者的类型、犯罪动机的形成、不同类型（财产、暴力、过失、黑社会性质）的犯罪心理、变态心理等。

二是广义说，该观点认为犯罪心理学是运用心理学的基本原理，研究犯罪主体的心理、行为以及犯罪对策中的心理问题的一门学科。犯罪心理学不仅要阐明犯罪本身，还要为揭发罪证、协助侦查、审判与矫治提供借鉴，以达到遏制犯罪的目的。研究内容除了上述狭义说之外，还包括犯罪的侦讯心理、审判心理以及法庭心理等。在本书中，主要采用了广义说，以适应形势的变化，用更宽广的视野来了解犯罪人与整个司法情境中的互动。

基于上述犯罪心理学研究的广义观，结合当前实际情况和司法实践的客观需要，本书中，犯罪心理学主要研究了以下几个方面：

第一，犯罪心理学的基本理论，包括犯罪心理学的对象、任务、研究方法，国内外犯罪心理学研究的历史，个体犯罪心理形成和发展变化的基础，例如情绪、需要、动机、人格等。

第二，不同类型的犯罪心理分析，包括不同主体的犯罪心理分析（青少年犯罪、女性犯罪），不同类型的犯罪心理分析（财物犯罪、暴力犯罪、团体犯罪、变态心理犯罪等）。

第三，司法实践中的犯罪心理学分析，包括犯罪侦查心理、犯罪审讯心理等。

相关知识链接

犯罪心理学是法律心理的一个分支。法律心理学又称法制心理学，是应用现代心理学的理论和方法，研究司法程序中有关立法、司法、守法、违法和法律宣传教育中的边缘学科，包括立法心理学、侦查心理学、矫正心理学等。随着犯罪心理学研究的日益广泛和深入，更多的研究领域相对独立开来，犯罪心理学的研究对象更强调对犯罪人为主体的研究。

就学科性质而言，犯罪心理学是一门由心理学与法学相结合形成的边缘性学科，所涉及的具体学科包括：刑法学，为犯罪心理学提供法律依据和学科边界；犯罪学，为犯罪心理学提供宏观的犯罪原因和预防策略；普通心理学，为犯罪心理学研究提供个体心理形成和发展变化的规律；社会心理学，为犯罪心理学提供群体与个体互动的规律等。

第二节　犯罪心理学的研究方法

引　例

1940年11月16日，纽约爱迪生公司大楼的一个窗户边发现了一枚没有爆炸的炸弹。炸弹包旁边有一张手写的字条，上面写着：

爱迪生公司的骗子们，这是为你们准备的。

F. P

没有留下任何指纹，炸弹也没有炸。以后五年里，报社、旅店和百货商店也纷纷收到类似的纸条。1950 年圣诞节前夕，《先驱论坛报》收到一封莫名其妙的匿名信。信是从韦斯特切斯特发出的，内容是由手写的大写字母写成的，用的是一张普通信纸：

我是一个病人，而且正在为这个病而怨恨爱迪生公司，该公司会后悔他们的卑劣罪行的。不久我还要把炸弹放在剧院的座位上。

谨此通告

F. P

此后，F. P 变本加厉，到 1955 年，他在一年中放置了 52 枚炸弹，其中 30 枚爆炸了，造成了多人受伤、死亡。公众感到严重不安，称 F. P 为“炸弹狂”。

推断：

纽约警察局束手无策，侦探长霍华德带了案件的全部卷宗，包括一些炸弹的碎片、F. P 的信、几张炸弹的照片去向心理学家詹姆斯·布鲁塞尔博士求教。布鲁塞尔花了 4 个小时的时间对案件作了如下推断：

(1) 罪犯是男性。因为以前制造并放置炸弹的人都是男性，无一例外。

(2) 罪犯年龄在 50 ~ 60 之间。F. P 认为爱迪生公司害他生病，渐渐地认为整个世界都同他过不去，人一旦为这种思想纠缠，就变成了“偏执狂”。而据心理学家分析，偏执狂有潜伏期，在一个时期内病势发展缓慢，但是一过 35 岁就变得一发不可收拾。罪犯放置炸弹已经有 16 年了，所以年龄应该在 50 岁以上。

(3) 爱迪生公司曾对罪犯有过不适当的处置。偏执狂都很爱护自己，在行动时都认为在自卫。他们从不承认自己有缺点，而把遇到的麻烦归于别人，尤其是某个大组织。

(4) 受过良好的中等教育。从清秀的字体看出他受过良好的中等教育。

(5) 不胖不瘦，中等身材，体格匀称。有心理学家证明人类的体格、个性和任何精神疾病的发展都有关系。其中偏执狂 85% 具有运动员的身材。

(6) 工作一丝不苟，属于模范职员。从清秀的字体和干净的信纸，推断罪犯的工作态度一定不错。

(7) 不是纯粹的美国血统。“卑劣罪行”用的不够美国味。他还把爱迪生公司写成“Society Edison”，而不是美国人常用的“Consolidated Edison”的缩写“Cons. ED”。

(8) 是斯拉夫人。对仇敌采取报复措施在各国都有，但是地中海沿岸的人多用匕首，斯堪的那维亚人用绞索，斯拉夫人用炸弹。

(9) 信仰天主教，并定时上教堂。斯拉夫人大都信天主教，所以罪犯应该信仰天主教，并定期上教堂，因为有规律是他的习惯之一。

(10) 居住在布里奇来特区（位于纽约和韦斯特斯特之间斯拉夫人聚居区）。匿名恐吓信不是在纽约就是在韦斯特斯特投寄的，因此罪犯的住所可能在两地之间。布里奇莱特是两地间最集中的斯拉夫人居住地。

(11) 一定受过一定程度的心理创伤，有恋母情结并憎恨父亲。男孩子在幼年时会由于恋母情结而憎恨父亲，偏执狂一定会这样。他经常反抗父亲，并一直那样生活。反抗父亲的权威到后来转变为反抗社会的权威，这就是他到处放置炸弹的原因。

(12) 独身，没有女友和男友，与年长的女性亲属共同生活。由于失去母爱，所以他非常痛苦，在以后的生活中，也没有人给他爱情和友谊，创伤一直没有愈合。所以他独身，没有男友或女友，可能连女性也从未吻过。他和年长的女性亲属共同生活，这可以使他想起母亲，得到慰藉。

(13) 衣着整齐、风度翩翩。一个偏执狂病人在衣着或举止上，都不愿意落在水准之下，因此他是个衣着整齐、风度翩翩的人。

(14) 居住在一个单独的院落中。制造炸弹必须有一个设备很好的工作室，不会妨碍邻居也不会被人发现，是隐蔽所在。

(15) 身患心血管疾病。他一再声称自己是病人，他可能患癌症、肺结核或心血管疾病的话活16年的可能性很小，患肺结核的话应该已经治愈了，所以他患心血管疾病。

最后，博士称此人被抓铺时，必身穿双排扣上装（当时一种普通样式上装），纽扣扣得整整齐齐。因为，他对新样式的衣服比较犹豫，所以穿着最普通的款式的衣服。

调查与破案：

不久，爱迪生公司彻查档案时，发现了一个叫乔治·梅特斯基的人。他原是爱迪生公司的职员，1931年9月因公受伤，得到了公司的工伤补贴。几个月后，公司裁减人员时将他除名。1934年1月，他自称患了肺结核，申请终身残疾津贴，但未能如愿。

爱迪生公司的报告认为：梅特斯基工作出色，一丝不苟，手脚麻利，遵守纪律，与人和善，品行优良，属于模范职员。

档案里提到的其他重要情况还有：梅特斯基生于1904年，在1931年正好27岁。照此推算，1940年他36岁，1957年他53岁。他是波兰裔，罗马天主教徒，家住在康涅狄克州（布里奇来特即在此州）。经进一步秘密调查，得知：梅特斯基未婚，和他的两个姐姐住在一栋独院住宅里，父母双亡。他身高1.75米，体重75公斤。他没有前科。他的邻居们评价说：他的家是个和睦之家，他对人总是彬彬有礼，但很少与人来往。

当警察来到了梅特斯基家，出现在他们面前的是一个身穿褪色睡衣、戴金丝边眼镜、体格匀称的男人。经过一个多小时的询问，梅特斯基终于哑口无言。他把警察带到一个整理得井井有条的房间——他制造炸弹的房间。当警察要带他走时，他进卧室换身衣服。只见他头发梳得光光的，脚上皮鞋擦得雪亮。他身穿有双排纽扣的蓝色细条纹西服，上装的3粒纽扣也扣得整整齐齐。

提问：在上述案例中，心理学家用了哪些具体研究方法？

一、犯罪心理学研究的原则

犯罪心理学研究的对象比较复杂，犯罪心理的形成和发展具有隐蔽性、掩饰性和不可重复性等特点，这就决定了在研究上具有一定的难度。但是，根据辩证唯物主义反映论和决定论的观点，犯罪心理现象也有规律可循。在进行研究时，要坚持以下几个原则：

（一）客观性原则

客观性原则也称实事求是原则。按照心理学的观点，心理是人脑对外界事物的内隐和外显的反应，包括感觉、知觉、思维、判断、情绪和情感等，它也是一种客观存在。在我们研究犯罪心理的时候，要始终秉承实事求是的原则，在数据的搜集和处理、分析阶段，都要坚持采用科学客观的研究方法，尽可能多地收集资料，避免主观臆断，在犯罪心理学研究中，尤其切忌用自己的主观经验、主观感受乃至人生经历等去解释和推断观察到的犯罪现象。

名人名言

没人能保守秘密，即使双唇紧闭，指尖也会说话，每个毛孔都泄露着秘密。

——［奥地利］西格蒙德．弗洛伊德

（二）联系性原则

犯罪心理的发生不是一个孤立的现象，与个人的生活经历、生活环境以及现场周围的人和事有着千丝万缕的联系。在研究犯罪心理时，要坚持联系的观点，不仅要研究影响犯罪心理形成和个性特征的早期经历、关键事件以及诱发情境等，同时也要研究与之相关的社会、家庭、犯罪情境等相关因素。

（三）理论联系实际的原则

研究犯罪心理学的主要目的是为了探索犯罪心理的规律，最终为揭露、惩治、改造和预防罪犯提供心理依据。犯罪心理学是一个综合性边缘学科，与犯罪学、社会心理学、刑法学、普通心理学等有着密切联系。这些学科所涉及的有些理论还处在前范式研究阶段，学科的复杂性导致基本理论研究的多元性。在这一背景下，犯罪心理学的研究要更注意实际应用，并在实际应用中进一步充实和完善基本理论的研究。惟其如此，犯罪心理学才有强大的生命力。

（四）伦理性原则

犯罪心理的形成，是由各种消极因素相互作用的结果。当我们用一些控制情境或被试的手段来研究这些消极因素的影响时，有可能会使研究对象身心俱伤，尤其是采用欺骗、威胁、恐吓、物理和心理强制等方法更是如此。因此，犯罪心理学的研究要坚持伦理性原则，在问卷调查、自然观察和某些档案研究中采用匿名性原则。同时在研究过程中，要尽可能保护被试，防止他们受到心理伤害，一旦被试出现不良反应或要求退出实验，应予以充分的尊重。此外，研究者也有责任对所获得的资料进行保密，保护被试的隐私权，尤其要对有些罪犯的创伤性经历尽可能保守秘密，以免产生相反的示范性效应。

相关案例

斯坦福模拟监狱实验

1971 年，斯坦福大学心理学教授津巴多为研究人和环境对个体行为的影响程度，设计了著名的斯坦福监狱实验，该实验地点设在斯坦福大学心理系的地下室中，共有 24 名师范学院的男性学生志愿者参加，他们被分别随意指派为看守组和囚犯组。实验者发给看守组制服和哨子等各种道具，并指导他们按照监狱的规则进行管理，囚犯组则从自己的所在地被粗暴地拉到模拟监狱，进行搜身，穿上劣质的囚服，见到看守都要敬礼退让等。仅过一天，这些学生就进入了自己所扮演的角色。慢慢地，该实验超过了预设的界限，通向危险和造成心理伤害的边缘。“看守”组显示出虐待狂病态人格，变得粗暴、蛮横、充满敌意，他们还想出多种对付犯人的酷刑和体罚方法。而“囚犯”显示出极端被动和沮丧，许多囚犯在情感上受到创伤，他们要么变得冷漠退缩，无动于衷，要么开始了积极的反抗。对此，实验者津巴多进行了描述：“我们所看到的一切令人胆战心惊。大多数人的确变成了‘犯人’和‘看守’，不再能够清楚地区分角色扮演还是真正的自我。错觉之间产生了混淆，角色扮演与自我认同也产生了混淆。”尽管实验原先设计要进行两周，但由于超出实验者的承受范围，不得不提前停止。

二、犯罪心理学研究的主要方法

（一）观察法

观察法是指研究者通过自己的感官或借助一定的科学仪器和技术手段，有计划、有目的地对研究对象的各种行为表现进行观测，以收集资料的一种方法，又分为自然观察法和控制观察法。自然观察法是指在自然情境下的观察。控制观察是指对日常情境进行控制和干预后的观察，例如阿希的去个性化实验。

观察法的优点是收集的资料比较客观、全面、准确，缺点在于具有一定的被动性，比较费时，在记录和解释数据时容易受到观察者本人的能力水平、知识经验、主观愿望以及观察技能的影响。同时，对获取的数据不易进行量化处理，因此常与其他研究方法综合使用。

（二）调查法

调查法，是指通过问卷、访谈、实地考察等方式，了解人们的想法和看法，搜集有关犯罪人资料，来研究犯罪心理特点和规律的方法。调查法所搜集到的主要是言语资料，主要有问卷法和访谈法两种。

1. 问卷法

问卷法是研究者通过科学方法设计一系列书面问题，来征求回答者的意见，以收集与犯罪人相关的心理特征和行为表现的资料。问卷法的优点在于简单易行，效率很高，结果处理方便，容易进行大型项目的分析。缺点是不能对复杂问题进行深入研究，很难保证问卷的有效性，在回收率和填写问卷的质量上都较难控制。

2. 访谈法

访谈法又称访问法，是指研究者通过与犯罪人及其父母、亲友、同学、老师以及办案人员等谈话对象的交谈，以获取犯罪人资料的方法，又分结构式和非结构式访谈两种，前者对访谈中提出的问题、顺序和方式，选择访谈对象的标准和方法，访谈对象回答问题的方式，访谈记录的编码方式等都有统一的要求；非结构性访谈是一种开放式的访谈方式，只是要求对象围绕一个粗线条的谈话主题，灵活地进行交谈。

访谈法的优点是比问卷法所涉及的问题更加细致深入，准确性较高。缺点是费时费力，效率较低，所得资料也难以进行统计分析。为了保证访谈的有效性，访谈者必须学会倾听的技术，提问问题明确规范，不随意打断对方，不对谈话内容进行主观臆测。

（三）测验法

测验法是指用标准化量表来测量犯罪人的心理特征的方法。对于犯罪人的研究，最常用的有智力测验、人格测验、“中国犯罪心理测试个性分测验”等。

标准化的心理测验要满足以下几个要求：（1）常模。常模分数为测验结果提供了一个参照系，通过对比分析，而得出犯罪人心理特征的显著性差异。（2）信度。即量表的可靠性和稳定性。（3）效度。即量表的有效性，用来衡量一个量表是否真实反映了所期望测量的内容。（4）实施程序和计分方法，尤其是要提供标准化的指导语。

测验法的优点是采用了科学的标准化的程序设计，以保证测量数据的可靠性。缺点是操作难度较大，在主试选择、取样方法、常模确定以及数据处理上都有着严格要求。

（四）实验法

实验法是通过有目的地严格控制实验情境，对被试施加刺激，以引起被试的心理反应，从而测量刺激与反应之间联系程度的方法。在犯罪心理学的研究中，比较常用的是现场实验，又称自然实验法，它通过对真实情境中一些条件进行控制和干预，来发现事物之间的联系。在有关目击证言的研究、罪犯心理矫正的研究中常用此方法。

（五）案例分析法

案例分析法是指通过对各类典型的案例进行比较分析和归纳总结，最终发现犯罪心理发生规律的方法。这一分析方法对研究者的专业背景要求较高，不仅需要有缜密的思维，更要有专业的理论背景做支撑。在本节开头的引例中，心理学家主要采用了案例分析法发现了炸弹狂。

第三节　犯罪心理学的研究历史与现状

1897 年，奥地利犯罪学家汉斯·格罗斯出版了第一部真正意义上的《犯罪心理学》专著，标志着犯罪心理学的诞生。虽然这门学科只有一百多年的短暂历史，但却有着很长的思想渊源。

一、早期思想

（一）我国古代的犯罪心理学思想

在“人为什么会作恶”这一问题上，我国早期思想家主要有三个观点：

1. 性善说

主要代表人物是孟子（公元前372～公元前289年）。他认为只要顺从人的本性去发展，人都会向善的方向去走，因为人都有同情心、羞耻心，都懂得是非善恶，正所谓“仁义礼智，非由外铄我也，我固有之”。[①] 之所以人会变恶，是因为后天环境的影响。例如贫穷、缺乏社会教养，例如“饥寒起盗心”等。

2. 性恶说

主要代表任务是荀子（公元前313～公元前238年）。他认为人的本性是恶的，天生趋利避害，如果顺着人的本性去发展，社会必将会产生争斗、混乱乃至暴力的场面。因此，应该用道德礼仪去约束人的日常行为，用严刑峻法去预防和威慑人们的犯罪行为。

3. 折衷说

主要代表是西汉的董仲舒（公元前179～公元前104年）。他根据天人感应、阴阳二气的运行观点，把人性分成三类：第一类是极少数圣人，情欲很少，天生就是善的，不需要教育；第二类是中人，包括大多数人，可能为善，也可能为恶，需要引导和教育；第三类是极少数斗筲之人，情欲旺盛，天生贪婪，虽教育也难以改变。

除了上述关于人性的探讨，我国古代的学者还提出了许多犯罪预防的思想，例如孔子的“教化”、“德治”、“宽严相济”等观点，道家老子不激发人性贪欲的“无为而治”观点，法家韩非等人强调刑罚威慑的观点以及后来提出的“综合控制”的观点等。

(二) 西方的犯罪心理学思想

西方对于犯罪心理学的研究主要从精神异常的角度来进行探讨，具体可分为哲学、精神病学和人类学三类。

1. 哲学观

最早，18世纪以前，学者们主要从哲学思辨的角度来研究犯罪人。例如古希腊学者柏拉图认为，人的智力和其他心理特征存在个体差异，人是被自身的欲求所驱使的。人之所以会犯罪，一方面来自于灵魂中坏的成分占了上风，一方面来自于道德，还有一方面来自于身体的需要。柏拉图的学生亚里士多德认为，犯罪的部分原因在于人的自私邪恶的天性。后来，英国学者霍布斯、意大利学者贝卡利亚和英国学者边沁等人都对人类自私天性作了深层次解构。

---

① 《孟子》《中国哲学资料简编》第222页。

2. 精神病学

从精神病学的角度来解释犯罪现象已经有很长的历史了。有些犯罪行为被当作是一个人的非正常反应，是亵渎上帝的越轨行为，是精神错乱的表现，也是因为魔鬼附身的结果。因此，需要驱魔方法加以治疗，包括使用奇术、祷告、咒文、吵闹的声音、泻药、鞭打、饥饿等残酷的措施等。在驱魔观点盛行的同时，古希腊学者希波克拉底（公元前460～公元前377）指出，脑病变是精神异常的原因，因此可以从沐浴、特殊饮食、放血和药物等生理方式来加以治疗。这一学说成为精神病学取向的犯罪心理学研究的先锋。后来，19世纪英国精神病学家莫兹利曾对犯罪行为与精神错乱的关系作了解释："犯罪使得不健全的倾向有了发泄的途径；假使他们不是犯罪人，他们会发疯，而他们不会发疯因为他们是犯罪人。"

3. 人类学

从人体解剖学和生理的角度来描述犯罪人特征是另外一种简洁方法。最早是颅相学的研究，即通过人的面相、颅相或骨相来推断人的善恶。例如，古希腊哲学家苏格拉底曾说过："凡面黑者，都有作恶的倾向。"后来，随着犯罪实证科学的到来，学者们开始探讨人类身体表征与犯罪的关系。最具代表性的人物之一是意大利犯罪学家龙勃罗梭，作为一名监狱医生，他对几千名犯人作了人类学的调查，并进行了大量的尸体解剖。通过对比分析，他认为，多次犯罪的人是天生的，犯罪是人类隔代遗传的产物。这与他们与生俱来的独特的生理表征有关，犯罪人在生理上具有以下特征：（1）头部大小与同一地区的人有差异；（2）脸部不对称；（3）耳朵的大小不正常，像非洲黑猩猩；（4）肥胖、肿大和突出的嘴唇；（5）不正常的齿系；（6）下巴退缩、过长、过短或扁平，像无尾猿；（7）过长的手臂；（8）脑半球的不平衡等等。

相关案例

在对犯罪人的研究上，有一个人帮了龙勃罗梭大忙，不能不提，他就是伦巴第省的江洋大盗维莱拉。维莱拉体力强壮，行动敏捷，曾经因为背着一只绵羊爬上一座陡峭的山峰而闻名，这家伙生性残忍，他的罪行让整个伦巴第省人心惊胆寒。龙勃罗梭与他相识之后，他很骄傲地把自己的罪行兜了个底朝天。龙勃罗梭发现，维莱拉玩世不恭、厚颜无耻，有着职业犯罪人的自负傲慢。1870年的11月，维莱拉作恶一生，终于咽气了，龙勃罗梭对他的尸体进行了解剖，当他打开维莱拉的颅骨后，他发现了明显的凹陷，他把这个凹陷称为"中央枕骨窝"。在维莱拉的大脑中，他还发现在那个凹陷附近小脑蚓部异常肥大，而这两个特征为低等灵长目所特有，是类人猿一类动物的特征，这说明，维莱拉是那个时代出生的原始野蛮人。龙勃罗梭相信，在维莱拉身上，他找到了解释犯罪行为的正确线索。在《犯罪人论》一书中，龙勃罗梭从解剖学的观点解释了他巨大的颌骨、高耸的颊骨、突出的眉骨、单线的掌纹、极大的眼窝，在野蛮人、类人猿身上才能见到的那种呈柄形的或无柄的耳朵，无痛感能力，极敏锐的视力，极度懒惰，酷爱狂欢，以及为自己而做坏事时不可遏制的欲望，不仅夺取被害人生命，还要残害被害人尸体的欲望。

综上所述，早期学者们从不同学科角度对犯罪心理的探讨和研究，为犯罪心理学的诞生奠定了思想基础。

二、犯罪心理学的出现与发展

犯罪心理学成为一门独立的学科，首先依赖于现实的需要。19 世纪后期，欧洲主要资本主义国家的产业革命已经完成，在生产力得到极大解放，自然科学和社会科学迅速发展的同时，资本主义本身所带来的激烈竞争、剥削等现象衍生出一系列社会问题，例如失业、贫困等，犯罪问题也日益增多，迫切需要研究犯罪原因、犯罪生理和心理机制，寻找预防和控制犯罪的新途径。因此，法学和心理学开始走向融合，创立犯罪心理学。

犯罪心理学的产生还依赖于其母学科——心理学和犯罪学的进一步发展。1879 年，冯特在德国莱比锡大学建立了世界上第一个心理学实验室，标志着心理学的诞生。1897 年，奥地利犯罪学家汉斯·格罗斯所著《犯罪心理学》一书的出版，标志着犯罪心理学的诞生。在该书中，他对犯罪心理学所做的定义是：“犯罪心理学是心理学在处理犯罪中的应用，而不仅仅是犯罪人的心理病理学和犯罪人心理的自然史”，这本书所涉及的范围既包括犯罪人的心理状态，也包括法官、鉴定人、陪审团、证人等的心理状态，因此，更像是刑事司法心理学。该书出版后受到学术界和司法界的广泛重视，在欧洲和北美产生了很大影响，系统的犯罪心理学已初步形成。

20 世纪初期以来，随着心理学和犯罪学的迅猛发展，心理学家、犯罪学家、法学家以及社会学家都在作进一步的深度融合，使犯罪心理学的研究队伍得到壮大，研究领域不断扩大和精细化。主要分为以下几个方面：

第一，精神病学理论。这一研究在传统取向上遵循弗洛伊德主义，主张用动机和驱力来解释犯罪行为，认为人性恶，天生具有反社会性。强调研究驱动个体产生犯罪行为的无意识驱力。当代的精神病研究已经不再局限于弗洛伊德的精神分析，而是从更宽阔的实证的视角来探讨犯罪行为，也间接促进了犯罪人的生理因素研究。

第二，正常个性心理学理论。这一研究强调正常个体的犯罪行为，研究犯罪的习得、唤起、维持和矫正，同时研究对犯罪行为起中介作用的心理过程和人格特质等。近年来，由于人格特质心理学研究的收效甚微，学者们开始转向对犯罪的认知过程的研究。

第三，社会心理学理论。该理论强调犯罪人之间以及犯罪人与环境之间的相互作用。包括社会学习理论、标签论和社会交往理论等。

三、犯罪心理学的现状

目前，犯罪心理学在犯罪原因、犯罪动机、犯罪决策、犯罪预测、少年犯罪心理学、犯罪精神病理学、审讯心理学、矫正心理学的研究日益深入，涌现出一系列的著作。这些研究相对于过去而言，表现出如下特征：

（一）以科际整合的方式取代过去分门别类的单科化研究取向

随着研究的深入，研究者们越来越意识到，犯罪心理的产生，不仅仅是单方面因素作用的结果，受到社会宏观环境、微观环境以及个体特征等多种方面综合作用的影响。如果想要查明犯罪的根源，揭示犯罪的规律，就必须从社会学、心理学、人类学、精神病学、政治学、经济学以及犯罪学等多学科相结合的角度出发，才能真实全面地探究到犯罪行为的发生和发展规律。犯罪心理学的研究也必须要有这种科际整合的视角，成为犯罪现象研究的一个方面。

（二）提倡实用主义，强调将研究成果广泛应用到刑事司法实践

早期，犯罪心理学研究侧重在深入探索犯罪行为的成因，既包括重视生物学因素对犯罪行为的影响，例如发现缺乏 MAO－A 酶的基因缺陷、注意力缺乏、过动疾患、脑部功能受创等，也包括从低自我控制人格、过度控制、高自我评价、强化与情境因素等各个方面来探讨与犯罪行为的关系，为揭开犯罪行为的关键因素提供了借鉴。

近年来，犯罪心理学开始更加重视理论与实际的结合，具体表现在：第一，协助犯罪侦查工作。包括运用心理画像技术，对特定犯罪人进行心理痕迹检视和剖析，运用测谎技术对犯罪嫌疑人进行验证，运用催眠技术帮助目击证人、被害人恢复记忆，重构犯罪现场，协助调查取证等。第二，为法官提供定罪量刑的参考。包括在法庭上充当专家证人，通过评价相关人员的精神状况、刑事责任能力、诉讼能力、证人证言的可靠性和准确性等方面，协助法官和陪审团作出正确判断。第三，参与罪犯矫正工作，协助罪犯成功回归社会。犯罪心理学家通过设

计、实施和评估针对罪犯的矫治方案，来帮助罪犯改正错误，回归社会。这些方案包括罪犯的心理测验、日常的行为矫正以及一系列危机干预等。第四，广泛应用于犯罪预防的实践。包括利用情境预防进行心理威慑，甄别不同类型的潜在性危险犯罪嫌疑人，分别进行认知行为治疗技术以及对理性犯罪人回归社会后的严密监视等。

（三）运用多种研究方法和技术，强调实证研究

目前，犯罪心理学家不断更新研究方法与统计技术，除了采用传统的调查、实验设计以及心理分析外，更注重采用高等统计方法进行分析，以求能更准确地对犯罪问题进行鉴别，这些技术包括交叉时滞平面分析技术、路径分析技术等。同时，在实证研究中，更加重视对心理异常犯罪人进行全方位的深入的心理分析。

本章小结

犯罪心理学是运用心理学的基本原理，研究犯罪主体的心理、行为以及犯罪对策中的心理问题的一门学科。犯罪心理学不仅要阐明犯罪本身，还要为揭发罪证、协助侦查、审判与矫治提供借鉴，以达到遏制犯罪的目的。

根据辩证唯物主义反映论和决定论的指导思想，犯罪心理现象也有其规律可循。在进行研究时，要坚持客观性原则、联系性原则、理论联系实际原则和伦理性原则。犯罪心理学具体的研究方法包括观察法、调查法、测验法、实验法和案例分析法。

犯罪心理学的产生只有很短的历史，但却有着漫长的过去。早期的犯罪心理学思想主要从哲学、精神病学和人类学的角度对犯罪现象进行了解释。现在，犯罪心理学的研究出现了新的特点，主要表现：在视野上，采用了科际整合的方式；在方法上，注重多种方法综合运用；在内容上，更加强调将研究成果广泛应用到司法实践中。

复习思考题

1. 解释下列概念：

   犯罪　犯罪心理学　调查法　案例分析法

2. 简述犯罪心理学研究的主要任务。
3. 简述犯罪心理学研究中要遵循的主要原则。
4. 论述犯罪心理研究的意义。

第二章

犯罪心理学的相关理论

在生活中的每一天，几乎都有不同犯罪行为的发生，盗窃、抢劫（夺）、寻衅滋事、故意伤害等犯罪行为使受害人受到伤害，也引发了社会各界人士的深思。犯罪人为什么会走上犯罪的道路？社会学家、犯罪学家、心理学家从各自学科的角度给予了不同的答案和阐释。心理学的学科分支——犯罪心理学在众多给予这些犯罪行为的理论阐释中主要形成了三种流派：精神分析学派、行为主义学派和认知与道德发展学派。精神分析理论、行为主义和人文主义心理学是争议的前锋，很难发现其他的理论引起如此之多的不同意见，从中足以见证此三种理论对心理学的深远影响。本章将对这三种流派的理论做详细论述。

本章任务

1. 掌握精神分析学派的主要观点
2. 掌握行为主义学派的主要观点
3. 掌握认知与道德发展理论的主要观点
4. 了解犯罪心理学相关理论对实践的指导意义
5. 熟悉三种主要理论的主要观点，并能理论结合实践解释相关犯罪行为

第一节 精神分析理论

引 例

他，从小学到中学一直都学习成绩优秀，并以优异成绩考入吉林省一所名牌大学。同样是他，37岁的人生中有18年是在狱中度过，是个“二进宫”的累犯。1989年，林某考上吉林省一所名牌大学。然而，刚刚拿到手的高考录取通知书还没有捂热，冰冷的手铐就戴到了林某的双手上。1990年，林某因抢劫、强奸作案15起，被吉林省高级人民法院终审判处其死刑、缓期两年执行。2005

年，他因在狱中积极改造、表现良好，被提前释放。出狱后，他无所事事、内心空虚，仅四个月便又开始作案，因强奸未遂被判处有期徒刑两年六个月，2007年10月获释。出狱后仅三个多月的时间，即2008年1月24日，林某又开始重操旧业，且一发不可收拾，在辽吉两省三市疯狂作案，在沈阳、铁岭、长春等地入室抢劫11起，致4人死亡，强奸作案7起。作案时他喜欢头戴鸭舌帽，嚣张时一天作案两起。被抓捕后他说："地球那么大，我却是孤独的"，"人都是天使与魔鬼的化身"，"心中那个魔鬼我控制不了"，"每个人都有犯罪的欲念，就看你控制得住还是控制不住"。庭审中，他的亲人都没有到庭。被判处死刑后，他平静地表示"不上诉"。他就是林某，但更多人称他为"杀人色魔"。

那么，究竟是什么让他心中的魔鬼肆虐？他的人生为什么会是犯罪的一生？

一、精神分析学派的简况

精神分析又称心理分析，产生于19世纪末20世纪初的奥地利，由维也纳医生弗洛伊德始创。精神分析是西方心理学的一个重要流派，但它又不同于其他流派，它起源于精神病的治疗实践而非大学的实验室研究，是一个非学院的心理学流派。[①] 正如弗洛伊德所说："精神分析最初是一种特殊的治疗方法，而现在也变成一门科学的名称——潜意识心理过程的科学。"[②] 所以精神分析既是治疗精神病的方法，又是研究潜意识活动的理论，因此，精神分析的理论在犯罪心理分析与画像等领域，也能发挥其独到的作用。值得特别指出的是，本书在这里提到的精神分析主要指弗洛伊德的古典精神分析。

（一）弗洛伊德及其古典精神分析的相关理论

1. 弗洛伊德的生平与著作

西格蒙得·弗洛伊德（Sigmund Freud，1856～1939）出生于现属捷克共和国最东边一个省的拉维亚。4岁时，弗洛伊德全家搬到了维也纳。尽管他们的生活环境很有限，但弗洛伊德的教育并没有受到阻碍，他在学校学得很好。1881年他从维也纳大学得到医学学位，之后他在维也纳总医院从医，并且研究神经系统的器质性疾病。1886年他与已订婚四年的玛莎·伯内结婚，他们生了四个子女。同年，弗洛伊德建立了他的私人诊所，专门治疗神经疾病。他的兴趣逐渐从强调神经系统的生理方面转向对精神障碍的心理原因的探索。这一注意力的转移在后来的几年里更强烈了，导致对神经症的心理原因的全部研究。他在进行这一

---

① 叶浩生．西方心理学的历史与体系［M］．北京：人民教育出版社，1996：289.

② 西格蒙得·弗洛伊德．弗洛伊德自传［M］．沈阳：辽宁人民出版社，1986：99.

研究的同时又将兴趣扩展到“正常”行为和社会问题，直到1939年在伦敦去世，享年83岁。

弗洛伊德一生著述颇丰，先后发表论文、著作三百余篇，后人编辑的《弗洛伊德全集》共24卷。主要代表作有《性学三论》、《梦的解析》、《图腾与禁忌》、《日常生活的心理病理学》、《精神分析引论》、《精神分析引论新编》、《超越快乐原则》、《自我与本我》等。

2. 学术简历

在弗洛伊德发表的许多重要的著作中有《梦的解释》(1900)，《日常生活中的心理病理学》(1901)，《超越愉快原则》(1920)，《自我和本我》(1923)，《文明和它的不满》(1930)。他的一些著名的成果发表在他60岁和70岁之间。他著作的产量一生都保持高水平，甚至让他做了33次手术的下颌的癌症所带来的疼痛和痛苦都没有阻碍他探讨人类心灵的努力。

1923年，弗洛伊德发表了《自我和本我》一书，以另一种方式来看个性，即一个包括本我、自我和超我的结构模式。本我是个性中最原始的部分，它是新生婴儿出生时具有的初始系统。自我在出生以后开始发展，发展是在婴儿与环境接触时开始的。超我是人的道德的方面，这一发展出现于父母或其他成人将社会的价值和标准传递给儿童时。随着岁月的流逝，弗洛伊德的一些理论假设有所改变。早期的一些写作与他以后的理论有所不同，例如，他的《新的精神分析概论》(1933) 和《精神分析纲要》(1940)。

弗洛伊德把人类个性看作一个能量系统：个性在任何时间都在本我、自我和超我之间分配着能量。由于这种分配总是在发生变化，因此对人类行为很难作出准确的预测。比如，我们有时更强地受着本能（存在于本我之中）的驱使，有时则更现实一些（自我发生作用的结果），有时我们更加受到道德的束缚（由于超我的影响）。然而，能量的分配虽然有变化，但基本的稳定性允许我们能够在一定程度上，但不是完全地预测一个人的行为。

3. 基本学术观点

弗洛伊德有时用冰山来比喻无意识的重要性。就像冰山的主要部分存在于水面下，人类个性的主要部分也位于意识水平之下。弗洛伊德认为人类行为真正重要的引起因素位于个性的这个部分中。因此，要了解人类行为就必须揭示无意识。在弗洛伊德的《大脑的组成》一书中，意识被分为三个水平：无意识，包括我们没有觉察到的个性的所有方面，包括一些潜在的欲望、情感等等；前意识包括那些不在意识范围内但很容易得到的东西，例如，许多思想和主意并不总被我们意识到，但是，当我们对它们集中注意时或企图将它们带入意识水平时，就会得到这些内容；意识，包括存在于可以立即觉察到的水平的东西。实际上，这三类意识状态并非绝对的分类，而是一个连续体，它们从完全认识不到的深藏于个性的底层一直延伸到可以清楚地认识到的行为表面。

(二) 精神分析学派的发展

1. 精神分析学派的传承

继弗洛伊德之后，弗洛伊德的学生阿费烈德·阿德勒、卡尔·古斯塔夫·荣格、奥图·兰克、卡伦·杭妮、史塔克·苏利文，以及弗洛伊德的小女儿安娜等人传承并发展了精神分析理论，精神分析学派由弗洛伊德开创，其后被不断修正与发展。

2. 精神分析学派学术上的发展

精神分析学派是弗洛伊德在毕生的精神医疗实践中，对人的病态心理经过无数次的总结、多年的累积而逐渐形成的。主要着重于精神分析和治疗，并由此提出了人的心理和人格的新的独特的解释。弗洛伊德精神分析学说的最大特点，就是强调人的本能的、情欲的、自然性的一面，它首次阐述了无意识的作用，肯定了非理性因素在行为中的作用，开辟了潜意识研究的新领域。它重视人格的研究，重视心理应用。

链　接

阿德勒简介

精神分析学派主要代表人物阿德勒（Alfred Adler，1870～1937）奥地利精神病学家。个体心理学的创始人，人本主义心理学的先驱，现代自我心理学之父；精神分析学派内部第一个反对弗洛伊德的心理学体系，由生物学定向的本我转向社会文化定向的自我心理学，对后来西方心理学的发展具有重要意义。①

二、精神分析学派的基本观点

精神分析学派认为：人之为人，首先人是一个生物体，既然人首先是生物体，那么，人的一切活动的根本动力必然是生物性的本能冲动，而本能冲动中最核心的冲动为生殖本能（即性本能或性欲本能）的冲动，而在社会法律、道德、文明、舆论的压制下，人被迫将性本能压抑进潜意识中，使之无法进入到人的意

---

① 百度百科：精神分析，http：//baike. baidu. com/view/529019. htm#7.

识层面上，而以社会允许的形式下发泄出来，如进行文学、艺术的创作，后期弗洛伊德又提出了与“生殖本能”对应的“死亡本能”学说，认为人除了维护自身生命生长发展的能量（即求生本能，其中核心本能为性欲本能）之外，还有着将自身生物肌体带入到无机状态，即死亡状态下的能量，即死亡本能，死亡本能在战争、仇视、杀害、自残中得以非常明显的表现。

1. 精神层次理论

该理论是阐述人的精神活动，包括欲望、冲动、思维、幻想、判断、决定、情感等等会在不同的意识层次里发生和进行。不同的意识层次包括意识、前意识和潜意识三个层次，好像深浅不同的地壳层次的存在，故称之为精神层次。

意识（conscious）即自觉，凡是自己能察觉的心理活动是意识，它属于人的心理结构的表层，它感知着外界现实环境和刺激，用语言来反映和概括事物的理性内容。

前意识（preconscious）又称下意识，是调节意识和无意识的中介机制。前意识是一种可以被回忆起来的、能被召唤到清醒意识中的潜意识，因此，它既联系着意识，又联系着潜意识，使潜意识向意识转化成为可能。但是，它的作用更体现在阻止潜意识进入意识，它起着“检查”作用，绝大部分充满本能冲动的潜意识被它控制，不可能变成前意识，更不可能进入意识。

潜意识（unconscious）又称无意识，则是在意识和前意识之下受到压抑的没有被意识到的心理活动，代表着人类更深层、更隐秘、更原始、更根本的心理能量。“潜意识”是人类一切行为的内驱力，它包括人的原始冲动和各种本能（主要是性本能）以及同本能有关的各种欲望。由于潜意识具有原始性、动物性和野蛮性，不见容于社会理性，所以被压抑在意识阈下，但并未被消灭。它无时不在暗中活动，要求直接或间接的满足。正是这些东西从深层支配着人的整个心理和行为，成为人的一切动机和意图的源泉。

链　接

精神分析学派的人格理论

人格结构的最基本的层次是本我（id），相当于弗洛伊德早期提出的潜意识。它处于心灵最底层，是一种与生俱来的动物性的本能冲动，特别是性冲动。它是混乱的、毫无理性的，只知按照快乐原则（pleasure principle）行事，盲目地追求满足。

中间一层是自我（ego），它是从本我中分化出来的，受现实陶冶而渐识时务的一部分。自我充当本我与外部世界的联络者与仲裁者，并且在超我的指导下监管本我的活动，它是一种能根据周围环境的实际条件来调节本我和超我的矛盾、决定自己行为方式的意识，代表的就是通常所说的理性或正确的判断。它按照“现实原则”行动，既要获得满足，又要避免痛苦。

最上面一层是超我（superego），即能进行自我批判和道德控制的理想化了的自我，它是儿童在生长发育过程中社会尤其是父母给他的赏罚活动中形成的，换言之，是父母作为爱的角色和纪律的角色的赏罚权威的内化。它主要包括两个方面：一方面是平常人们所说的良心，代表着社会道德对个人的惩罚和规范作用；另一方面是理想自我，确定道德行为的标准。超我的主要职责是指导自我以道德良心自居，去限制、压抑本我的本能冲动，而按至善原则活动。在弗洛伊德的理论中，超我代表父母的价值和标准，结合进个体自己的个性之中。超我的发展是俄狄普斯情结的结果。超我是自我的特别代表，但它在个性中组成第三种力量，这力量自我必须要给以考虑。超我的影响就像是内心的司法系统，我们把它称为良心，这一概念弗洛伊德常常使用。良心常常是思想和意图以及行动的严厉的不妥协的内心法官。它观察、命令自我，并以惩罚，如内疚来威胁自我。我们虽然有时可以逃避父母和他人的强迫和审判，但超我是我们个性中不可分割的、永远存在的部分。而且，它还会比父母和其他人给以更严厉更无理的批评。除了惩罚的能力，超我还可以给以奖励。如果自我与超我行动一致（例如，拒绝做“错事”的诱惑），就会产生骄傲感和自尊。

小知识

人格发展理论

弗洛伊德以身体不同部位获得性冲动的满足为标准，将人格发展划分为5个阶段，其人格发展理论又称性心理期发展论。

口唇期（oral stage）：从出生到1岁半左右。此期婴幼儿以吸吮、咬和吞咽等口腔活动为主满足本能和性的需要。

肛门期（anal stage）：1~3岁左右。此期儿童性欲望的满足主要来自于肛门或排便过程。

性器期（phallia stage）：3~7岁左右。此期儿童性生理的分化导致心理的分化，儿童表现出对生殖器的极大兴趣，性需求集中于性器官本身。他们不仅通过玩弄性器官获得满足，而且通过想象获得满足。此期男孩会经历“恋母情结”

（Oedipus complx，俄狄普斯情结），对于女孩，则经历“恋父情结”（Electra complex，厄勒克特拉情结）。

潜伏期（latancy stage）：7岁至青春期。在这一时期，儿童的兴趣转向外部世界，参加学校和团体的活动，与同伴娱乐、运动，发展同性的友谊，满足来自于外界、好奇心和知识满足、娱乐和运动等。

生殖期（genital stage）：青春期性器官成熟后即开始，性需求从两性关系中获得满足，有导向的选择配偶，成为较现实的和社会化的成人。

儿童这些阶段的发展表现了先天与后天的复杂结合。人类生理影响着发展的基本规律。但是，许多环境因素（如父母的疏忽或严厉，与兄弟姐妹的关系）确定着各阶段的发展结果。总的来说，生理成熟过程引起快乐的重点从身体的一个部分转移到另一个部分（从口唇到肛门到生殖器官），发展阶段中的经历影响着不同个性的最终结果。在社会化过程中，不同的人的基本需要和渴望在不同程度上得到满足或受到挫折；由于所处环境的不同，每个人会体验到不同的愉快和满足，以及不同的痛苦和心理冲突。

三、精神分析学派的具体运用

1. 在人的本性问题上

在人的本性问题上，弗洛伊德对于人类本性作了实足的设想，人类的本性基本上是消极性的。弗洛伊德的《文明和它的不满》中指出，人类是低级“野兽”，只有文明进程可以控制放纵的欲望，而破坏性个人的心理问题并未因社会化而解决，因为社会进程与人类本能的追求自私的趋势相抵触，它仍会继续造成不同程度的压力。也即，无意识总是与现代社会的规则和标准发生冲突。①

弗洛伊德认为，人类社会中犯罪的根源在于人与生俱来的本能，因为，犯罪就是违反了为了文明的存在而确定的各种禁律，而这种禁律是违反人类本能的。人类社会持续存在着违法犯罪活动等极端的越轨现象。而各种违法犯罪现象从本质上说，都是与人类的攻击行为有直接密切的联系的。死亡本能转向外部世界，往往就以攻击本能和破坏本能的面目出现。人类本能中这种攻击性和破坏性的滥肆满足就会导致犯罪。

此外，性本能也与犯罪有关。按照弗洛伊德的看法，儿童是作为犯罪者出生的，只是由于他们没有行为能力和责任能力，他们的暴力破坏、攻击行为才不被认为是在犯罪。一旦长大成人，他们的行为就会被社会视为犯罪。在我们的现实

① 刘建清．三大理论流派对犯罪心理学的影响．政法学刊，2004：第21卷（4）：65—68．

社会中，常会发生一些自杀、自残或自伤等事件。用弗洛伊德的理论来解释，也就是说，当这种本能的冲动由于种种社会所不能容许的道德、宗教或法律等的约束，不能向外发泄的时候，在寻求发泄的渠道时就要通过自身来发泄，因为人生来就具有死的本能。如在一女偷窃狂者的案例中，在抓获后得知其偷窃并不是因为家里贫穷或其他一些困难，而据她自己所说，所偷到的物品并不是她的目的，而是在偷盗那些物品时，她会有一种像是性欲得到满足后的快感。在这里支配其进行偷窃行为的就是本能，而本能有具建设性的也有具破坏性的。

"本能"一词在精神分析中将其定义为：一种与生俱来的，且是一种存在体内的动力心理象征（Hall &Lindzey，1978）。从心理角度来看，这个需求则被表达成对事物的愿望或渴求。此外，药物也会变成一种使身体产生兴奋状态的动力，并且转而唤起个人对该种药物的渴求。精神分析师发现成瘾者的本能驱力使他们对外在的刺激和诱因极端的敏感（例如在朋友家里看到令其沉醉的药品，火柴燃烧的味道，香烟、酒精广告等），这些刺激不仅会引发渴望，也会使他们犯下"小失误（slips）"而故态复萌。

2. 在人的个性发展方面

在人的个性发展方面，弗洛伊德强调心理性阶段的发展口唇期、肛门期、男性生殖器期、潜伏期、女性生殖器期等，多数人或多或少都会成功地度过这些阶段。人的一生就要经历这些阶段，在某一期间，强烈的本能反应在例如性欲和争斗欲和培育中的因素，例如便盆训练程序、父母对性的态度和亲密的强度有重要的互相影响力。幼儿时期对于人性结构和变化过程的限定起到决定性、持久性的重要作用。前三个阶段——口唇期、肛门期，特别是男性生殖器阶段是最重要的，也是对以后发展影响最强烈的。为了成功地度过这些阶段（产生较少的心理矛盾或紧张），在每一阶段中都要求有最佳程度的满足——不能太多，也不能太少。如果在一个阶段中得到的满足太多，就会不愿继续前进；如果得到的满足太少，挫折和焦虑会伤害未来的发展。如果婴儿在第一年的口唇期的生活很不满足，固结将导致在成年之后出现自我为中心、要求过多，以及敌意的态度。每个人在成年时都具有一些固结，过食、强迫性吸烟、谈话过多、饮酒过多、咬指甲，这些是口唇期满足太多从而产生口唇固结的例子。在男性生殖器阶段，如果一个孩子由于手淫和性幻想而感到羞愧和内疚，就会产生不安和焦虑，成年之后，这种人可能会攻击性很强，用"表现自己"和吹牛来掩盖内心未解决的自我怀疑和焦虑。

在发展过程中，弗洛伊德认为很少有人能够达到真正的生殖期这个理想阶段。在这个过程中主要是利比多会遇到固着和倒退这两种现象。如在《沉默的羔羊》中，若从精神分析的客体心理学分析，变态杀人犯“野牛比尔”的杀人和剥取女性人皮以完成女性服装的事件最大的可能来自其幼年时的冲动，就是“野牛比尔”的母亲很可能在养育上存在很大问题，甚至可能是精神分裂症患者。“野牛比尔”在被关怀和性别（生殖器期）分化上存在严重的问题，这导致他的心理发育根本还是处在幼稚期，而试图通过一种幼稚的行为来达到其内心冲动的满足。他在被害者嘴里所放的蛹充分说明了他希望自己变成女性的一种希望。其实变成女性是他自己希望获得母亲之爱的象征，他通过自己变成女性来满足其自体意象的需要。而这种假设自己是女性的自体意象则来自更早期的心理发育未成熟。他的冲动以一种非正常方式出现。如果童年能给予一种罗杰斯式的非条件关怀，他就不可能出现那种病态后果。从这里可以看出，“野牛比尔”出现了固着和倒退两种现象，这样就导致其杀人和剥取女性人皮等变态行为的出现。在现实生活中，一些酒精或毒品成瘾者其实也就是出现了心理性欲的固着现象，可能是在口唇期没有发展好的原因。

3. 在社会控制方面

在社会控制方面，弗洛伊德认为人性与文明之间有持续不断的冲突。本能激发的性欲和争斗欲并不容易被社会所要求所缓解。然而，通过提供多种升华的可能性，社会可以减缓这一冲突。抑制人类本性欲望的扩展正是父母、教育者和其他教化者的任务。社会总有约束力，它应通过为本能提供宣泄渠道从而使其调和。文明之所以存在并发展，正是通过对性欲和争斗欲的部分限制、部分升华而逐步实现的。在《文明和它的不满》（1930）中，弗洛伊德强调了我们基本的寻求快乐的本质（“快乐”意味着性和侵犯能量的释放）与文明社会的极度矛盾。根据弗洛伊德的观点，我们的内部要求是互相利用以得到性和破坏的满足。为了追求这些目标，我们剥削、侮辱、欺侮和杀害他人。文明没有成功地使人类取得和平，是由于我们基本的本质使我们这些“野蛮的兽类”在社会过程中不能控制我们的行为。

人类社会化的一个主要结果是对内疚的接受。内疚是代替外部权威，亦是由外部权威引起的内部权威（超我的一种功能）。用简单的话来说，我们发现如果按照基本的、冲动的愿望行动就会引来惩罚和爱的丧失。这使我们摈弃本能的渴望，开始害怕自然的倾向。超我开始监督行为的工作，“错误的”愿望和希望开始引起内疚感，于是我们就对自己的行为给以控制。

以上文中的林某为例，他在被抓后反复强调，“人都是天使与魔鬼的化身”、“心中那个魔鬼我控制不了”、“每个人都有犯罪的欲念，就看你控制得住还是控制不住”。林某的一生是犯罪的一生，他无法抑制本性的欲望，从高中开始就有系列强奸的犯罪经历，出狱后旧习难改，变本加厉，强奸杀人。“人都是天使与魔鬼的化身”这句话就说明了林某的本能所激发的性欲和争斗欲，是每个人都具有的，只不过看人是否能够控制得住。他对记者说“你控制的住，你就坐我对面了，我没控制住，我就坐在这里了。”（编者按：这里指监狱。）人若能控制住欲念，就不犯罪，若任本能激发的性欲和争斗欲泛滥滋生，那就可能犯罪。

当然，精神分析学派在犯罪心理学的应用方面也存在争议，也有其一定的局限性。[①] 具体表现在：第一，它强调人的本能与犯罪的密切关系，基本上持一种“性恶论”的倾向，弗洛伊德本人还主张“孩子是作为犯罪者出生的”，这种观点显然是与历史唯物主义的观点背道而驰的；第二，它虽然较好地解释了一些非理性的犯罪行为，但对政治性犯罪、智能犯罪、高科技犯罪等难以作出详细严密的分析；第三，他的研究方法缺乏严密的科学性，过分强调主观的理性色彩，带有唯心主义的精神色彩，无法经实证进行客观的检验，使其研究结论的科学性受到质疑。

第二节　行为主义与学习理论

引　例

小小“五街帮”

“五街帮”团伙[②]中的傀儡老大，绰号“黑友”，刚满16岁。涉嫌团伙作案116起，其中包括绑架、强奸。在审讯中，办案警察也惊讶地发现这个16岁的小毛孩真是太嚣张了。“有一次提审他，他跷着脚向我们吹嘘，你们别看我年纪小，我泡的妞很多！”

严厉的审讯结束后，黑友歪着头站到墙角。一边的小罗瞅准机会和他聊天，黑友一下子放松下来。他用了两句话来概括童年留给他的记忆——“我书念不出来，他（指父亲）经常绑起来打我，好狠啊。”“我在店里给他送矿泉水，但是怎么干活他也没有零用钱给我。”黑友显然是说在父亲的小矿泉水厂做送水工，那时才小学4年级，已经辍学了。黑友对母亲没有多少记忆，母亲去世的时候他还很小，父亲和继母开了一个小矿泉水厂，没妈的孩子是根草，黑友觉得自

① 刘艳．弗洛伊德精神分析的犯罪原因思考．探索，135—137．

② 严圭，吴宁．犯罪心理学阅读教材［M］．北京：中国林业出版社，2005：51．

己是根草。童年的回忆一下子抵达了黑友内心那根敏感的神经末梢。2002年8月，14岁的黑友在一次被打后离家出走，来到苍南县灵溪镇的街上流浪。这年年关，他在街上晃悠时被父亲偶然碰到，父亲把他抓回去，又狠狠地绑起来打了一次。“那时候我就下决心绝不回家。”他又跑回了灵溪，彻底过起了颠三倒四的流浪生活。“白天睡觉、上网，晚上到游戏厅玩，有时到赌场讨点‘彩头’，或者就是和一帮小混混们打架斗殴。”在一次打群架中，他拿出一把大号菜刀和几个成年人对峙，当时他不到15岁，借酒之力，挥刀砍伤一个大人，另外的7个吓得落荒而逃。黑友顿时声名大振。这次“以小胜大”的战绩让黑友突然明白：“我年龄小，要想不让人欺负，只能比他们更厉害。”从此，一帮个子比他高大许多的小混混也俯首帖耳地跟着他。开始只是打打架，直到2003年4月被一个叫卢某的人发现，黑友小小年纪才真正开始了他的“老大”生涯——帮卢某“抢夺生意”，到娱乐场所“闹场”、“找女人”。黑友也向警方承认，42岁的卢某才是隐身幕后的真正头目。接受审讯时，卢某说他之所以走上这条路是因为“经历过的沧桑太多”，感情和生意上的屡屡受挫，让他邪念滋生。卢某的老家在灵溪镇附近的观美镇，他只读过两年书，从1987年决定到灵溪镇发展到2002年，15年间，卢某先在灵溪镇，后来到河南、广西做过多种生意，都以失败告终。结果是变卖了祖传的老房子，结束了自己的婚姻，重新交往的女朋友又离他而去。“一无所有”四个字很能说明卢某当时的状况。“我那时候算明白了一件事，要想活得好，就要有钱，没有钱一切都是空的。”2002年6月，垂头丧气返回灵溪的卢某，饿虎扑食般开始了新一轮“发展”。卢某很快就看中了黑友，“别看黑友小，他有股子狠劲，能镇得住人，又没父母管。”由黑友出面去威胁恐吓自己的生意对手，属于“出奇兵以制胜”，他在竞争中就胜券在握了。

对15岁的黑友来说，卢某犹如“教父”。卢某经常吹嘘说他有能耐，有威望，人们都怕他，黑友也崇拜他。尤其在生活上，黑友觉得卢某比他的父亲对他更好：父亲只会打他，卢某收留了他到他的托运部工作，管吃管住管穿衣，打架受伤还管治疗。黑友即使被捕后仍然向警方这样形容他遇到卢某后的心情：“我觉得自己的胆子越来越大，再没有什么能让我害怕了。”他说着竟然咧着嘴笑了，露出两个小虎牙。卢某的介入，使这帮“散兵游勇”有了组织。卢某操纵“黑友”、“西瓜”等上层骨干，再由他们控制下层成员。“卢某说我们是未成年人，找和我一般大的人去闹事，被抓住了也没事。”黑友交代说。短短的两年里，“五街帮”像滚雪球一般一直增长到150多人，形成了一个强大的漩涡，他们到娱乐场所闹场吃霸王餐，给社会赌场充当打手，收取保护费……

团伙成员中的未成年人的情况：绰号叫“西瓜”的孩子就有过这样的经历，父母离婚后，没有零花钱，刚14岁的“西瓜”就去敲诈学生，又打架，两年中被抓了两次，然后就在五街遇到了黑友。未成年人结成同伙，其实也是互相壮胆的过程。他们在互动中学习作案技巧，在吹嘘和攀比中放大邪念，变得连他们的父母都不认识了。有个孩子涉嫌持刀抢劫，他的母亲怎么也不相信，“他在家见了生人脸都会红，怎么可能去参与抢劫?”

当心理学中构造主义和机能主义在为研究意识内容还是意识机能而争论得热火朝天时，行为主义的先驱华生则独辟蹊径，倡导心理学家从研究意识转向研究行为，从而导致了一场行为主义革命。而且这场革命很快席卷美国并遍及全球，行为主义在心理学界统治长达半世纪之久。①

一、行为主义学派的简况

行为主义大致可分为四代，早期行为主义是第一代，它强调客观主义，以刺激和反应的术语解释行为；新行为主义为第二代，它强调刺激与行为之间的中间变量；激进行为主义和新的新行为主义分别为第三代和第四代，它们都强调刺激反应之间的认知和思维。

（一）早期行为主义

1913～1930年是早期行为主义时期，由美国心理学家华生在巴甫洛夫条件反射学说的基础上创立的，华生于1913年发表的文章《行为主义者心目中德尔心理学》，标志着行为主义心理学的诞生和行为主义革命的开始。华生认为，心理学应该摒弃意识、意象等太多主观的东西，只研究那些可以令人观察到的并能客观地加以测量的刺激和反应，至于其中的环节，华生称之为“黑箱作业”，则不用过多理会。

早期行为主义认为人类的行为都是后天习得的，环境决定了一个人的行为模式，无论是正常的行为还是病态的行为都是经过学习而获得的，也可以通过学习而更改、增加或消除。如果明确了环境刺激与行为反应之间的规律性关系，就能根据刺激而预知反应，或者根据反应推断刺激，达到预测并控制动物和人的行为的日的。早期行为主义观点认为，行为就是有机体用以适应环境刺激的各种躯体反应的组合，有的表现在外表，有的隐藏在内部，在他眼里人和动物没什么差异，都遵循同样的规律。

---

① 叶浩生．西方心理学的历史与体系［M］．北京：人民教育出版社，1996：181.

（二）新行为主义理论

1930年起出现了新行为主义理论，以托尔曼为代表的新行为主义者修正了华生的一些比较极端的观点。他们指出在个体所受刺激与行为反应之间存在着中间变量，这个中间变量是指个体当时的生理和心理状态。正是这些生理和心理状态是行为的实际决定因子，这些包括需求变量和认知变量。需求变量本质上是动机，包括性、饥饿以及面临危险时对安全的要求；认知变量是能力，包括对象知觉、运动技能等等。

（三）激进的行为主义

激进的行为主义学派以斯金纳为代表。斯金纳在巴甫洛夫经典条件反射基础上提出了操作性条件反射，他自制了一个“斯金纳箱”，在箱内装一个特殊装置，该装置里压一次杠杆就会出现食物。一只饿极了的小老鼠放进“斯金纳箱”里，它会在里面乱跑乱碰，自由探索，偶然一次压杠杆就得到食物，此后老鼠压杠杆的频率越来越多，即学会了通过压杠杆来得到食物的方法，斯金纳将其命名为操作性条件反射或工具性条件作用，食物即是强化物，运用强化物来增加某种反应（即行为）频率的过程叫做强化。斯金纳认为强化训练是解释机体学习过程的主要机制。

（四）社会学习理论

与以往行为主义学家以“动物行为”为研究对象不同，以班杜拉为代表的行为主义研究者，更多地侧重于研究人类在社会环境中的行为规律，并提出了社会学习理论。班杜拉吸收了认知心理学的研究成果，把强化理论与信息加工理论结合起来，改变了传统行为主义重“刺激—反应”和轻中枢过程的思想倾向，使解释人的行为的理论参照点发生了重要转变。同时注重社会因素对学习的影响，改变了传统学习理论重视个体轻视社会的思想倾向。

二、行为主义学派的基本观点

名人名言

给我任何一个健全的婴儿，通过提供合适的环境，我能把他训练成为我所选定的任何类型的人物——医生、律师、艺术家、乞丐或小偷。

——［美国］华生

（一）刺激—反应说①

华生在巴甫洛夫条件反向实验的影响下，提出了刺激—反应学习。华生的理论认为，有机体的行为完全是以刺激与反应的术语进行解释的。他不考虑有机体的内部状态，认为这一部分是“黑箱”，因此，该学说的公式也是S—R。华生认为学习的实质是形成习惯，而习惯是通过学习将由于遗传对刺激作出的散乱、无组织、无条件的反应，变成有组织、确定的条件反应。他提出了两条学习的基本规律：

1. 频因律

能解决问题的动作在每次练习中是不可缺少的，这种S—R刺激联结建立的次数越多，联结越牢固。

2. 近因律

让尝试与错误过程最后的成功动作，总是前一次练习中的最后一个动作，于是，在下一次练习中，这一动作必获得较早发现。

引发反应的刺激有两种：内部刺激和外部刺激。内部刺激可能是一些关节内的刺激或肌肉运动所产生的刺激，它们皆由外在可见的有关身体姿态和运动所激起，因而可以观察和证实。外部刺激皆由外在情境作用于有机体，通常所见的声、光、色、电等皆属此类。至于反应，就是对刺激的回答，“只限于肌肉的收缩和腺体的分泌”。动作即是由肌肉收缩和腺体的分泌所执行或完成的。应该注意的是，我们所研究的反应是细节反应而非整体反应，是实际的动作而非动作的效果。例如，一个男孩子在教室里边哼歌、边晃腿、边写字等，在整个这一系列的反应中，我们感兴趣的只是他把某一单词写对了，这个单词是怎么写出来的，是由哪些感觉器官和肌肉完成的。

（二）正强化与负强化②

正强化和负强化，它们都是以行为的结果出现的。而两种形式的强化都可以增长反应再次出现的可能性，也就是说，两者都可以使该行为得到增强。正强化包括当个体作出某种行为时增加某物，这是正强化物。例如，当个体作出某一行为之后给他食物吃，给他水喝，满足他和异性交流的需要，给他钱或者是加以表扬，那么这种行为就会受到正强化。而负强化则指当个体作出某一行为时就从环境中撤去某种刺激物，这种刺激物称之为负强化物或厌恶刺激。例如，如果一种行为的结果是让他感到很冷或是很热，或是听到很大的吵闹声，威胁他，让他完

① 冯忠良，伍新春．教育心理学［M］．北京：人民教育出版社，2000：104.

② 冯忠良，伍新春．教育心理学［M］．北京：人民教育出版社，2000：120.

成一件烦人的任务，或是引起生理上的不适，如头痛，那么当他作出某种反应后将这些令人不愉快的刺激撤走，这就是对他这种反应的负强化。简而言之，人类的大部分行为都是条件反射形成的，之所以作出这些行为是因为那样做可以使我们获得某种东西（在正强化的情形下）或是让个体逃离某种东西（在负强化的情形下）。

（三）驱力与环境

常常有人认为行为的驱力源于个体内部。我们来考虑一下“驱力”这个词。人们常说由于有饥饿的内驱力才有吃的行为，由于有性驱力才有性交，由于有成就动机才会有工作上的力求上进。斯金纳却认为这并不是解释行为的最好办法。以这种方式使用驱力的概念来解释行为，会使人们忽视行为的真正原因，而行为的真正原因存在于环境之中。斯金纳认为“驱力”这个词应该仅用来形容那些可以改变行为概率的环境因素的作用，例如剥夺或满足的情景和各种强化安排。简要地讲，行为的最重要的起因是环境，谈论内部驱力只能使问题变得更糊涂。斯金纳特别指出，我们不应该将驱力看成以下四种东西：（1）刺激；（2）心理状态；（3）身体状态；（4）某种力量的状态。例如，认为一个赌徒去赌博是源于内部驱力是错误的，赌博行为只是变化比例强化安排的产物。

三、行为主义学派观点的应用

（一）环境决定论[①]

行为主义学派认为，遗传对行为有一定的影响，但它们更多地是受到个体经历和目前存在境遇的影响。就某种意义来说，人从出生开始就倾向于成为自然环境和社会环境的产物。从斯金纳的角度看，人性非善也非恶的遗传因素为外界环境通过操作性条件反射而形成个性、行为之或善或恶提供了某种可能。

在斯金纳的操作性行为主义心理学中，个体生活历程中所经历的各种生活事件对个体产生的作用极为重要。他认为各种生活事件及其所导致的结果性行为之间的关系非常重要。只有获得了这些信息，才能对一个人的各种行为作出合理的、完整的解释。斯金纳强烈地主张：对于一些其他的研究者，有价值的研究是明确确定有哪些遗传因素在起作用，详细地了解神经心理的过程。一旦这些问题得到了解决，那么通过科学的分析来了解当前的环境因素对行为的影响作用这一任务就显得很必要了。斯金纳认为对环境的控制提供了改进人类行为的方法。

斯金纳认为遗传物质和个人的生活经历对个人行为都有影响，但是他更强调

① 冯忠良，伍新春．教育心理学［M］．北京：人民教育出版社，2000：122．

客观环境和个体生活环境中可观察状况的作用，因而更注重后者。他认为要想对人类行为作出完整的解释，就必须对这两种因素（先天和后天）起作用的原理和过程有详尽的知识。如果按照斯金纳的观点去做，人们应该投入精力去学习这些知识，而那些会阻碍研究进程的纯主观的概念则应该完全抛弃，永远不要让它们玷污了科学的大门。

（二）“五街帮”少年时期的异常经历

“五街帮”少年的家长们，或者离异，或者外出经商，很多孩子由爷爷奶奶隔代抚养。那些四处流连的孩子，让忙碌的家长们不明所以，“究竟是什么让我们的孩子鬼迷心窍了?”

“五街帮”的孩子们，究竟有怎样的成长经历?

每当问起他们和家里人的关系，常常使孩子们的气焰隐退，泪水涌起。“五街帮”中很多孩子都来自父母离异或一方早亡的家庭，他们和黑友似乎有着同样的惺惺相惜之感。“我恨我父亲”，“西瓜”说，他还不到18岁，却是团伙骨干，也是惟一一个自首的孩子。“我很小的时候父母离婚了。几年后爸爸娶了第二个老婆，又离婚了，又娶了第三个老婆，我很快多了个妹妹，又多了个弟弟。以后他们就不管我了。”

“西瓜”一直和奶奶住，上初一的时候就开始晚上不回家，“在外面通宵打电子游戏或到同学家过夜。奶奶拿我没办法”。而小温把他多次强奸的原因归结为心理的极度空虚和对母亲的报复。15岁时他最爱的母亲离婚后离开了他，他就辍学了，生活就此滑向了深渊。“同学之间吵架时，他们都骂我是没娘的种。”他说到这里忍不住抽泣起来。

“我经常夜不归宿，没有生活费了就去偷，抓住后被判8个月。等我放出来，妈妈终于来看我了，她给了我500块钱，让我借点钱买辆摩托车做生意。我开了两天就因为没有牌照被扣了。”小温对母亲走时的那句话记得更清楚，“她说她已经成立了新家又生了个儿子”。

17岁的小周的家在非常偏僻的巷子里，简易房，木板门上没有门牌号，85岁的爷爷和70多岁的奶奶颤巍巍地走出来。屋子里光线很暗，积满灰尘和杂物，有一台新的电脑很醒目，“他喜欢打电子游戏，我们怕他出去学坏，把女儿给的看病的钱全拿出来，给他买了一台电脑，他只安静了几天，又溜出去了。”瞎眼的爷爷怎么管得住精力过剩的孙子，只有经常生气。

小周3岁的时候，父亲在煤矿打工丧命，母亲随后改嫁，他一直和爷爷奶奶生活。“在乡下读小学时很听话。搬到县城里读初中后，就迷上了电子游戏。”

爷爷奶奶有一段时间生病住院，这个黑乎乎的屋子就成了团伙成员集中的据点之一。“这个孩子是出去学坏了，以前没见他闹过什么事。”隔壁邻居说。

其实，小周不只是玩游戏，他还学会抢劫，斗殴，为了不给三轮车夫车费，居然动用木棍和尖刀伤人，邻居都感到不可思议。

16 岁的小张被抓的原因也是打架斗殴。小张念到初二就辍学了。原因很奇特：学校担心小张成绩差影响总分，让他回家等着拿毕业证，小张只有在家呆着，无事可干。

做泥水工的父亲去找校长、找教育局评理：让孩子继续读书，可初三刚开学，小张就被班主任老师揍了一顿，脸打肿了，嘴角打出血了。此后，小张好像变了个人，很暴躁，动不动就大发脾气，不想读书，只想玩。父亲为栓住儿子的心，买电脑，买自行车，还买手机，但几乎没有效果。11 岁的妹妹认为哥哥是和“黑社会”混在一起了。初中的风气不好，老师看不起读书成绩差的，初中坏同学多，大同学敲诈小同学，逼小同学给他们钱。

小张的父亲担心儿子即使拿到初中毕业证，也难继续读书。几个月前，他刚刚交了 5 000 元“买分钱”让小张继续读另一所学校的高中，学费刚交人就被抓了。

一位教育学者呼吁，十五六岁正处于人格重建和心理极易扭曲的危险期，心理扭曲如不及时矫治就会导致心理障碍，形成各种程度不等的心理疾病，这些病态心理，轻者影响了健康人格的形成，重者助长了青少年犯罪。目前的中学心理教育基本还处于空白状态，不少中学从教师到领导对心理教育的意识很淡薄，有关部门应着手编写中学生心理教育的教材，建立一套完善、科学的心理辅导和治疗体系已是当务之急。同时，中学法律常识教育可结合具体案例警示青少年把握好自己的行为。以防微杜渐，杜绝易发的青少年犯罪“十五六岁现象”。

第三节　认知与道德发展理论

引　例

令人费解的惨剧

2005 年 3 月 2 日，包头市东河区中学 2 名中初三学生因小小摩擦发生厮打致使其中一位身中两刀，抢救无效而死亡。据学校和警方介绍，当日下午第一节课后，2 名少年在班级卫生扫除中追逐耍闹，其中一位不小心将另一位的毛衣撕开一个小口，2 人遂互相推搡争执。老师劝导时，2 人均表示和解。不料，放学后不一会儿，在他人怂恿下，两人再次扭打。厮打中，毛衣被撕者手握借来的小刀挥舞捅扎，对方颈部和左前胸各中一刀，虽经全力抢救但为时已晚。[①]

一件区区小事，一把小刀，残害了一个16岁少年的生命，也毁了一个15岁少年的前程。人们不禁要问，惨剧何以来得如此轻易？

一、认知与道德发展理论简况

（一）皮亚杰及其认知发展理论

1. 皮亚杰的生平简介与学术著作[②]

皮亚杰（J. Piaget，1896～1980），瑞士著名心理学家，发生认识论的创始人。1896年生于瑞士纳沙特尔。皮亚杰自幼聪慧过人，勤奋好学，对生物学、哲学、心理学和逻辑学都有精湛的研究。早年对生物学有着浓厚的兴趣，中学时期对认识论产生兴趣，他的研究和著作都深受生物学和认识论的影响。1921年皮亚杰开始从事儿童心理学的研究，20世纪50年代以后他又致力于认识论的研究。他一生发表论文五百多篇，出版专著五十多部，主要著作有《儿童的道德判断》（1923）、《儿童的判断和推理》（1924）、《儿童的因果概念》（1927）、《结构主义》（1968）、《发生认识论原理》（1970）、《意识的控制》（1974）等。

2. 皮亚杰理论思想来源

康德的认识论是皮亚杰理论最直接的思想来源，他的"图式"概念就是源于康德的先验范畴理论。皮亚杰曾经说过："我把康德的全部问题加以重新审查，从而形成了一门新学科，就是发生认识论。"[③]

结构主义对皮亚杰影响深远，结构主义强调内在结构的研究，反对外部现象描述。在结构主义看来，现象虽然看起来很复杂，但是都受其内在结构的支配和规定，因此研究事物要把握深藏于现象中的结构。皮亚杰深受这种思想的影响，试图在儿童认知与思维的研究中发现认知结构。但皮亚杰与其他结构主义不同之处在于，他不把结构看成是先天的，而是力图通过儿童后天的活动研究认知结构的发生和发展。

生物学是皮亚杰理论的重要基石。皮亚杰最初是一名生物学家，并且一直保持着对生物学的浓厚兴趣。他一直试图寻找一条从生物学到认识论的桥梁。他的很多概念都源于生物学，如同化、顺应等。此外，皮亚杰研究认知的方法论也来

---

① 严圭，吴宁．犯罪心理学阅读教材［M］．北京：中国林业出版社，2005：62．

② 叶浩生．西方心理学的历史与体系［M］．北京：人民教育出版社，1996：289．

③ 高觉敷．西方心理学的新发展．北京：人民教育出版社，1987：102．

自生物学的渐成论，他认为机体和认知的发展都表现出渐成的系统特征，认知功能的发展是渐成的一部分。

数学和逻辑学对皮亚杰理论的影响。他使用符号逻辑来研究儿童的智慧活动，借以说明儿童的逻辑的、数学的、物理的概念起源。

皮亚杰理论与行为主义、格式塔学派和精神分析也有一定的关联。他反对行为主义只强调后天经验，不考虑内部结构的因素，他反对把刺激与反应的关系看作是单向关系，因此皮亚杰提出刺激与反应的双向关系。早年曾跟随荣格学习精神分析，他的内化、自恋等概念都来自精神分析学派。

3. 基本观点

皮亚杰的认知发展理论强调生物和主体自身因素在认知发展中的重要作用。皮亚杰认为心理发展是主体通过动作对客体的适应，是个体通过同化和顺应日益复杂的环境而达到平衡的过程，个体也正是在平衡与不平衡的交替中不断建构和完善认知结构，实现认知的发展。

皮亚杰认为心理发展顺序遵循认知发展阶段论。每个人的心理须依一定的顺序发展，前一阶段是后一阶段发展的必要条件。任何一个年龄阶段的个体在与外界相互作用的过程中，都有一套独特表征和解释世界的方法和原则，表现出思维的独特性。他在儿童道德发展的研究中发现儿童道德判断的标准与儿童的认知发展阶段相平行，只有认知发展到一定的水平以后，才能作出道德判断。

（二）认知与道德发展理论的发展

科尔伯格（L. Kohlberg，1927 ~1987），美国著名心理学家，继承和发展了皮亚杰的认知发展理论。他在皮亚杰的研究基础上，采用“道德两难故事”来研究道德认知发展，并将其研究扩充到青少年及至成人。科尔伯格的道德发展核心是对道德认知发展阶段的划分和界说。

二、认知与道德发展学派的基本观点

（一）皮亚杰理论中几个基本概念

1. 图式

图式是皮亚杰理论中的核心概念。图式是动作的结构或组织，但是这种结构不是解剖学意义上的结构，而是一种认识的功能结构；动作也不是仅指行为的动作，它包括思维等认知的动作，如运算等。图式最初来自先天遗传，如婴儿的吸吮、爪握等先天性反射。儿童为了适应环境，他们会形成新的更精细的行为结构，图式随之不断变化和丰富起来。皮亚杰认为发展从根本上说，是从较低水平的图式不断建构更高水平的新图式，从而使认知结构不断完善的过程。

2. 同化

同化本来是一个生物学的概念，指的是有机体把环境成分整合到自己的原有结构中去的过程，如消化系统吸收营养物，通过消化而把营养物变成机体本身的一个部分。皮亚杰将这一概念应用到心理学中，指主体将外界元素有效地整合于已有的图式中。当一个人在环境中遇到了新经验，并且把这个经验看作和自己具有的身体或心理动作经验完全一样或非常相似的时候，同化就发生了。因此，同化过程受个人已有图式的限制，个人所拥有的图式越多，所能同化的事物范围也就越广泛，反之，图式的数量和种类少，则同化的范围也就相对狭窄。

3. 顺应

顺应指个体调节自己的内部结构以适应特定刺激的过程。当个体遇到不能用原有图同化新刺激时，便要对原有的图式加以修改或重建，以适应环境。这样将迫使个体改变现有的认知图式，形成某些新经验的图式，引起认知结构的不断发展变化，后者这种对认知结构给以增补、提炼并创立新认知结构的过程就称为顺应。

4. 平衡

平衡首先是同化和顺应活动的平衡，是个体通过自我调节机制使认识的发展从一个平衡状态向另一个较高的平衡状态过渡的过程。儿童认知最初处在一种较低水平的平衡状态中，当面临一个新刺激时，就产生了不平衡，通过主体和客体的相互作用，即通过同化或顺应，使认识达到一个新的水平，恢复了平衡的状态，认识也获得了发展。认识的发展就是平衡——不平衡——平衡的过程。所以平衡既是一种状态，也是一种过程。

（二）儿童心理发展的阶段理论

皮亚杰认为儿童心理的发展具有阶段性和规律性，通过大量的观察和实验，他把儿童心理发展划分为四阶段：

1. 感知运动阶段：0～2岁。此阶段的儿童主要是通过感觉和动作来认识世界的；还不能有效的对主体和客体作出区分；不能应用心理表象从事智力活动。

2. 前运算阶段：2～7岁。这一阶段中儿童能使用语言表达概念，但有自我中心倾向；感知运动图式开始内化，表象图式开始出现，能使用符号代表实物；能思维但不合逻辑，不能见及事物的全面。

3. 具体运算阶段：7～12岁。此阶段特征：儿童的思维由表象图式进入具体运算图式，能根据具体经验思维解决问题；能理解可逆性和守恒的道理。

4. 形式运算阶段：12～15岁。此阶段特征：儿童能运用抽象思维，按假设验证的科学法则解决问题；能按形式逻辑的法则思考问题。

（三）皮亚杰的认识论

皮亚杰的认识论主张用发生学的观点和方法来研究认知的形成、发展的过程，内在结构和机制等。他说："发生认识论试图根据认识的历史、认识的社会根源、认识所依据的概念和'运算'的心理起源来解释认识，特别是解释科学的认识。"①

1. 认识的生物发生论

在把生物学和认知发展领域的研究进行类比时，皮亚杰采取的是一种具有生物特色的表型复制理论。表型是指生物体可观察的外显特征，是遗传与环境相互作用的产物。表型复制原理同样适用于人类认知的发展，与生物学上的外源变异和内源变异相应。人类全部知识可分为两种：从经验中得到的外源性的知识和从主体内部动作的协调中导出的内源性的知识。外源知识是建立在动作经验的概括之上的，而内源性知识建立在动作的逻辑必然性基础之上。经由内源性重构将外源性知识发展为内源性知识，使儿童的思维超越具体事物和表象，达到能运用概念和命题进行抽象思维的水平，这个过程就是认知的表型复制。内源性重构是一个持续的过程，其目的在于寻求更佳的平衡状态，它受主体的自我调节机制所支配。

2. 认识的结构主义观点

认知结构的发生是获得认识的全部先决条件，这是发生认识论所要解决的一个根本性问题。皮亚杰指出："认知结构既不是在客体中预先形成的，因为这些客体总是被同化到那些超越于客体之上的逻辑数学框架中去，也不是在必须不断地进行重组中预先形成的。因此，认识的获得必须用一个将结构主义和建构主义紧密地连结起来的理论来说明，也就是说，每一个结构都是心理发生的结果，而心理发生就是从一个较初级的结构过渡到不那么初级的（或比较复杂的）结构。"② 皮亚杰认为人的认识结构不是一种物质性结构，而是指心理操作活动或者运算，而且他认为发展的某一阶段存在着同一结构，而从一个阶段发展到另一个阶段，认知结构就会发生变化，也就是说皮亚杰旨在建立一种发展的或发生学的结构主义。

3. 认识的建构主义观点

皮亚杰的认识不仅具有结构，而且认识的发生是一个由低级到高级不断建构的过程，皮亚杰把自己的发生认识论称为一种建构的结构主义。建构，是构造、

① 皮亚杰. 发生认识论. 傅统生，译. 教育研究，1979（2）.

② 皮亚杰. 发生认识论原理. 北京：商务印书馆，1986：18.

建设和转化的意思，指形成认知结构的动态过程。在认知结构的建构过程中，皮亚杰特别强调的是平衡作用。皮亚杰提出了双向建构理论，即内化建构和外化建构。内化建构是动作的内化，外化建构是精神的外化。婴儿的心理是主客体不分，一片混沌的，通过动作或活动，婴儿的心理沿着内外两个不同的方向发展。原来外在于主体的动作逐渐达到内部的协调，形成动作的内部结构、认知图式等等，从而建构形成了主体的概念。同时儿童也把主体内部已形成的图式用于认识外物，形成对外物的因果解释，了解外物的结构及其相互关系，形成关于客体的概念。内化建构和外化建构合称双向建构。

（四）道德发展理论

1. 皮亚杰道德认知发展理论

皮亚杰认为儿童道德判断的发展是以认知发展为基础的。并提出儿童道德认知发展的四阶段：

第一阶段：前道德阶段，5 岁以前。此阶段特征：儿童处于感知运动时期，行为主要与满足生理本能有关，他们的行为直接受行为的结果所支配，还没有恰当的道德观念。

第二阶段：他律道德阶段，6～8 岁。此阶段特征：对权威的绝对服从，他们认为规则是固定不变的，必须服从，否则就要受惩罚。此阶段儿童道德判断根据是行为的后果，而不考虑主观动机，因此这个阶段也称道德实在论阶段。

第三阶段：自律道德阶段，9～11 岁。此阶段特征：儿童不再盲目服从权威。他们开始认识到道德规范的相对性，判断行为的对与错，除了看行为的结果之外，也要考虑行为人的动机，并逐步开始用平等和不平等、公道和不公道等新的标准来判断是非，此时儿童的道德判断已为自身所具有的主观的价值所支配，故又称为道德主观主义阶段。

2. 科尔伯格道德认知发展理论[①]

科尔伯格继承和发展了皮亚杰的理论，用“道德两难故事”来研究道德的认知发展。1958 年起，科尔伯格开始用这种方法对 75 名 10～16 岁的被试进行了 10 年的研究，在研究中他所关心的不是被试对问题回答“是”或“否”，而是回答问题时是如何进行推理的。经过对道德认知发展的深入研究，他提出了三水平六阶段的道德发展模式：

一级水平：前习俗水平，0～9 岁。此阶段特征：儿童遵守规范，但尚未形成自己的主见，道德判断主要着眼于行为的具体结果与关心自身的利害，道德判

① 林崇德．发展心理学［M］．北京：人民教育出版社，1995：330.

断价值由外在的要求而定。

阶段1，服从和惩罚定向。儿童认为规则是由权威制定的，必须无条件服从。服从只是为了避免惩罚。

阶段2，工具性的相对主义定向。行为的好坏按行为的后果带来的赏罚来定，得赏者为是，受罚者为非，没有主观的是非标准。对自己有利就好，对自己不利就是不好。

二级水平：习俗水平，9～15岁。此阶段特征：道德价值在于别人的期待和传统秩序的保持，主要满足社会期望。

阶段3，好孩子定向。儿童希望保持良好、和谐的人际关系，重视顺从和做好孩子，以得到别人的赞许。

阶段4，维护权威和社会秩序定向。儿童注意的中心是维护社会秩序，他们把尊重权威、维护社会秩序看成是符合道德的行为。

三级水平：后习俗水平，16岁以后。此阶段特征：这个阶段已经发展到超越现实道德规范的约束，达到完全自律的境界。年龄上至少是青年期人格成熟之后，才能达到这一境界。

阶段5，社会契约定向。有强烈的责任心与义务感，尊重法律，认为法律是一种社会契约，如果法律不适应社会时，可以通过协商加以改变。

阶段6，普遍的道德原则为定向。有个人的人生哲学，对是非善恶有其独立的价值标准，不再受现实规范的限制。此阶段人们更多考虑道德本质，而不是具体的道德准则。

科尔伯格认为，人类道德发展的先后次序是固定不变的，这与思维发展有关，但具体到个人又有所不同，并不是所有的人都能达到道德判断的最高水平，有些人的道德认知永远都处于前习俗水平。

三、认知与道德发展理论的应用

1. 皮亚杰的发展理论与青少年犯罪

根据皮亚杰的心理发展的阶段论来看，青少年正处于“形式运算阶段”。随着从低级向高级阶段的发展，他们由一个仅依靠感觉和运动认识周围世界的有机体逐步发展成具有抽象思维的独立个体。皮亚杰认为发展是个体与环境的不断相互作用中的一种建构过程。因此从认知发展理论来看青少年犯罪是发展不平衡而导致的，并且应从青少年自身和社会两方面进行分析。

从自身方面来看，青少年身心成熟状况不平衡是导致青少年犯罪的一个重要因素。青少年时期要经历一系列的变化，在生理上基本完成了从儿童向成人的过渡。但是这一阶段生理发展和心理发展是矛盾的、不和谐的状态，使青少年生理发展和心理发展水平有很大的落差，往往会造成其心理上的成人感和幼稚性并存的矛盾，特别是青少年早期的个体心理具有明显的不平衡性和矛盾性。

从社会方面来看，青少年在与家庭、同伴和学校这些外部因素相互作用的过程中逐步构建自己的认知体系。社会发展的不协调，对青少年的影响必然会导致其认知的偏差，进而影响青少年的行为。这些外部环境的不协调也是导致青少年犯罪的原因之一。

因此，在预防青少年犯罪时，不能一味地追究青少年自身的责任，也不能片面地强调社会的影响因素。而要构建与青少年个体发展相协调的客观环境，使家庭、社区、学校、传媒和司法机关联合作用，才能有效预防青少年犯罪。

2. 道德发展与犯罪

皮亚杰虽然没有直接对犯罪人的道德认知发展进行过研究，但是他的理论观点和研究方法为后来对犯罪人的道德认知发展研究奠定了基础。

科尔伯格对犯罪人的道德认知进行了一些研究，重新阐述了皮亚杰的他律道德向自律道德发展的规律。他发现很多少年罪犯人的道德水平都处于习俗水平，累犯的道德推理更低。有些少年犯罪人更有可能处于前习俗推理水平，这与他们前习俗水平所具有自我中心、追求享乐的特点相一致。研究者们还发现道德发展与犯罪行为之间的关系，似乎与犯罪类型有关。桑顿（D. Thornton）和里德（R，L. Reid）在研究中发现，进行熟虑性犯罪（抢劫、夜盗、盗窃）的累犯的道德推理处于前习俗水平，这些犯罪人认为犯罪行为是正当的，因为个人的利益在价值上超过惩罚的危险。[①] 其他研究者也得出相同的结论，认为道德发展与犯罪之间存在相关关系。

但是也有一些学者对道德认知发展理论提出了质疑。认为科尔伯格的理论代表了向柏拉图和康德的古典主义的一种回归，强调理性的作用，而不强调外部经验的作用，把理性作为知识的来源，假定道德标准是绝对的，认为道德标准与历史和文化因素无关（R. Blackburn，1993）。社会理论家也对道德认知发展的理论提出反对意见，他们认为，道德判断是一种社会学习，可以通过观察和模仿而获得。在他们的研究实验中发现，儿童道德发展并不像道德认知理论所说的那样具有明显的阶段性。还有研究者认为科尔伯格研究的被试都是男性，因此他的研究结果只是表明了男性道德发展的阶段和男性性别偏见。

---

① 吴宗宪，刘邦惠，等. 犯罪行为心理学—理论研究和实践［M］. 北京：中国轻工业出版社，2000：115—116.

道德发展与犯罪行为并不是直接的关系，而是一种非常复杂的关系。但道德发展理论提供了犯罪形成原因的另一种解释，其研究方法和研究内容开拓了研究者的思路，对犯罪心理学的理论研究有重大启示。

本章小结

心理学的发展过程中，精神分析、行为主义、认知发展三大流派的理论对于犯罪心理理论体系的构建和形成起到了基础作用。本章重点介绍了这三大流派的发展简史、代表人物、主要理论观点以及在犯罪心理领域的应用。

精神分析认为在生本能的驱使下，原我发展出自我和超我——人格的结构理论由此而来；由于自我的抑制作用，意识又被区分为意识和潜意识——意识的分域理论得以产生，在此基础上，还研究了人类的原始思考程序——梦、象征和意象；在本能的驱使下，婴儿经过口欲期、肛欲期和俄狄普斯期，完成性心理和人格的成熟——以此为基础奠定了人格和性心理发育理论，推导出著名的“性”决定论、童年决定论和潜意识决定论；在本能的驱使下，婴儿由自恋转向对象客体恋，童年决定的客体恋的关系模式，会在成年后的人际关系模式中再现——移情模式和机制得到发现——从而为成年期通过精神分析治疗童年创伤引起的心理障碍奠定了理论基础；死亡本能的揭示，把精神分析的注意力转向了自我、自恋、施虐受虐、退行，以及强迫性重复；防御机制以及阻抗的发现，都是死亡本能揭示后的产物。而且，由于死亡本能理论，使精神分析与天体物理学、热力学，以及生物学的结合成为可能。

行为主义的主要观点是认为心理学不应该研究意识，只应该研究行为，把行为与意识完全对立起来。在研究方法上，行为主义主张采用客观的实验方法，而不使用内省法。行为主义理论认为心理学是一门自然科学，是研究人的活动和行为的一个部门，要求心理学必须放弃与意识的一切关系，提出两点要求：第一，心理学与其他自然科学的差异只是一些分工上的差异；第二，必须放弃心理学中那些不能被科学普遍术语加以说明的概念，如意识、心理状态、心理、意志、意象等等。此外，行为主义极力要求用行为主义的客观法去反对和代替内省法，认为客观方法有四种：第一，不借助仪器的自然观察法和借助于仪器的实验观察法；第二，口头报告法；第三，条件反射法；第四，测验法。斯金纳则属于新行为主义心理学，他只研究可观察的行为，试图在刺激与反应之间建立函数关系，认为刺激与反应之间的事件不是客观的东西，应予以排斥。斯金纳认为，可以在不放弃行为主义立场的前提下说明意识问题。

认知发展理论（Cognitive-developmental theory）是著名发展心理学家让·皮亚杰所提出的，被公认为20世纪发展心理学上最权威的理论。所谓认知发展是指个体自出生后在适应环境的活动中，对事物的认知及面对问题情境时的思维方式与能力表现，随年龄增长而改变的历程。皮亚杰的研究方法不采用当时流行的等实验组及多人资料统计的方式，而采用对于个别儿童（他自己的女儿）在自然的情境下连续、细密地观察纪录他们对事物处理的智能反应，属于质的研究。而他这种研究方式，广为现时期儿童心理学家所采用。

复习思考题

1. 简述精神分析学派的基本观点并简评之。
2. 简述行为主义学派的基本观点。
3. 简述罗杰斯的基本学术观点。

第三章

犯罪行为的心理学研究

犯罪心理的相关理论，在宏观方面解释了犯罪心理发生的各种原因。本章主要从微观方面，对一个人实施犯罪前的具体心理特征进行分析。由于心理现象较为复杂，涉及与犯罪心理学研究的不同心理学科较多，例如普通心理学、认知心理学、社会心理学、发展心理学、生理心理学、变态心理学等，本章主要根据当前的研究现状，从生理、认知、情绪情感、动机四个发面来进行论述。

本章任务

1. 了解犯罪心理形成的生理学因素
2. 掌握犯罪心理形成的认知基础，包括合理化机制的运用等
3. 掌握情绪情感在犯罪心理形成中的作用

第一节　犯罪心理的生理学基础

引　例

美国社会学家都戴而（Dugdale）对朱克家族（Jukes）之研究：1840年朱克家族，老朱克是一个远近闻名的酒鬼和赌棍，这个家族近8代子孙中，有300多人是乞丐和流浪者，400多人因酗酒致残或致死，60多人犯过诈骗和盗窃罪，7人是杀人犯，没有一个有出息。

问题：犯罪心理的发生有无生理学基础？生理学因素在犯罪行为的发生过程中起了什么作用？

一、早期的研究：天生犯罪人

天生犯罪人是意大利犯罪学家龙勃卢梭提出的犯罪人概念。他通过对近千人进行的实证研究，根据达尔文的进化论的观点，提出犯罪人的出现是人类的返祖

现象，是有些现代人没有进化的结果，他们处于现代人和原始祖先之间的智人物种，是文明人里的变异现象。

首先，从外观上，天生的犯罪人与正常人都存在显著的差异，例如不对称的颅骨、没有胡子、柄状的耳朵、巨大的下巴、高颧骨等等。此外，在暴力型犯罪特别是抢劫和杀人犯中，犯罪人的身高和体重都比较高。而盗窃犯和纵火犯则表现出一定的长头畸形倾向。

其次，从感知觉上，天生犯罪人对疼痛、温度变化具有高度的耐受力。其中一个重要的表现是文身。文身是野蛮人的书法，是对他们文明状态的首次记录。文身的习惯在犯罪人身上表现得特别普遍，特别是在邪恶的犯罪人身上。犯罪人的文身与常人存在着很大不同，文身的面积很大且形状内容都很怪异。例如，一名犯罪人在自己额头上刺着“资产者灭亡”，并且底下有一把匕首。另外一名犯罪人在胸前和胳膊上刺了三个朋友名字的缩写，一个十字架，一条游蛇，一颗被刺穿的心。①

最后，在情感上，大多数犯罪人的情感总带有病态的、过分的和不稳定的色彩。他们的家庭情感和社会情感大都已经泯灭，他们对所犯的任何错误都缺乏罪恶感和悔恨。相反，他们在诸如虚荣心等有关自我感觉的情感上，却得到异常发展，表现出“极度自我中心”。为了满足自己的虚荣心，犯罪人常常为了一点小事就实施报复。

“天生犯罪人”概念的提出，开创了从遗传学来研究犯罪人的先河，也进一步促进了优生学的发展。例如，20 世纪 30 年代是美国优生学最为盛行的时代，也是最不光彩的年代。1939 年，美国人类学家胡顿，从美国十个州中抽取了 17 000 多份样本（其中犯罪 13 873 名，非犯罪 3 203 名），从体态、眼睛、耳朵、嘴唇、前额、脖子等 33 种生理特征上，对罪犯与非罪犯之间的差异进行研究，结果发现 19 种生理特征差异指标。胡顿认为，这些遗传性的生理特征会影响心理的发展，进而产生严重的犯罪问题。对于这种因生物上以及种族上的遗传特征所引发的特定犯罪，必须予以根绝。他说，“犯罪人生来是劣等的”，“犯罪是环境对劣等人类冲击的结果”，“解决犯罪问题的方法是根除或消灭这些身体上、精神上、道德上不健全的人，或者把这些人隔离在一个完全净化的社会环境中。”他甚至建议将体重超过标准美国人体重 11 磅的“劣等人”予以隔绝或灭除。② 这种观点为二次世界大战中的种族大屠杀提供了借口，也遭到了大多数的

① 龙勃罗梭．犯罪人论．黄风，译．北京：中国法制出版社，2005：63．

② 陈兴良．犯罪与遗传．北京：群众出版社，1992：2 版：51—53．

人质疑。

到了20世纪90年代，人类基因组的研究取得巨大成功。一些科学家认为，有了人类基因组的全部系列及图谱，传统的等位基因连锁分析将在发现新的人类行为相关基因中起到重要作用。人们似乎找到了定义人类（包括特定的行为方式）的物质。人们发现，无论是疾病还是异常的行为似乎都能找到它的特殊基因，前者包括致乳癌、肌肉萎缩症、家族高胆固醇等，后者包括酗酒、害羞、同性恋、犯罪等。现在人们正在试图寻找与诸如上瘾、压抑、暴力、攻击性行为有关的基因基础，由此可见科学家对犯罪遗传研究的关注程度。毫无疑问，遗传因素在反社会行为和犯罪行为中起重要作用，他们天生具有的神经系统特性的个体差异，会影响其遵守社会期望和社会规范的能力。但是，这并不能证明犯罪是天生的，除了生物因素外，社会环境等其他因素所起的作用会更大，因而可能更容易增加个体作出反社会行为的可能性。

二、体型与犯罪

最早对体型进行系统研究的是德国的精神病学家E. 克雷米尔，他根据人体结构和生理特征以及所对应的人格特征，将人分为三种类型：第一种体型是矮胖型，身体特点是个子矮而且肥胖，性格特点是外向、温和、善于交际，贪吃，较少犯罪；第二种体型是瘦长型，身体特点是虚弱瘦削，个子高大，属于大脑紧张型，这类人的性格特点是性急、多疑、善思、敏感、压抑、保守、自我意识较强并且害怕与他人接触，易成为盗窃或诈骗犯，也可能成为杀人犯；第三种体型是运动型，身体特点是体型健壮、肌肉发达，性格特点是粗暴、易激动、残酷、自负、爱好冒险和竞争，这类人最易产生犯罪，特别是暴力犯罪。

后来，美国医生谢尔顿进一步从胚胎发育特点和气质类型扩充了体型说。通过收集和整理大量生理测量数据，他发现了三种基本类型：首先是内脏强健型，内胚层型发育发达，主要为消化器官，属于循环型气质，这些人喜欢安逸舒适、喜欢食物、喜欢与人交流情感，通常性情温和，容易相处，不容易犯罪；第二种类型是体力旺盛型，中胚层发达，常常从事各种需要充沛精力和冒险精神的活动，对疼痛反应迟钝，具有侵犯性甚至在与他人交往中表现得粗鲁无礼，因而容易犯罪；第三种是外胚叶发达型。外胚层型人的大脑和中枢神经系统比其他类型的发达，大都个子高身体瘦弱，属于分裂型，也容易犯罪。

有关犯罪行为与体型的研究是一个充满争议的问题，目前尚无定论。例如，格卢克夫妇认为，违法行为并不全由体型特征决定，体型的差异只能使犯罪者对环境的反应方式有所不同。另外研究表明，尽管中胚层体型者肌肉发达、身体强壮很适合实施犯罪行为，但在统计中发现，无论对那种类型的成年犯罪人，体型都没有很好的预测力。

三、双生子与犯罪

双生子分为两种：同卵双生子和异卵双生子。异卵双生子是由两个不同的卵子被两个不同的精子受精发育而成，他们的基因相似程度与普通兄弟姐妹相同。同卵双生子由同一个卵子分裂成两个，形成两个胚胎。同卵双生子具有相同的性别和共同的基因，在外表和行为上都极为相似。大多数的双生子都生活在同一个家庭，生活的外在环境相对单一。因此，可以使研究者更好地研究遗传对于个体心理和行为的影响。

在双生子研究中，常用到的术语是“一致率”，指双生子的特定行为或生理状况所表现出的相似程度，常用百分比来表达。以一致率作为研究指标，人们发现，遗传因素对以下几个方面产生决定性影响：智力、精神分裂、抑郁、神经症、酒瘾和犯罪行为。[①] 德国的精神病学家 J. 蓝格通过对 13 组犯罪的双生子进行观测，在 1928 年发表了《命定的犯罪》一书，在书中，指出双生子在犯罪种类、犯罪次数、犯罪样式以及行刑中的状况等细微之处都存在惊人的相似，从实证的角度来说明遗传对犯罪行为的巨大影响。研究还发现，同卵双生子的犯罪一致性都高于异卵双生子，有的甚至高达一倍。

四、染色体变异

20 世纪 60 年代开始，随着现代人体科学的发展，人们开始研究染色体与犯罪的相关性。人体细胞通常都有 23 对染色体，其中有一对是性染色体，男性为 XY 型，女性为 XX 型，染色体变异主要发生在这对性染色体上，常见的染色体变异有 XXY 型和 XYY 型两种。20 世纪 60 年代初，人们陆续发现犯罪人身上存在着染色体变异比例偏高的倾向。其中，与犯罪相关性较高的是 XYY 型染色体。相关的研究报告表明：这种人身体修长，智力低下或智力不平衡，具有疯狂、残暴和犯罪的倾向，有进攻性，会多次进行杀人和性犯罪，且难以自制。值得注意的是，早期的研究尽管有大量的证据支持这一假说，但随着研究样本的扩大和研究内容的深入，人们开始怀疑这一假说，研究表明，没有事实肯定“有染色体

---

① ［美］Curt R. Bartol，Anne M. Bartol. 犯罪心理学. 杨波，李林，等，译. 北京：中国轻工业出版社，2009：19.

异常 XYY 的人侵犯性比染色体正常的罪犯更大。”[①]

五、年龄、性别因素

相关的研究表明，在犯罪的数量、犯罪的类型均存在显著的年龄差异：首先，从犯罪的数量来看，青少年是犯罪的高发人群，犯罪的低龄化趋势日益明显。随着年龄的增长，30 岁以后的中青年人生活、家庭日益稳定，自控力增强，人格发展成熟，犯罪率开始下降。尤其到了晚年，随着体力的衰弱，社会阅历的增加，犯罪率会更低；其次，从犯罪类型上，青少年犯罪以盗窃、杀人、强奸、抢劫、故意伤害等暴力型犯罪为主，中年人则以贪污、诈骗等经济型犯罪为主，老年人则是以诈骗、盗窃和挪用公款为主。上述差异的形成都与各个年龄段行为人的生理机能密切相关。

性别因素同样也影响着犯罪人的行为表现。女性由于体力弱小、担负生育使命以及受社会的约束力较强等原因，具有被动性、忍耐性和自我克制力强等特征，因而女性犯罪率要远远低于男性。在司法处遇时，女性犯罪因为性别特点，往往在侦查、起诉和判刑阶段，受到警察、法官和检查官的宽大处理，使犯罪率降低。此外，在犯罪类型上，女性犯罪一般都属于非暴力型，例如偷窃、诈骗、贪污、伪造等。在暴力犯罪中，女性犯罪一般都属于从犯，承当望风等不需要体力的角色。但是，部分女性犯罪由于家庭和社会等多重原因，在冲破了种种社会桎梏之后，变得更加冷酷无情，作案手段异常残忍。尤其值得引起注意的是长期承受家庭暴力的妇女，会发生犯罪的“逆恶变”，采用极端的手段来杀害家人。

六、脑病变、生物化学因素

大脑，是决定或影响行为反应的决定因素。大脑功能的病变，尤其是神经生理因素异常或障碍会诱发个体犯罪。生理解剖学的研究表明，大脑边缘系统中的杏仁核，是产生、识别和调节情绪，处理感觉和情绪的脑部组织，这一部分的损伤会影响暴力行为的产生，而大脑最深处最原始的部分——边脑，主要负责控制暴力行为。[②] 此外，脑炎后遗症、脑外伤后遗症、大脑先天性缺陷和大脑其他病变等，都可能引起智力低下，性情易变、性格偏执、易受暗示性高、缺乏辨认和控制自己行为的能力。这种人在不良环境因素的诱发下，就可能出现异常行为或

① 高汉声．犯罪心理学．南京：南京大学出版社，1993：62.

② 贾宇．我国应重视犯罪生物学研究．法律科学，1995（1）：52—55.

犯罪行为。例如：一名奸淫幼女罪犯李某，在小时候就患有脑炎，经治疗后体征消失但有智能缺陷，有社会适应能力较差，依赖性强等特征。再例如抢劫犯赵某，在年幼时头部两次摔伤，两次发烧抽风，形成智力轻度落后，情绪很不稳定等特征。

生物化学因素也与犯罪行为密切相关，例如内分泌系统、物质代谢异常等。人体是由多种化学成分构成的生物体，任何一种化学成分（包括微量元素）的变化都会对整个有机体产生影响，甚至诱发犯罪行为。例如，性激素的分泌异常与犯罪相关，男性睾丸酮分泌异常和女性孕酮的缺乏都可能引发暴力行为。低血糖与侵犯行为也存在一定的相关，因为低血糖会影响脑功能的正常运行，出现急躁、忧虑、沮丧、哭叫等情绪障碍。人们还发现：人脑中分泌的肾上腺素含量高低与暴力行为的强度成正比；存在于脊髓中的一羟色胺的作用就像是人体的刹车闸，若缺乏会使人对自己的行为失去控制；乙酰胆酸酯酶的作用则是破坏乙酰胆酸的分泌，从而抑制犯罪行为等。

第二节　犯罪心理形成的认知基础

认知是心理活动的一部分，是大脑对客观世界及其关系进行信息处理从而能动地认识世界的过程，包括对态度对象所产生的感知觉、想象、理解、判断、评价、信念等。认知过程从感知觉开始，到记忆与思维活动，形成一个完整的信息加工过程。犯罪人的心理也是在上述的认知基础上得以形成。

一、感知觉

人类所有的意识来源于人的感知觉活动。感觉是认识的源泉，是人脑对直接作用于它的客观事物的个别属性的反映，包括视觉、嗅觉、味觉、听觉等。知觉是人脑对直接作用于感觉器官的客观事物的各个部分和属性的整体的反映，知觉在感觉的基础上产生，是对感觉信息的整合和解释，包括空间知觉、时间知觉和运动知觉等。其中，感觉是主观与客观相互作用的第一场所，它以客观事物为源泉，以主观解释为方式和结果，同时，感觉还为适应生存提供重要的线索或依据。通过感觉，罪犯能够及时把握客观环境，捕捉对自己有利的信息，警惕和探测危险信号，提高犯罪机遇。个体的感觉还会受到希望、预期、习惯等的影响而出现偏差，例如草木皆兵等。心理学上，我们把个体对刺激物的感觉能力叫作感受性。罪犯在长期的犯罪生涯中，对刺激物的感受性会发生变化，导致感觉被强化或歪曲。

知觉的过程比感觉更为复杂，并不是对感觉材料的简单堆积，而是一个非常有组织、有规律的过程。知觉是建立在个体的经验背景基础上的，背景不同，人们对知觉对象的选择和解释就不同，从而表现出知觉的选择性和理解性。其中，对知觉产生影响的一个因素是知觉定势，是指主体对一定活动的预先的准备状态。除了早期经验外，知觉者的需要、情绪、态度和价值观等也会影响知觉定势。例如，在一个闷热的下午，一位高中生在家复习，后出来透透气，心情很压抑，于是对一切事物都觉得很烦躁，待人也不友好。这时候，不小心撞到一个社会青年，就很容易把当时的场景知觉为一个挑衅行为。

感知觉不仅能使人们获取外界信息，而且感知觉的丰富与否还影响人们的情绪与身体健康。心理学家曾做了一个感觉剥夺实验，把人置于一个没有任何刺激或极少刺激的环境里，使其没有或极少可能产生感觉。实验结果发现，被剥夺者的注意不集中，思维不连贯，反应迟钝、烦躁，甚至产生幻觉、神经质症状或恐怖症。所以感知觉是人的心理发生或发展所必需的活动。人活着，不仅要满足基本的生理需要，也同时要满足心理上的需求，寻求丰富的感知觉。尤其是对处于青春期的青少年来讲，更是如此，为了寻求刺激，满足好奇心，他们会从事一些越轨性行为来满足自己的感知觉需要。此外，缺乏社会兴趣和正确人生观的罪犯也会把满足感知觉当作人生的重要目的，并通过犯罪行为不断获得和强化这种本体体验。

二、记忆

记忆是人脑对过去经验的保持与提取。凡是人们感知过的事物，思考过的问题，体验过的情感以及操作过的动作，都可以以各种编码的形式保留在人的头脑中，在必要的时候又可以把它呈现出来，这一过程就是记忆。记忆将人的心理活动的过去、现在和将来连接成一个整体，使人的心理不断发展。记忆可分为形象记忆、情景记忆、语义记忆、情绪记忆、运动记忆等。许多罪犯在没有犯罪前，接触过一些不良信息或经历过一些挫折事件，这些事件分别以情景记忆、情绪记忆等的方式深深地根植到罪犯的记忆系统中，对犯罪行为的发生起到潜移默化的作用。例如河南平舆县杀人犯黄某在很小的时候，曾看过一个影片叫《午夜屠夫》，看完后深深地被职业杀手的形象迷惑，立志长大也要做一个职业杀手，体验做杀手的感觉。这种带有强烈情绪色彩的记忆被保留下来，一直伴随着他长大，当生活枯燥无味时就又涌入他的脑海，从而对他的犯罪行为起到了诱发作用。另外一名暴力犯阿某则常常记起小时候自己上学时的情景，穿着破烂的衣服，周围人投来鄙夷的目光，运动场上同学甚至都不会跟自己抢球的场景以及家长躲避的眼神，上述记忆进一步强化了他的反社会意识。

在实施犯罪前，早期记忆对犯罪行为的发生起着诱发作用。在实施犯罪行为后，罪犯也会通过情景记忆、情绪记忆等方式重新回顾犯罪情节，不断总结经验，积累作案技巧。有的罪犯甚至故意保留和收集一些受害者的遗物作为收藏，在闲暇时间回忆当时场景，满足自己的特殊需要，从而也对下一步的犯罪行为构成强化作用。有的犯罪嫌疑人在被抓获后，能够交代自己曾经做下的全部犯罪案件，甚至所有作案工具和赃物的藏匿地点都非常清楚，正是记忆内容被不断强化的结果。

三、表象与想象

表象是客观对象不在主体面前呈现时，在观念中所保持的客观对象的形象和客体形象在观念中复现的过程。想象是人脑对已有表象进行加工改造而形成新形象的过程。幻想是给予人具有某种向往和追求时出现的一种想象。表象、想象和幻想对犯罪心理的形成过程起到了很重要的作用。首先，在没有犯罪前，通过观察学习，犯罪嫌疑人就在脑海里储存了许多犯罪情节的表象，在此基础上加入个人的想象。例如，有一名犯罪人从中学开始就对杀人感到好奇，通过各种传播途径来了解各种杀人方法，包括绞杀、抹杀、勾杀等等，在研究5年之后，杀死了一个邻家5岁的孩子。在杀这个孩子之前，这名犯罪人实际已经相当于从“杀人学校”毕业了，所有杀人的场景和细节经过表象、想象甚至幻想的加工后，进一步诱使他实施具体犯罪步骤，来完成他想象的内容。其次，在犯罪后，犯罪嫌疑人也会通过不断回忆犯罪的具体情节，通过保留受害人的一些物品，进行更多的想象，从而使下一步犯罪行为更加残忍。例如，杀人犯黄某在第一次杀人后，仍觉得不够过瘾，觉得自己不够杀手资格，就尝试用多种方法来杀人，甚至想办法一次杀掉两个受害人，以完成自己的杀人想象。此外，有的罪犯由于生活枯燥，性格内向，往往通过上网、吸毒等方式，长期生活在虚幻的主观世界中，使自己与世隔绝，阻断自己对真实世界的感知，甚至混淆了现实和虚幻之间的界限，从而使自己处于一种病态心理的支配下，把自己幻想成上帝、有钱人甚至杀手，从而对现实世界刺激作出不正常的反应。

四、思维

思维是人的认识的最高阶段。从思维过程上来看，罪犯与正常人之间没有差别，都要经过抽象、概括等阶段。但是罪犯的思维方式和思维内容却与犯罪行为密切相关。对此，学者沃尔特斯归纳出 8 种罪犯的思考方式，具体内容如下[①]：

1. 自我安慰型

自我安慰的技巧与中立化的作用机制很相似。主要是指犯罪人为了消除犯罪行为所带来的罪恶感与焦虑状态，企图将自己犯罪的责任推脱到外在的环境因素上，而把自己本身应负的责任尽量缩小或完全排除在外，以此获得道德上的中立。外部的责任包括社会的不公平、他人的影响等等。具体包括以下几种：

第一，“受害者”心态。犯罪人常常会认为自己也是不公平的社会环境下的受害者，犯罪是他们迫不得已作出的选择。犯罪人认为自己是不良社会环境下的牺牲品，例如家庭经济条件不好、政府不予帮助、警察滥用职权、受害人太嚣张、社会太黑暗等，在这种环境下自己也无能为力，以此推脱自身责任。他们对自己的犯罪行为不做自我反省、检讨，而是把自己也当作一个无辜的受害者。

第二，“淡化”自己的社会危害性。犯罪人通常会尽可能地忽略或者缩小自己行为所带来的社会危害。他们会有意识地选择对自己有利的信息，过滤掉不利信息。例如，强奸犯会认为自己的行为不会造成很大伤害，对方不会有损失。盗窃犯会认为自己只是拿了公家的一些钱，对其他人没有影响。有的杀人犯会认为反正人迟早都会死的，自己只是让对方提前了。

第三种，将犯罪行为正常化。认为自己和其他人没有什么区别，只是碰巧不走运被抓到了。例如，他们会认为犯罪行为非常普遍，世人皆为贼，自己只是在跟人学，没有什么不对。

2. 隔离

隔离又称切除斩断，主要是指犯罪者会利用各种方法来消除其从事犯罪行为的制止力。许多罪犯常常无法有效处理来自现实生活中的压力与挫折，并且也意识到如果从事犯罪行为会给自己的家人、朋友带来麻烦与困扰。面对这种困境，犯罪者很容易用隔离手段来消除选择犯罪行为时所承受的焦虑、害怕以及其他压力。

犯罪人的隔离手段分为两种：一种是从自身做起，通过一种仪式来完成对以前状态的切除，称之为内在的切除；另外一种是借助于酒精和药物，称之为外在的切除。内在的切除的仪式包括：一句简单的脏话，例如“去他的”等，通过这种骂人的方式，来发泄心中积压很久的压力感和不满情绪，同时，也为后来的犯罪行为选择起到一种推动作用；仪式性动作，例如扔掉烟头或者摔碎东西等，以此表示自己与原来的状态进行隔离，将要孤注一掷，义无反顾。外在的切除仪

① 杨士隆. 犯罪心理学. 北京：教育科学出版社，2002：55—60.

式包括借助酒精或药物等，使自己处于麻痹状态，摆脱良心深处的不安，从而摆脱恐惧，增大胆量。此外，犯罪人会借助视觉影像或音乐戏曲等富有情绪感染力的方式来放松心情或提升勇气。

3. 以"自我"为中心的自我特权

有些罪犯是长大了的幼儿。他们思考问题的方式是典型的以自我为中心。认为自己是独特的，有着与众不同的优越感，比其他人更加具有优势地位，因而可以去操纵他人的行为，而自己应该免于受到规范与法律的约束。这种"自我为中心"式的思维方式，使他们无视社会规范的要求，不尊重他人的个人空间，认为既然足够强壮和聪明，就可享有特权，可以采用非法手段从他人身上获取他想要的东西。因此，他们会认为自己偷窃只是单纯地取得钱财而已，并未伤害到其他人。一方面，他们认可法律和规范的合理性，另一方面又认为自己有特权，可以不受其约束。

"自我为中心"的思维方式，会使罪犯在面临冲突时，会将一些贪欲或特权看作自己的"需要和权利"，看作自己必须应得的利益，因而不计代价去满足。罪犯把这种贪欲和特权降到需要的层次，就会抹杀道德上的界限，为自己的行为找到合理借口。例如有些犯罪者会进行自我说服，告诉自己需要豪车、需要美食、需要流行的服饰和昂贵的珠宝，以此作为非法行为的借口。例如，一位小职员在每天下班的路上，都会看到一辆汽车停在自己门口附近，他偶尔会看看车里的装饰和音响。终于有一天，他按捺不住了，擅自打开车门，坐在车里，听着音响，感觉就像在自己的家里一样，于是就把车开走了。

"自我为中心"的思维方式最极端的表现是极端的唯我化和病态化。例如许多罪犯信奉"人不为己，天诛地灭"的人生信条，把"人为财死、鸟为食亡"当作自己的犯罪借口，有的罪犯甚至叫嚣："谁挡我的道，我就杀了谁"、"对他人的善良就是对自己的残忍，杀一个够本，杀两个赚一个"。

4. 象征性的权力取向

许多犯罪人都是日常生活中的失败者，处于社会的底层，属于弱势群体。自身境遇的卑微会造成他们的自我挫败感，自我评价低，很容易受外界的影响。为了克服自卑感，他们采用了一种虚假的方式，来获得对环境的掌控，以体验权威感和成就感，这种方式包括酗酒持枪抢劫以及攻击行为等。通过酗酒和吸毒，罪犯可以处于暂时的幻觉状态，幻想自己可以掌握大权，为所欲为，从而忘却或暂时弥补内心的害怕或无价值感。通过持枪来控制整个情境，一个瘦弱矮小的抢劫者会体验到威力十足的成就感。攻击行为分为两种：一种是身体的形式，例如暴力和搞破坏等，以显示自己的优越和对环境的操纵性，有的则是以奇装异服来吸引众人的注意并获得满足；二是口头的形式，例如与他人争辩，认为自己较优越。

一旦脱离了外在的形式，犯罪人这种权力感又会回到“零”状态，重新体验到无能与无力感，对外在世界失去控制，因此，他会不断以这种非法的方式来获得一种虚假的权力感，如此循环往复，恶性发展。

5. 反向的虚情假意

犯罪是对人类的正直心和怜悯心的违反和破坏，是一种自私的行为，也是受到社会谴责的行为。犯罪人往往会被贴上冷酷无情、自私自利、欺凌弱小、残暴、贪婪等各种标签，由此产生罪恶感。为了摆脱这种罪恶感，犯罪人往往以自己较为正向或软性的一面来替自己的行为作辩护，用自我安慰或虚情假意的方式来中立化自己的罪恶感。

有的罪犯在监狱的矫治活动中，对美学或艺术抱有极大兴趣，专心致力于从事此类活动，投入大量的情感和精力沉浸其中，乐此不疲，以此树立自己的正面形象。但是，一旦走入社会，又会自我放纵，从事犯罪行为。有的罪犯则对家人、弱小、受伤者或无助者极具爱心，利用非法所得为家人、朋友购买礼物或照顾小动物。有的罪犯则特别强调自己的哥们义气，对自己的家人漠不关心，但却对其他罪犯的家庭和小孩十分关心。有的贪污犯则在公共场合大肆宣扬廉洁奉公的重要性。罪犯的所有上述表现，都是试图证明自己是个好人，淡化自己的罪行。

6. 过度乐观

许多犯罪人对于自己所从事的犯罪后果持盲目乐观的态度，明明知道犯罪后终究有被逮捕的一天，但却坚信自己有能力去避免，而且，随着犯罪成功次数的增加，会更加坚定这种信念。最后，就算犯罪事迹暴露，仍心存侥幸，深信自己不会受到任何的法律制裁。有的青少年罪犯在出狱后不到一星期，就又去从事盗窃，根本不去考虑被捕的可能性。

7. 认知怠惰

许多犯罪人本身往往较为懒惰，在思考方面也是如此，犯罪人往往采取最简单最不会遭到阻碍的思考方式，并且在行动过程中容易厌烦，常常半途而废。犯罪人在最初从事犯罪行为时，会做周密计划，花很多时间去评估犯罪成功的可能性，但时间久了，就会变得懒散，不再去思考如何避免被抓获，忽略犯罪带来的后果。这种惰性的思维方式，使他们无法长时间地去关注一个长远目标的完成，无法承受短期的挫折，只把注意力集中到“快速致富”的短期目标上，寻求通过捷径获取物质利益。

第三节 情绪与情感

引 例

2011年12月的一个上午，某市一个大厦后门卸货区，一名快递人员欲进入大楼时，被保安要求出示证件。快递员一怒之下持刀先后刺伤5名保安。

2010年年底，某市闹市区，一辆出租车与摩托车发生刮蹭，摩托车驾驶员李某掏出一把刀捅向出租车司机。胡某事后称，他当时见出租车司机下车后有想打人的架势，便掏出平时防身用的刀向对方刺去。据了解，受害司机肺部侧面位置被刺了一道长约4至5厘米的伤口。

问题：

1. 情绪和情感在犯罪活动中起到什么作用？
2. 犯罪人的情绪和情感具有哪些特点？
3. 情绪和情感产生的原因是什么？

一、情绪与情感的概念

情绪是个体与环境意义事件之间关系的反映，是外界事物是否满足个体需要的心理体验、生理反应和外部表现。凡是对人有积极意义的事件引起肯定性情绪，例如喜悦、快乐，而消极作用的事件则引起否定性情绪，例如愤怒、悲伤。情感是对感情性过程的体验与感受，情绪是这一种体验和感受状态的活动过程。相对于情感而言，情绪更多地代表着感情性反映的过程，与生物性需要密切相关。情感更多地与社会性需要有关，经常被用来描述具有稳定而深刻的社会含义的高级情感。例如对祖国的尊严感，对事业的酷爱，为解除他人痛苦而生的快乐体验等。同时，也存在相反的情感，例如将自己的幸福建立在别人痛苦之上的卑劣情感，或是面对他人时所产生的自我贬损感。例如，一名杀人抢劫犯在入室行凶时，将一对善良的夫妇捆绑起来，面对这对夫妻哀求的目光，以及眼神中所流露出来的温顺与善良还有对犯罪人的恐惧，使这个杀人犯在受害人面前突然觉得自己无地自容，如此残暴无情，这时，会有一种绝望和自罪心理产生，使他作出杀人行为。

二、情绪和情感的分类

人的原始情绪体验有四种形式[①]，分别为：第一，快乐。一般是在所盼望的目的达到后紧张解除时产生的情绪体验。快乐的强度与目的达到的容易程度和突然性有关，一个目的越难达到，达到后就越快乐。第二，愤怒。愤怒是由于遇到与愿望违背的事或愿望不能达到、一再受阻碍时所引起紧张，积累而产生的情绪体验。当一个人明白受挫折的原因是某人或某事时，通常会对该人或该事产生愤怒情绪，尤其是对象明确的愤怒会诱发攻击行为。第三，恐惧。恐惧是个人企图摆脱、逃避某种情景时的情绪体验。当一个人不知道如何击退威胁、摆脱危险时，就会感到恐惧。第四，悲哀。悲哀是人在失去某种他重视或追求的东西时产生的情绪体验，失去的东西价值越大，引起的悲哀也越强烈。悲哀从强度上区分为：遗憾、失望、悲伤和哀痛。

原始情绪是个体对外部世界的本能反应，在此基础上，人类个体又衍生出不同类型的复合情绪，包括：与接近事物有关的情绪，包括惊奇、兴趣、厌恶、敬畏、滑稽、美感等；与感觉刺激有关的情绪，包括烦恼、急躁等；与自我评价有关的情绪，包括害羞、内疚、悔恨、自满、失望等；与人际关系有关的情绪，包括同情、依赖、爱情、憎恨。

三、情绪情感的功能

情绪和情感是有机体适应生存和发展的一种重要方式，具有四个功能：第一，适应功能。情绪是人类早期赖以生存的手段。婴儿主要依赖情绪来传递信息，与成人进行交流，得到成人的抚养。成人也通过婴儿的情绪反应，及时为婴儿提供生活条件。在成人生活中，情绪直接地反映人们的生存状态，是人们心理活动的晴雨计。人们通过情绪、情感进行社会适应，维护人际关系。例如，无论是儿童或成人，均通过快乐表示情况良好，通过痛苦表示急需改善不良处境，通过悲伤和忧郁表示无奈和无助，通过愤怒表示将进行反抗的主动倾向。总之，各种情绪的发生，时刻都在提醒着个人和社会，去了解自身或他人的处境和状态，以求得良好适应。第二，动机功能。情绪、情感是动机的源泉之一，是动机系统的一个基本成分。适当的情绪兴奋能够激励人的活动，提高人的活动效率。适度的紧张和焦虑能促进人积极地思考和解决问题。情绪对于生理内驱力（drive）具有放大信号的作用，成为驱使人们行为的强大动力；情绪是一个独立的心理过

① 叶奕乾，何顺道，梁宁道. 普通心理学. 上海：华东师范大学出版社，1991：347.

程，有自己的发生机制和发生、发展的过程。作为脑内的一个检测系统，对其他心理过程具有组织的作用。积极情绪具有协调作用。中等强度的愉快情绪，有利于提高认知活动的效果。消极情绪具有破坏、瓦解作用。情绪的组织功能还表现在人的行为上。积极、乐观时，行为比较开放，愿意接纳外界的事物；消极情绪时，易失望、悲观，放弃自己的愿望，甚至产生攻击性行为，有时会显得更有礼貌。第四，信号功能。情绪、情感在人际间具有传递信息、沟通思想的功能。情绪的信号功能是通过情绪的外部表现，即表情来实现的。表情是思想的信号，例如微笑、点头等。表情也是言语交流的重要补充，例如手势、语调等。情绪的适应功能也正是通过信号交流作用来实现的。

四、情绪情感的适应不良分析

情绪情感是人类自然属性和社会属性综合作用的结果。首先，从人的社会属性来看，情绪情感作为交际手段和活动动机，受社会规范的制约。其次，从人类的自然属性来看，它又受脑的低级中枢的支配，在一定程度上具有不可控性。在个体的发展过程中，由于受到复杂的环境事件和个体本身人格特征的影响，情绪情感的发展出现变异，导致适应不良，从而影响到社会适应行为的异常，甚至诱发犯罪行为。

1. 依恋感的缺失

依恋感是指人在生命早期出现的情感表现，最初来源于有机体在其生命早期的敏感阶段对最先看到的活动物体产生依附的现象。依恋感的产生是人在生命初期与生俱来的一种反应。最初对依恋现象进行研究的是奥地利的动物学家康德拉洛伦兹，他发现，新孵化的小鸭子会本能地追随它们看到的第一个活动物体，无论其是否是自己的物种成员，这个现象被称为印刻。洛伦兹认为，这种印刻效应是自动化的和不可逆的，是由学习的先天倾向导致的。通常，这种本能的联结是和母亲之间建立起来的，但如果事件发生的自然程序被打乱，则会建立其他的依恋，或者不会建立依恋。依恋感的建立有一个特定的时期，称为“关键期”。在这一特定时期，某一事件的发生或缺失会对发展产生特定影响。如果一个必要的事件在成熟过程的关键期没有发生，则常规的发展也不会发生，而且其导致的反常模式是不可修复的。关键期也可以发生在儿童早期，在关键期剥夺儿童的某些特定经验，可能会导致其生理和心理发展的迟滞。心理学的研究表明，依恋感建立的关键期是个体出生后 1 ~3 年期间。人的交往和人际关系需要也正是在这种最初三年建立的依恋关系基础上发展起来的。

依恋是人在初生时对身边某一稳定抚养人产生的专一的依赖与眷恋、不愿其离开的情感现象。在最初的印刻效应之后，婴儿会不断追随稳定的监护人，通过他日复一日地被照顾，每次得到满足而感受到愉悦的同时，他也记住了抚养人的音容笑貌、身体体味等，这样在半年之后，就会有明显的依恋表现，不愿抚养人离开自己，拒绝陌生人，一旦抚养人离开就会表现出哭闹等不良情绪。在一至三岁期间，如果孩子的依恋情感能够得到充分发展，孩子的需要能够得到抚养人的充分尊重和关注，孩子就会出现知足、快乐、安静和健康的心理表现，同时对他人也会友好和信任。但是，如果这一时期，抚养人采用错误的教养方式，忽视或拒绝孩子的需求，或者不能始终如一地保持和孩子的互动，孩子就会出现易怒、敌对、封闭自己、拒绝亲密等行为表现，对以后的人格形成造成不良影响。

依恋感的建立是人际交往的基础，没有形成依恋的人会有终身的社会情感缺陷。成年后，他们对社会或他人会比较冷酷和残忍，而且也很难和家人形成良好的亲密关系。依恋感也是抚养人对孩子进行心理控制的资本，让被抚养者心甘情愿地接受抚养者的要求和观念。反之，如果没有抚养过程和依恋现象，抚养人就很难支配和控制孩子的心理。①

目前，中国正处于社会转型期，家庭的教育功能逐渐缺失。大量的农民工涌入城市，许多孩子成为留守儿童，缺少父母的抚养和教育，依恋感没有建立起来，一旦进入青春期，和他人进行深入的人际互动时，早期遗留的情感问题就会暴露出来。他们在遇到挫折时往往采用攻击的解决方式，崇尚暴力，作案手段残酷无情，这与早期的教养方式密切相关。

2. 抑郁

人类文明的进步在某种程度也伴随着人性的压抑。人人都有过抑郁的体验，抑郁是生活的一种正常情绪。但是，在持久和严重的情况下，抑郁可转化为病态情绪，使人对自身处境不能做如实判断，因为过度压力感而情绪低落或失望，对生活失去兴趣和责任，产生回避社会和企图自杀等极端意念和行为，部分人甚至因扩大性自杀而犯下严重罪行。

抑郁产生的根源有很多。失去亲人、失去已有的尊严和荣誉，失去社会承认和支持，失去对环境的控制感，长期遭受疾病折磨，受到家人歧视和虐待，可能形成抑郁。抑郁的前期情绪情感是愤怒，抑郁的人会对导致其产生挫败感的对象产生愤怒，但是因为迫于社会舆论、害怕失去对方、担心失去学业和工作等原因而压抑愤怒，或者由于不敢暴露自身的愤怒与嫉妒去攻击对方，而使愤怒内化，

---

① 李玫瑾. 犯罪心理研究——在犯罪防控中的作用. 北京：中国人民公安大学出版社，2010：3版：29.

转向为攻击自己，认为自己无能和自责，自我感到无力应付，同时还伴随着严重的悔恨和自罪感，缺乏改善自身环境的勇气。抑郁是一种复合情绪，除了愤怒外，痛苦、厌恶、轻蔑、恐惧、羞愧、内疚也包括在抑郁中。[①] 痛苦和愤怒是导致抑郁状态持续存在的一个基本情绪。若持久和过度发生，会导致个体的适应不良和病变。其他情绪的加入会使个体表现出不同的行为方式。例如愤怒、厌恶和轻蔑的复合情绪是敌意，而恐惧、羞愧和内疚则使人导致自责和失去自信。这些情绪在抑郁中所占的成分不是一成不变的，根据诱发情境的不同，会有不同的结果。例如，某犯罪人长期处于抑郁状态，对家人的怨恨情绪较多，后赶上拆迁，所有的家庭积怨爆发，对家人的怨恨升级，遂决定杀掉全家后自杀这种极端的方式。

3. 心理应激

心理应激是有机体在某种环境刺激作用下由于客观要求和应付能力不平衡所产生的一种适应环境的紧张反应状态。它的发生并不伴随于特定的刺激或特定的反应，而发生于个体察觉或估价一种有威胁的情境之时，因此，针对同样的刺激情境，每个人的应激状态也不一样。心理应激属于情绪中的紧张状态，包含着多种负性情绪，包括震惊、恐惧、愤怒或者压抑等。其中，与犯罪相关的情绪是愤怒。愤怒常常由于意外事件或对立意向冲突所引起。在愤怒的作用下，犯罪人的认识活动范围会缩小，失去理智和控制能力，整个人都卷进去，因冲动而犯罪。

犯罪情境中的应激事件主要来源于人际交往中的冲突。有的犯罪人长期处于人际交往的不良境遇中，心中已积攒了多年怨恨，一旦诱发事件出现，很容易发生过激反应。有的犯罪人则具有创伤性的经验，一旦被别人重揭伤疤，则会因恼恨而犯罪。还有的犯罪人对自己的认识不清楚，别人的一个眼神乃至一句话都会被认为是挑衅和人格侮辱，而激发愤怒情绪。

第四节 需要与动机

一、需要概述

需要是个体行动积极性的源泉，是人活动的动力。需要是人脑对生理和社会要求的反映，产生于个体内部生理或心理存在着某种缺乏或不平衡状态。例如，人为了生存，首先就要满足自己的生理需要，饿了就需要食物，冷了就需要衣

① 孟昭兰．普通心理学．北京：北京大学出版社，1994：1版：429．

服，为繁衍后代就需要恋爱婚姻等。人类的需要不会因暂时满足而停止，需要永远带有动力性。作为带有群居特点的社会性动物，人类为了生存和发展，还产生了社会性需要，例如通过互助合作式的生产劳动，创造财富，满足生存条件，通过相互的人际互动，沟通信息，交流情感，获得信任和归属感，从而更能相互协作。

需要也是人类认识过程的内部动力，为了满足需要，个体必须通过认识过程解决一定的任务，同时，需要也是个体情绪产生的中介因素。凡是能满足人类需要的事物，会使人产生积极的情绪，凡是不能满足人类需要的事物，会使人产生消极的情绪。在需要的推动下，人们会克服困难，从事一定的活动，从而锻炼了意志品质。可以说，犯罪人的活动也是在需要的基础上建立起来的。

二、需要的分类

根据需要的起源，人们常用二分法对需要进行分类。例如，需要可分生理性需要和社会性需要，也可分为物质需要和精神需要，还可分为原发性需要和继发性需要等等。其中，尤以人本学家马斯洛提出的需要层次论，对人类的需要研究产生最为系统，也最广泛的影响力。

美国心理学家马斯洛在1943年发表的《人类动机的理论》一书中提出了需要层次论。他认为，人的基本需要是指一般人所共有的一些最基本的需要，不包括不同的社会条件下人们的特殊愿望。需要层次理论的理论构成包含着三个假设：第一，人类的基本需要都是天生的，构成不同的等级或水平，并成为激励个体行为的动力力量；第二，人类的基本需要相互联系、相互依赖和彼此重叠，排成一个由低到高逐渐上升的层次，只有低级需要满足之后，才会出现高一级的需要，低级需要直接关系到个体的生存，也叫缺失性需要，高级需要则不是维持个体生存所必需的，但它的满足能使人充分发挥潜能，超越过去而成长，因此也叫"成长需要"；第三，最占优势的需要占有支配地位并组织有机体的各种能量。层次较高的需要发展之后，层次较低的需要依然存在，但对行为的影响减小。通过大量研究，马斯洛把人的需要归纳为五大类，由低到高分为五个层级，分别是生理需要、安全需要、归属和爱的需要、尊重的需要和自我实现的需要。

（一）生理需要

生理需要直接与人类的生存有关，是人类最原始、最基本的需要，也是最有力量的需要，具有自我保存和种族保存的意义。具体内容包括食物、空气、水分、温度、性交和睡眠等的需要。其中，最重要的是饥和渴的需要。在现代社会中，多数人的生理需要是容易得到满足的。但如果生理需要的一种不能满足，它就会完全支配这个人的行为。现实生活中，许多人之所以走上犯罪道路，与生理需要的相对不满足有一定关系，犯罪人更多地是追求一种不劳而获的生活方式。

（二）安全需要

生理需要相对满足之后，就会出现安全的需要，包括避免危险、生活有保障、工作岗位稳定、有一定数量的储蓄、社会安定以及国际和平等。具体可分为：第一，经济上有一定的保障，减少不确定性，例如失业、意外事故、养老有保险。在工作中能够获得劳动保护和保健待遇。第二，心理上的确定性。相信自己会受到公正待遇，相信自己有工作能力，相信自己不会受到严酷的监督等。安全需要比生理需要高一级，每一个现实中生活的人，都会渴望安全和自由，希望自己有防御的实力等。许多犯罪人为了获得安全感，会不断磨练犯罪技巧，进行精心计谋，以免自己被抓获。

（三）归属和爱的需要

当生理需要和安全的需要基本满足后，个人就会受到归属和爱的需要支配。归属需要就是参加和依附于一定组织的需要，例如得到家庭、团体、朋友、同事的接纳和关怀。爱的需要包括接受他人的爱和给予他人的爱。成熟的爱是彼此的关心、尊重和信任。如果爱的需要得不到满足，个人就会感到孤独和空虚。当今社会，由于离婚、社会分工、人口流动、恶性竞争、传统的群体瓦解等原因，使人的归属和爱的需要得不到满足已成为一个严重问题，对青少年造成极为恶劣的影响。缺少家庭关爱、被同学歧视、被主流社会拒绝，使部分青少年脱离了社会正式群体的束缚，他们通过建立自己的小集团或归属其他社会帮派的形式，来满足自己的归属和爱的需要，对自己进行重新认定。

（四）尊重的需要

尊重需要包括两个方面：一方面是获得他人的稳固的高评价，从而使人产生威望、地位和认可等情感；另一方面是对自己的高评价，又称为自尊，从而使人形成胜任、自足和自信等情感。在自尊需要的推动下，人们会愿意把工作做得更好，希望受到别人重视，希望有成长的机会以及出头的可能。但是，如果一个人的尊重需要得不到满足，则会使人产生自卑感和失落感，甚至自暴自弃，反过来仇恨社会。当罪犯加入团伙后，也可通过获得权力、声誉和地位来满足自己的自尊需要。

（五）自我实现的需要

自我实现的需要是人类的最高级需要，表现为人们追求充分发挥自己的潜在能力并达到完善化，这是一种创造性的需要。具有自我实现的人，会充分地、忘我地、集中全力全神贯注地体验生活，完成与自己能力相称的工作，完全实现自己的抱负。马斯洛认为，自我实现者都是中年或年长的人，或者是心理发展比较成熟的人。其中，童年的教育非常重要，如果童年失去了安全、爱与尊重，则很难成为自我实现的人。在现实生活中，有的罪犯把神偷、职业抢劫犯当作自己的最终目标，也反映了他们自我实现的需要，只是其目标设置与社会标准大相径庭，严重违反了人们心中的正义观。

人的五种基本需要在一般人身上往往是无意识的，但在不同的时期表现出来的各种需要的迫切程度是不同的，而人的最迫切的需要才是激励人行动的主要动因和动力。犯罪人也是在上述需要的推动下，选择了一条错误的实现方式来满足自己的需要，同时一旦通过犯罪行为满足了自己的生理需要，他们也会通过不断地强化、磨练犯罪技巧，以加入犯罪团伙等形式来获得安全需要、归属和爱的需要以及自尊的需要等。但是，由于受到主流社会的排斥，大部分犯罪人很难获得自尊和自我实现需要的真正满足，他们转而会通过将主要精力放在追求生理和安全的需要上，追求“人生在世，吃喝二字”的价值观。

三、犯罪动机

（一）犯罪动机的概念

在心理学上，动机是指发动、指引和维持躯体和心理活动的内部过程，是决定行为的内部动力。犯罪动机是驱使行为人实施犯罪行为以达到一定犯罪目的的内心起因或意识冲突，是推动犯罪人实施犯罪行为的内部动力，也是个体的反社会需要的具体表现。犯罪动机具有下述五个特征：第一，具有主观性。犯罪动机反映的是犯罪人内心的主观活动，是犯罪人在实施犯罪过程中特有的一种心理现象。第二，具有相对性。犯罪动机与犯罪行为之间没有必然的联系。犯罪人即便有犯罪动机也不一定会必然实施具有严重危害后果的犯罪行为。第三，具有动态性。犯罪动机的形成过程会受到各种因素的制约而不断发展变化。首先，在形成初期，犯罪人会经历各种心理冲突和动机斗争，最终选择一种犯罪动机，其次，犯罪动机形成后，也会随着犯罪人主观需要的强度、性格特征以及外界环境的变化而不断变化。第四，具有低级性。由于受到文化教育、知识水平、社会生活环境等不良因素的影响，一些犯罪人会形成消极的人生观和世界观。对于他们来说，低级的物质需要和生理需要是他们生活的全部和追求的惟一目标，为了满足这些需要，他们会冲破人类社会的种种禁忌，不择手段加以满足。相反，很少犯罪人会为了满足较高的社会和精神需要而去犯罪。第五，复杂性。每一起犯罪都在犯罪者心中有一个动机的神秘故事。在每个犯罪人身上，并非都只存在一种动机，往往是多种动机并存，这些动机的种类和力量的对比构成一个复杂的动机体系，而法学所关注的主要是明显的起主要作用的动机。

（二）犯罪动机的分类

不同的犯罪动机，不仅直接反映了犯罪人主观恶性程度的大小，也表明了不同犯罪行为的社会危害性差异，因此，对于量刑轻重具有重要意义。为了更好地了解犯罪动机，我们可以按照不同的标准对犯罪动机进行分类。

物欲型动机。此类犯罪是指为了满足衣、食、住、行等方面的物质需要，或者为了聚敛财富而引起的犯罪行为。这类犯罪人将物质需要、生理性需要放在首位，爱慕虚荣，具有明显的利己主义倾向，缺乏同情心，动机结构比较单一。例如，他们犯罪主要是为了吃喝玩乐、买高档用品、筹备婚礼或解决一时经济需要等。为了达到这一目的，他们会事先进行预谋，在权衡利弊得失后，选择犯罪时机。在法学上，与这类犯罪动机密切相关的有这几类犯罪类型：第一，侵犯财产罪中所列的各项犯罪行为；第二，金融诈骗罪中所列的各种犯罪行为；第三，贪污贿赂罪中的贪污、受贿等犯罪行为；第四，其他以贪利为动机、以非法占有为目的，通过侵犯他人财产所有权而获得财产利益的行为。

性欲型动机。此类犯罪是以满足性欲为目的或以性行为为手段达到其他目的的犯罪行为。性犯罪是一种特殊的犯罪行为。性行为本身并不是违法的，只是在其满足性冲动的方法上触犯了法律的规范。与性欲性动机存在密切相关的犯罪类型有强奸罪，轮奸罪，奸淫幼女罪，侮辱、猥亵妇女罪和聚众淫乱罪等。性欲型犯罪动机的结构比较复杂，除了满足基本的感官需要外，他们在其他犯罪动机上也存在很大差别：有的犯罪动机是为了寻求控制与权力，以减轻不安全感和自卑，恢复自信；有的对妇女敌意、轻视、憎恨，性的满足处于次要地位；有的与暴力融合在一起，从折磨被害人中获得满足；有的是因为好奇，加上个人经验、学习模仿、人格缺陷而产生性犯罪。在不同的动机结构下，他们的作案方式存在很大差异，作案手段复杂，犯罪行为残忍。尽管动机结构复杂，但是此类犯罪人也存在共同之处：犯罪人大都存在着异常的性爱心理、错误的性观念以及腐朽的生活情趣；他们的智力较低，多是未婚青少年，犯罪的重复性较高，强奸犯累犯率高达 22%；大多数性犯罪者都缺乏同情心，缺乏将自己置身于受害者的位置上考虑其感受的能力。

报复型动机。此类犯罪是由于犯罪人的某种愿望受到阻碍，或犯罪人自身的某种利益受到损害而产生的对阻碍者或干涉者的一种侵犯性犯罪行为。例如，犯罪人可能会因为婚姻恋爱受挫、尊重需要受挫、个人恩怨或不公正待遇等因素而激发犯罪行为。主要的犯罪形式有两种：① 暴力方式。包括行凶、杀人、放火、爆炸等；② 非暴力报复方式。在经过长期筹划，计划周密，掌握作案时机的基础上，暗地里散布他人流言蜚语，暗做手脚，或栽赃陷害，或借刀杀人，表面伪装成好人甚至巧言奉承，内心阴险狠毒，暗下毒手。此类犯罪动机结构复杂，往往是多种动机交织在一起，其中，不满和仇恨情绪是他们犯罪动机中的共有成分，犯罪目的很多是为了发泄情绪。这类犯罪有的有预谋，有的则凭冲动，犯意一定，便孤注一掷，不计退路。报复型犯罪人的共同个性特征是狭窄、固执和自我为中心。

信仰型动机。信仰是对某种主义、思想、宗教或迷信的极度信服和尊重，并以此作为信念来支配行动。信仰型犯罪是指由反社会的信仰引起的犯罪。主要犯罪包括：政治信仰型、宗教信仰型、邪教信仰型和封建迷信信仰型犯罪等。信仰型犯罪动机的形成主要基于如下几种需要：出于某种政治需要；出于反社会的自我实现需要；出于报复社会的需要；寻求归属的需要；寻求放弃责任感、获得精神上的安全感或是被动的依附感的需要等。或以上需要兼而有之，但所占比重不同。其中，邪教迷信信仰犯罪具有崇尚超自然力量、虔诚、畏惧、狂热、强烈的反社会性情感等心理特征。这些人在加入邪教以前，具有下列特征：有抑郁症或严重的人格障碍；社会联系十分有限，有较严重的自卑感、忧伤感、孤独感和背弃感；有强烈渴望被人爱护、被人关怀的意识；个人的发展遇到困难或陷入迷境之中。基于上述原因，邪教领袖往往会通过宣扬“末世”、崇拜教主、鼓吹练功等方式，给予成员自我内聚力、生命意义和心理支持，从而使他们心理扭曲，失去判断能力甚至公开作出骇人听闻的犯罪行为。例如，有一位信教的妻子自认身怀很高的“功力”，而丈夫必须“过阴还阳”才能消除灾难。于是，妻子和两个“香客”捂死丈夫帮其“过阴”，丈夫却再未“还阳”。而妻子和两名“香客”的行为被法院认定构成故意杀人罪。

背景知识

邪教领袖的人格特点：第一，趋向将世界、自己分裂为善恶两极；第二，个人人际关系既紧张又不稳定，并在理想化与过分贬低两个极端间交替；第三，在性行为、金钱花销和物质使用方面表现十分冲动；第四，情绪变化快，易怒且难以克制；第五，反复出现自杀威胁或行为；第六，拼命避免真实的或者想像的背弃；第七，对个人自我形象或两性认同缺乏信心；第八，遭遇压力时，会与现实短暂脱离或出现短暂偏执思维。

复习思考题

1. 解释下列概念：

犯罪动机　依恋

2. 马斯洛的需要层次论与犯罪有何关系？

3. 犯罪人的防御性思维方式有哪些？

4. 犯罪动机具有哪些类型？

5. 案例分析：

李某是一名公共汽车司机，因三块钱的票价，与售票员将乘客杨某打得遍体鳞伤，并强行驾车到郊外，用随车的一根铁棍照其头部连续猛击，将杨某活活打死。随后，李某等人将杨某的尸体抛至路边沟内，逃离了现场。

试分析为区区三元车票钱杀人的李某，其犯罪动机具有哪些特点？

第四章

未成年人犯罪心理

我国自从20世纪80年代进行改革开放以来，随着经济的发展、人口的流动、社会结构的变化以及城市化的高度发展，传统的社会控制功能正在逐渐消失，加上西方个人主义和功利主义思想的影响，造成社会主流价值观错位，各种弊病呈规模性出现，未成年人犯罪问题日益严重。纵观世界各国，未成年人犯罪一直是受到普遍关注的社会问题，尤其对于发达国家更是如此。由于未成年人心理发展尚未成熟，处于犯罪的高峰期，如果不及时防治，容易引发社会治安问题，而且对于当代的独生子女家庭来说又成为不可承受之重，所以研究未成年人犯罪心理及其相应对策已成为当务之急。

本章任务

1. 掌握未成年人的心理特征
2. 掌握未成年人犯罪的心理特征
3. 了解针对未成年人的防治措施

第一节　未成年人犯罪的概念与犯罪特点

引　例

小龙，男，未成年人。脾气倔强、重交情、讲义气，在铁哥们中有不错的人缘。在初一时，便因打架在乡里出了名。初中毕业后，为了给哥们弄辆摩托车，便加入盗窃团伙。先后为哥们盗窃摩托车四次，被判有期徒刑三年。判刑之后，小龙并不后悔，觉得为哥们坐牢，值得！在监狱服刑期间，曾获得放假、记功和书面表扬等奖励。刑满出狱后，又因为给哥们报仇，聚众寻衅滋事，致使他人轻伤，被判刑1年半。

提问：与成年人相比，未成年人的犯罪行为有哪些特征？

一、未成年人犯罪的界定

（一）未成年人犯罪的概念

未成年人概念的产生是社会不断发展的产物。随着工业发展进程的不断加快，社会对个体的社会化要求也越来越高级和复杂，未成年人走向社会化的时间也越来越长。考虑到未成年人受自身发展的限制，为了保护未成年人免受工业化的不良影响，同时，也为了帮助这些未成年人日后能够成为社会的中坚力量，国家对未成年人群体制定了一系列强制性的保护制度，以维护他们的权利。这些制度包括义务教育制度、儿童劳工法以及少年司法制度等，由此也产生了未成年人（minor）犯罪或青少年（Juvenile）犯罪等概念。未成年人犯罪是指尚未完全成熟的个体，不能为自己的行为负完全的刑事责任。与此相对应，现行的司法制度也是从保护未成年人的权益出发，本着教育的目的来制定一系列针对未成年人的法律制度和规范。这种教育和保护主要体现在对未成年人的刑事责任年龄、犯罪性质、刑罚以及相关的法定程序的限制上。

1. 未成年人犯罪的年龄标准

从刑事法意义上讲，我国对未成年犯年龄的划分标准主要按相应的国际惯例以及根据我国具体的历史事实。我国对刑事责任年龄的规定采取了四分法：(1) 16 岁以上为完全负刑事责任年龄阶段；(2) 已满 14 周岁不满 16 周岁为相对负刑事责任年龄阶段，在这一阶段，只对其实施的故意杀人、故意伤害致人重伤或死亡、强奸、抢劫、贩卖毒品、防火、爆炸、投放危险物质的犯罪承担刑事责任；(3) 已满 14 周岁不满 18 周岁为减轻刑事责任年龄阶段；(4) 14 周岁以下为绝对无刑事责任年龄阶段。此外，我国的《未成年人保护法》第 2 条规定："本法所称未成年人是指未满十八周岁的公民。"可见，我国刑事法意义上的未成年犯是指已满 14 周岁不满 18 周岁的未成年人。

从心理学的角度来看，人的一生是一个从不成熟到成熟的过程，这一过程既有连续性，又有阶段性，在每个不同的时期，要解决不同的发展任务。按照发展心理学标准，青少年时期是指少年期（11、12～14、15 岁）、青年初期（14、15～17、18 岁）和青年晚期（17、18～24、25 岁）的统称。因此，从心理学的角度来看，未成年人的年龄界定范围应该是 11～18 岁之间。从心理年龄上，这一阶段正是人生的第二反抗期，是个体从不成熟到成熟的较大转折期。同时，考虑到心理发展的持续性，对于未成年犯罪心理的研究应该界定为 18 周岁以下即可。

2. 未成年人犯罪的性质标准

关于未成年犯罪的界定，一般存在两种学说，分别是广义说和狭义说：持广义说的观点认为，鉴于未成年人身份的特殊性，对未成年犯罪的界定不仅包括一般成年人的犯罪，还包括与未成年人身份相关的身份犯罪，例如未成年人实施的违反少年法但未违反其他法律的行为，包括虞犯少年的行为以及其他未成年人的反社会规范行为等，例如离家出走、酗酒、打架等。持狭义学说的观点认为，对未成年人犯罪的界定应严格遵循一般的刑法规定。我国对未成年人犯罪的界定主要采用了狭义说，主要目的在于维护未成年人的合法权益，防止司法权力的滥用，减少“标签”的消极影响。但是，在实际的操作过程中，却制约了预防和治理少年犯罪的积极主动性，不利于及时发现邪恶的苗头并防范于未然。为解决这一问题，我国正逐渐建立适合中国国情的少年司法制度。例如，1999 年 6 月 28 日通过的《中华人民共和国预防未成年人犯罪法》，将未成年人的不良行为和严重不良行为重新进行了界定，其目的不是为了定罪量刑、处罚未成年人，而是要从日常的不良行为抓起，预防他们走上违法犯罪的道路。

本文的研究对象——未成年人犯罪，主要采用了其广义说的定义，之所以选择这一立场，与本研究的目的密切相关。研究未成年人犯罪的主要目的是透过犯罪现象，深入研究未成年人犯罪的形成原因，寻求其发生、发展规律，以便能采取更有针对性的相应对策，控制与预防未成年人犯罪。因此，选择广义说更有利于深入了解未成年人犯罪的心理发展规律。

二、未成年人的犯罪特点

（一）犯罪年龄呈低龄化

当今世界，各国少年犯罪的初始年龄都呈下降趋势。我国研究发现，20 世纪 80 年代少管所在押犯的平均年龄为 17.5 岁，到 2003 年，少管所在押犯的平均年龄已降到 15.3 岁。另据有关研究发现，未成年人初次违法犯罪的高发期在 13 岁，15～16 岁未成年人犯罪占总人数的 80% 左右，17 岁以上不足 10%，由此可见，未成年人犯罪年龄低龄化态势严峻。

（二）犯罪形式的团伙性

未成年人犯罪形式多以团伙为主，约占 70%。在青少年时期，由于交往需要强烈，未成年人容易合群，喜欢拉帮结派，形成比较松散或简单组织的团伙，进行犯罪，这种团伙犯罪带有一定的纠合性和偶发性。近年来，重、特大刑事犯罪案件绝大多数是青少年团伙所为，其中不乏涉世未深的未成年人。通过结成团伙，凭借人多势众，他们在一起相互壮胆、相互激励，进行盗窃、抢劫、强奸、打架斗殴、行凶杀人、扰乱公共秩序等犯罪活动，对社会秩序和公民的人身财产安全构成很大的威胁。

（三）犯罪类型以财物型和暴力型犯罪为主

未成年人的人生观、世界观、价值观正处于成熟阶段，如果不正确引导，将会使其误入歧途，最终走上犯罪道路。在“金钱至上”和“贪图享受”的社会风气影响下，未成年人很容易被各种表面现象所迷惑，出入迪厅、网吧和各种娱乐场所，追求吃、喝、玩、乐等物质享受。但由于各种原因满足不了部分未成年人的需求，他们就会铤而走险，走向财物型犯罪。如未成年人胡某（14岁）因赶时髦、迷恋网吧，自己没钱便向同学何某借，因而欠下一笔债务。何某经常当着胡某的面数自己的钱，并且常带着手机到学校里玩，胡某内心很不平衡，就趁机偷了何某价值5 000元的手机。

未成年人自控能力差，而且情绪不稳定，这些生理、心理的特点决定了他们常常在外界的影响刺激下，做事不想后果，只图一时痛快，容易发生抢夺、抢劫、寻衅滋事、杀人、绑架等严重的暴力犯罪；还有的未成年人，模仿电影电视中的主人翁作案手法，逞“英雄”，无所顾忌，不顾后果挥刀作案，甚至个别未成年人对生他养他的父母也毫不留情，残忍地杀父弑母。

（四）犯罪行为的偶发性和扩散性

未成年人的情绪非常复杂，很容易受具体情境所激发，当外界环境存在适宜的犯罪环境和机遇时，就容易在短时间内诱发未成年人的愤怒、恐怖、嫉妒、仇视、怨恨等情绪，产生犯罪动机。因此，未成年人的犯罪行为具有偶发性，缺少详细、周密的预谋和计划。

未成年人在强烈情绪的影响下，犯罪行为会呈现恶性循环的特点。通过将情绪发泄到相关或无关的当事人身上，他们的心理紧张会有所缓解，但是通过实施犯罪行为，会进一步刺激他们的犯罪欲望，形成新的犯罪诱因，导致连锁反应，形成恶性循环。例如，某未成年人不喜欢家庭与学校生活，通过飙车的形式来缓解被压抑的心灵，但是又没有足够的金钱来维持费用，所以就会用偷窃的方式来获取机动车，从而发生严重的犯罪行为。同时，因为和飙车族混在一起，受其族群影响，可能会诱发吸毒和打架等一系列衍生犯罪。

未成年人的犯罪行为具有偶发性的特点，但是也存在一定的必然性。未成年人的犯罪行为往往与其他类型的偏差和犯罪行为相继出现。例如，痴迷赌博性电动玩具、滥用药物、飙车、进入特殊营业场所等行为都可能发生在同一个未成年人身上。

（五）作案手段的模仿性和成人化

模仿和易受暗示性是未成年人的一种典型的行为方式。未成年人很容易模仿他人或受他人暗示而发生违法犯罪行为。而且，未成年人的好奇心特别重，某些影视书刊等宣传媒体新颖、奇特、刺激的情节和游戏，对未成年人具有很强的吸引力。为了追求刺激，他们会模仿电影、电视、录像、小说和现实生活中的某些暴力、色情的情节，实施犯罪行为，这些犯罪行为较多表现在强奸、寻衅滋事、盗窃、抢劫和杀人等类型上。通过模仿和学习媒体中的犯罪手段、方法、侵害对象的选择乃至反侦查的措施，未成年人的犯罪出现成人化倾向，他们不像过去那样幼稚犯罪，甚至出现了智能犯罪，反侦查的手段也越来越多。很多少年犯热衷于影视剧中的暴力手段和作案情节，作案手段完全是照搬照用。不少未成年人从事犯罪活动时有预谋、有分工，望风、偷盗、运输、销赃一条龙。有的是跨地区跳跃式作案，使公安机关掌握不了动向，摸不着规律。

第二节　未成年人犯罪的身心基础

处于11～18岁的未成年人容易出现违法或严重的犯罪行为，这与他们在青春期所固有的生理发育和心理发展特点密切相关。

一、未成年人的生理发育特点

从儿童发育到少年、青年，伴随着第二性征的出现，未成年人进入了人生的第二个断乳期——青春期。青春期最明显的特征是个体性器官功能的成熟与有关性别特征的外在显现，主要表现在如下几个方面①：

1. 形态发育

首先，在青春期，未成年人的身高和体重在迅速增长，一年内要增高到6～11公分，相对而言，体重增长明显慢于身高，这一时期的少年身材大多是瘦长型。形态的迅速变化使少年出现成人感，但现实环境又使他们产生挫败感，引发心理冲突。其次，第二性征开始出现，男孩和女孩开始呈现明显的性别差异。

2. 内分泌变化

进入青春期，未成年人除了身体外形的明显变化外，机体的内分泌系统也发生着剧烈的变化。下丘脑与脑垂体前叶分泌的激素迅速增长，与成人相差无几。在促肾上腺皮质激素、促甲状腺激素和生长素等各种激素的系统作用下，引起青春期身体的发育和性发育，同时，也使未成年人的情绪发生了明显变化。

3. 生理机能发育

首先，神经系统受到甲状腺机能旺盛的影响，也出现“兴奋与抑制过程”

① 刘邦惠．犯罪心理学．北京：科学出版社，2009：152—153．

的不均衡现象，表现出兴奋优于抑制，精力充沛，好激动，对微小刺激反应强烈，情绪不稳定等。相对于神经系统的发育而言，青春期的运动机能发育要更快一些，未成年人的体力、持久力、爆发力、敏捷性、柔软性和平衡性都明显增加，男性的体力开始明显高于女性，在暴力犯罪中，男性未成年人犯罪所占的比例也远远高于女性。

二、未成年人的心理特征

（一）青春期的心理冲突

在心理学上，人们常把未成年人犯罪与品行障碍和反社会行为联系起来。所谓品行障碍，是指与未成年人有关的一些习惯化的品行不端的行为，例如偷盗、纵火、离家出走、逃学、破坏公物、打架、残忍对待人和动物、经常性说谎、飙车、酗酒、妨碍治安行为等。反社会行为是指那些更为严重的习惯性不良行为。未成年人的反社会行为主要是指财产犯罪和暴力犯罪。其中，财产犯罪包括入室抢劫、盗窃、机动车偷盗等，暴力犯罪包括谋杀和故意杀人、强奸、抢劫、重伤害等。与反社会行为相比，有品行障碍的非指标性犯罪占未成年人案件的四分之三，这与青春期的心理特点密切相关。

发展心理学对青春期的心理特征主要持两种观点：传统的消极观点和正常发展的观点。传统的消极观点认为，青少年时期是人生发展的“狂飙时期”，是一个与情绪骚动、精神混乱有着必然联系的发展阶段。其中，最早对青少年的心理特征进行科学系统研究的心理学家霍尔·G·斯坦利（G. Stanley Hall）认为，“任何地方的任何人类发展在儿童期与成人期都有一个风暴（Storm）与压力（stess）并存的时期”。[①] 霍尔根据达尔文的进化理论，认为人类社会也遵循着生物演化的原理，人类个体的发展，也遵循着由原始动物的野蛮状态向人类社会的文明状态发展的过程。在这一过程中，受遗传基因的影响，青少年时期，正好处于这种由野蛮向文明转化的关键时期，因此，注定要经历混乱与不安，注定是无礼而粗暴的。

霍尔的观点得到一些专门研究青少年行为障碍专家的认同。例如，精神病学家安娜·弗洛伊德在《对儿童的精神分析研究》一书中指出，“儿童在青少年时期保持稳定的平衡状态，这是‘不正常的’……青少年期的表现与神经官能症、精神病或敌视社会秩序的症状形式很接近，并几乎是在不知不觉中……几乎所有

---

① FphilipRice & Kim Gale. Dolgin. 青少年心理学. 黄俊豪，连廷嘉，译. 台北：学富文化事业有限公司，2004：22.

疾病融为一体。”① 在这一时期，青少年时期具有神经症或类精神症特征：癔症、退行、精神动荡和人格解体。安娜·弗洛伊德认为，造成上述症状的原因实际上源于青少年发展过程中本能驱力的增加所导致人格结构中的本我、自我和超我之间的冲突，其中主要是本我和超我之间的剧烈冲突，这些剧烈的冲突导致青少年心理的失衡和行为的不稳定。在这一时期，他们会因生理系统发展不平衡而出现情绪的不稳定状态，从而较多地出现恐惧、焦虑、愤怒、罪恶感、忧郁以及孤独等多种负面情绪②，他们会因缺乏对自己的情绪、价值观、意识形态等的正确的认知而使自己处于混乱状态，因而使他们的行为充满了矛盾性，使他们自己以及他人都无法对他们的行为进行预测。③ 例如，一方面青少年以“自我”为中心，认为自己是人群瞩目的对象，是宇宙的中心，灾难只会降临在别人身上，另一方面，当危险和灾难来临时，又会挺身而出具有自我牺牲精神；一方面冷淡无情，一方面又慷慨激昂；一方面参加聚众斗殴，另一方面又见义勇为；一方面，谴责他人，另一方面又逃避责任。在这一时期，他们的情绪的稳定性、行为的成熟性，以及对行为后果的责任感都还没达到一定水平，因而常常发生行为异常甚至越轨或犯罪行为。

与霍尔的观点不同，人类学家玛格利特．米德（Margaret Meadr）认为，这种青少年发展的风暴与压力特征并不具有跨时间和地域的普遍性，而是受到文化的制约。在现代文明开始之前，这种特征并不为人们所关注。后来随着工业文明的发展，青少年才出现较多的心理问题和犯罪比例。为了保护青少年不受工业化所带来的不良影响，人们才开始关注青少年这一群体。其中，对青少年理论研究影响最久的是艾里克森所提出的人类心理发展的八阶段理论。他认为，人的心理发展不仅受到性驱力的影响，也要受到社会文化的制约。个体在人生的每个阶段都有其特定的心理社会发展任务并形成特定的人格特征。青少年时期的主要任务是建立良好的自我同一性。

表 4.1　　埃里克森的人格发展八阶段理论

心理发展阶段	心理社会的危机	积极的结果
（1）婴儿期（0～1.5岁）	基本信任和不信任的冲突	身体舒适和安全感

① ［英］朱莉娅．贝里曼，等．发展心理学与你．陈萍，王茜，译．北京：北京大学出版社，2000：235.

② 郭静晃．青少年心理学．台北：洪叶文化事业有限公司，2006：239—240.

③ ［美］Richard M. Lerner．青少年心理学：青少年的发展、多样性、脉络及应用．黄德祥，译．台北：心理出版社股份有限公司，2006：23.

续表

心理发展阶段	心理社会的危机	积极的结果
(2) 儿童期 (1.5~3岁)	自主与害羞和怀疑的冲突	依从和自主的能力
(3) 学龄初期 (3~5岁)	主动对内疚的冲突	创造性地掌握新任务
(4) 学龄期 (6~12岁)	勤奋对自卑的冲突	勤奋、掌握各种技能
(5) 青春期 (12~18岁)	自我同一性和角色混乱的冲突	成为我自己
(6) 成年早期 (18~25岁)	亲密对孤独的冲突	交往和爱的能力
(7) 成年期 (25~65岁)	生育对自我专注的冲突	关心下一代
(8) 成熟期 (65岁以上)	自我调整与绝望期的冲突	完成人的一生的感觉

自我同一性是一种关于自己是谁、在社会上应占什么样的地位、将来准备成为什么样的人以及怎样努力成为理想中的人等一系列主观感觉。是个体在寻求自我的发展中，对自我的确认和对自我发展的一些重大问题，诸如理想、职业、价值观、人生观等思考和选择。涉及个体的过去、现在和将来这一发展的时间维度。自我同一性的确立意味着个体对自身有充分的了解，能够将自我的过去、现在和将来组合成一个有机的整体，确立自己的理想与价值观念，并对未来的发展作出自己的思考，即个体能从许多不同的可能的自我中选择和建立独一无二的个人的自我。建立这样一个强大的又有回旋余地的自我努力如果失败了，会导致同一性扩散，推迟树立和实现职业和个人的目标，并且退避到童年期的幻想和行为中去或者形成消极的自我同一性。日本学者小此木启吾把这些现象归结成六类：第一类是同一性意识过剩：陷入时刻偏执于思考"我是什么人"、"我该怎么做"而不能自拔；第二类是选择的回避和麻痹状态，有自我全能感或幻想无限自我的症状；第三类是与他人距离失调，表现为无法保持适宜的人际距离，或拒绝与他人来往，或被他人所孤立，或丧失自我而被他人所吞；第四类是时间前景的扩散，这是时间意识障碍的一种，不相信机遇，也不期待对将来的展望，陷入一种无能为力的状态；第五类是勤奋感的扩散，表现为勤奋的感觉崩溃，或无法集中于工作和学习，或极专注发疯似地只埋头于单一的工作；第六类是消极同一性，指个体形成与社会要求相背离的同一性，形成了社会不予承认的、反社会的或社会不能接纳的角色。

在进行自我整合的过程中，未成年人可能会经历角色混淆、自我怀疑、忧郁、冲动、与父母或权威人物发生冲突而出现逆反心理，如果他不能正确地进行角色地位，就有可能走入两个极端的状态：或是过度依附别人的评价，特别希望获得他人的认可，盲目地顺从他人；或是不在乎任何人的评价甚至对成人及权威人物充满了敌意。这一现象在青少年的两种犯罪类型中尤为常见：（1）青少年财物型犯罪的动机并非处于自私的欲望和顽固的物质利益的需要。大部分是为了证明自己勇敢、成人、不愿落后于朋友、消遣娱乐、满足团伙对财物的要求、满足吃喝穿戴等必要的需要等。（2）暴力型少年犯的特点是程度激烈，没有节制，残酷，特别是在结伙行凶时更是这样。由于不良的个性发展条件的影响，这些少年常常表现比较自私，对待不是自己的人比较疏远，对他们的利益漠不关心。如果不是涉及犯罪，不是暴力行为造成的后果的严重性，他们就认识不到像个人的尊严和荣誉这样的人生价值，他们会竭力自我肯定，毫无顾忌地表现自己，力图得到周围人的高度评价。并且，他们不是用学习和工作中的正式成绩来争取到这样的评价，而是企图用天生的"力气大"、"公道"、"富有同情心"和乐意帮助朋友的本性来争取这样的评价。[①] 尽管会存在上述现象，艾里克森仍然强调，青少年时期的危机是一种正常现象，经历这个阶段后，个体将建立起一种个人身份认同感，并避免陷入自我同一性混乱的危险。

（二）未成年人的心理脆弱性特征

在我国，在对未成年犯罪嫌疑人的行为表现进行总结时，常做如下表述[②]：（1）认识能力低下肤浅。青少年缺乏辩证思维，多凭直观印象思维，思维方式简单，认识上具有较大的片面性和表面性，好胜心强，主观自信，轻率任性，较少畏惧，法制观念淡薄或不懂法，对犯罪性质及其严重危害性缺乏认识。（2）感情丰富，常常感情用事。情绪起伏较大，容易波动，爱讲哥们义气，信守攻守同盟，为朋友有勇气承担罪责，代人受过。在与警察发生矛盾时，容易与审讯人员对抗而爆发对立情绪。（3）自控力和自主性较弱。容易受客观环境的影响，行为具有很大的随意性，做事不计后果。这些行为表现，反映出未成年人社会心理成熟水平的欠缺。未成年人群体的一些特征会阻碍他们作出正确的决策，我们把这些特质称为心理脆弱性特征，具体分为三类：

1. 冲动性

冲动是一种变得焦躁和寻求即刻满足的倾向。未成年人行为的冲动性主要表现为情绪容易激动、做事只顾眼前得失、不计后果、自控力较差等。对于冲动性，认知心理学家主要从脑认知功能的发展水平出发来进行解释。按照认知神经科学的观点，在15岁以前，儿童的前额叶皮质发育得并不迅速，但在随后的青

① ［苏］A. K. 多尔戈娃. 少年犯罪社会心理学. 徐世京，等，译. 上海：上海翻译出版公司，1985：95—110.

② 魏鹏. 侦查讯问. 北京：中国政法大学出版社，2003：45.

少年时期和成人早期，他们的前额叶发育会非常迅速。许多神经学家将这种前额叶的功能与青少年决策能力的欠缺联系在一起，认为前额叶具有执行功能，具体包括自我调控和抑制冲动，能进行复杂的计划和决策，能从过去的经验和一般的问题解决中得到启发等。对此，神经心理学家鲁本 C. 吉尔（Dr. Ruben Gur）总结道："越来越多的实验证据强有力地表明，直到二十岁早期之前大脑的某些功能还未走向成熟，这些功能包括控制冲动、进行判断、为未来做计划、能预见事情的后果以及能让个体承担责任的其他功能等……"①

社会心理学家则从青少年对后果和时间认知的角度来解释冲动性。大多数心理学家都认为，与成年人相比，青少年不能够深刻认识和理解他们行为的长期后果，对风险的估计不足和不准确，做事总是基于现在，追求行为的即时结果。这种未来定向特征是区分成年人和未成年人最重要的标准之一。② 在犯罪的青少年中，这种不计行为后果的现象则更具有普遍性，青少年在决策中最重要的一个特征是对行为的即时后果看得很重，很少考虑几天后的结果，更毋庸说几年后的结果。因此，他们主要关注自己当前的利益得失，有时甚至为了减轻压力和发泄情绪而作出错误决定。例如，一位 13 岁男孩在强暴女孩之后，为了摆脱父母的责骂，又持刀将女孩的母亲杀死，其作案动机就是想很快结束目前的压力状态。

未成年人也不能正确地评价和衡量行为的结果，他们总是基于"是或否"的简单判断，很少能够从事物的积极面和消极面两个方向去看待问题，尤其表现在他们对一些具有高风险项目的热衷上，例如飙车、吸毒等。

除了上述原因之外，未成年人情绪发展也与冲动性存在一定相关。与成年人不同，青少年时期是一个从儿童过渡到成人的转折期，在这一阶段他们会经历丧失、挫折和拒绝，同时他们的情绪中枢也开始逐渐走向成熟。他们在成长过程中会经历更多的情绪体验，既包括友谊、成就、游戏带来的正性情绪，也包括因压力和经历所产生的恐惧、焦虑、愤怒、罪恶感、悲伤、忧郁和孤独等负性情绪。对于未成年犯来讲，负性情绪的影响可能会更大一些。近年来，社会的迅速发展和转型也对青少年产生了强烈的情绪困扰，同时也衍生出许多青少年问题，例如飙车、未婚怀孕、网瘾、械斗、中途辍学、肥胖症、自杀率和犯罪率升高等。在这些行为的背后，实际都是不良情绪在起作用。当前，人们普遍认为，青少年常

---

① 引自 Ruben C. Gur，Declaration of Ruben C. Gur，PhD，PattersonV. Texas. Petion for Writ of Certiorari to US Supreme Court，J. Gary Hart，Counsel. 转引自 Patrick Michael McMullen. *Undue Influence*：*The Impact of Psychological Interrogation Tactics on Juvenile Suspects.* Dissertation，Northwestern Universtiy，2006.

② Kathryn A. Urberg，Ruth A. Rosen. Age difference in Adolescent Decision-Making：Pregancy Resolution. *Journal of Adolescent Research*，1987，Vol. 2：453.

常会在负性情绪的作用下作出不理智的行为，例如自杀、报复杀人、故意伤害他人等。这类行为的典型特征是具有冲动性，即在不加审慎地考虑后果的前提下很快作出重大的决策。

总之，青少年的人格特点、情绪特点以及背后的脑神经机制发育特点决定了他们在决策上具有冲动性特征。按照认知心理学的观点，在青少年时期，个体虽然已经初步具有了形式运算的能力，能够认可社会的道德规范，按照社会契约的原则去进行交往；在日常的生活中，他们也可能具备预见行为后果并进行理性分析的能力。但是，在面临具体的矛盾冲突的情境时，他们可能会选择一种最低效的决策行为，除了与前额叶神经中枢——具有执行功能——的发展水平存在相关外，未成年人所具有的冲动性和情绪特点也决定了他们在决策能力上的欠缺：冲动性决定了青少年在面临决策任务时，常常把脑海中最先出现的选择确定为最后的选择并付诸实施，只要有了这一选择，他们的信息发掘过程就告结束，不再对其他的所有的选择结果进行探索和评价；反过来，未成年人的消极情绪也会进一步阻断选择过程。消极情绪会使青少年的注意力狭窄，只关注于单一目标的完成而忽视其他的目标，而且他所关注的这一目标可能并不是很重要和很急迫的，当青少年冷静下来时可能根本就不会受到这一问题的困扰，也就不会发生冲动性的犯罪行为。

2. 对风险的评估存在缺陷

风险评估分为三个阶段：对风险的觉察、对风险现实可能性的判断以及对风险的主观感受。对风险的觉察，是指全面地考虑各种决策行为的收益和损失。在犯罪情境中，这种觉察能力是个体的社会经验以及社会心理成熟度的反映。未成年人对风险的觉察能力较弱，往往把事情想得很简单。例如，一位中学生生夏某将一个小男孩打成重伤，在夏某拘押受审时对公安人员讲："我才 15 岁，又不要坐牢，我家有钱，能不能赔点钱让我早点回家。"

在对风险现实可能性的判断上，未成年人常常存在一种偏差——以为坏的事情不会出现在自己身上，而只会出现在他人身上。这种偏差与未成年的"自我中心"式的心理特征存在一定相关。处于青春期的未成年人常认为自己是宇宙的中心，灾难只会发生在别人身上。受这种心理作用，未成年人会从事更多的冒险行为，例如吸毒、飙车和不安全的性行为。因为，在他们看来，这些行为所产生的不利后果不会发生在自己的身上。因此，在决策过程中，他们更多地看重决策的有利方面而忽视不利方面。在犯罪心理学的语境中，人们把这种心理称之为"侥幸心理"。

未成年人对风险的主观感受度实际上与他们的需求特征存在一定的相关性。

未成年人的一个典型需求特征是渴望独立和自由。另外一个典型特征是渴望得到他人的尊重和认可，尤其是同伴的尊重和认可。

3. 对权威人物和同伴影响的易感性

未成年人的犯罪具有集群性的特点，例如滥用药物、飙车、暴行以及帮派犯罪等。这种犯罪形式反映了同伴及其帮派成员对未成年人所产生的重要影响作用。按照埃里克森的观点，处于青春期的未成年人要解决的一个重要人生课题是建立良好的自我同一性。他认为，同一性的产生有两个来源：（1）青少年对于童年身份的肯定或否定；（2）青少年带有时代特征的历史和社会背景，会促使他们思考自己的年龄特征并遵循着某一标准规则。[①] 在此阶段，未成年人常常会拒绝接受长辈的准则，公开反对权威以维护自己的信念和行为方式。与之相对应的是，同龄伙伴成为一个非常重要的社会关系，相对于父母长辈或成人世界而言，未成年人更倾向于接受同龄人或团伙成员的价值观，并依据这些价值观，对自己进行评价。在自我同一性发展的同时，未成年人将会发展出另外一种心理品质——忠诚，指他们将不再需要父母的指导，而是相信自己的团体、信念和价值观。同龄伙伴主要通过社会比较和寻求一致性认同（同化）两种方式来对未成年人施加影响。按照社会比较的观点，未成年人常常会参照同龄人的行为标准来对自己进行评价。寻求一致性认同，则意味着未成年人的态度和行为方式会与同伴保持一致性。贝恩特（Berndt，1979）的研究表明，未成年人的这一特征会随着年龄和任务的变化而改变，其高峰期是在15岁左右。[②] 通常，同伴对未成年人的决策行为有两种影响方式——直接和潜在的影响。例如，当一个未成年人和他的同伴在街上游荡时，有人突然萌生出抢劫的念头，这一想法立刻得到其他同伴对冒险的认同，在这一环境下，未成年人会直接受到同伴影响而实施抢劫行为，即使他以前从未有过这些想法，他作出这一决策的目的只是为了得到同伴的认可。潜在的影响是指未成年人在没有任何外在强迫的情况下，为了迎合其群体的期望标准来作出自己的决策。例如坚持哥们义气、为朋友两肋插刀等。

在对待权威人物和成人世界的态度上，未成年人表现出矛盾的特点：一方面当他们的行为方式和思想观念不被社会所认可时，他们会具有很强的叛逆性。[③]

---

① Jess Feist，Gregory J. Feist. 人格理论. 李茹，傅文青，译. 北京：人民卫生出版社，2006：215—216.

② Berndt，Thomas J. Developmental change in conformity to peers and parents. *Developmental Psychology*，1979，Vol. 15：608－616.

③ Jess Feist，Gregory J. Feist. 人格理论. 李茹，傅文青，译. 北京：人民卫生出版社，2006：215—216.

这种叛逆性也是未成年人对社会现实和成人世界不满的体现。当未成年人开始涉足成人世界时，他们会用自己的反思能力和较多的道德推理能力去重新评价自己的经验系统。这时，他们会发现理想和现实之间存在着巨大鸿沟，这一发现使他们对现实采取批判的态度并对成人世界表现出吹毛求疵式的不满，进而引发越轨行为；但是，在另一方面，与成年人相比，未成年人对公众权威仍表现出较多的服从倾向。

第三节　未成年人违法犯罪的心理分析

引　例

小阿是一个移民家庭中7个小孩中间的一个，由母亲和外婆抚养长大，对父亲没有什么印象。生活是艰难的，经常出现经济紧张的状况，生活不稳定，小阿的祖母是一个有着漂亮白头发的严厉妇女，小阿清楚地记得，在去学校的路上他被飞快地带着穿过街道，他祖母将两个婴儿塞在旧的婴儿车中，一个大的和另外一个嘴里嘟囔着的小孩跟在后面。经济的匮乏意味着所有的小孩都要穿旧衣服，大的穿了就留给小的穿。他们的运动衫是肮脏的，鞋子是破的，脸上布满污秽，头发一根根直立着，而且，他的祖母会不时地停下来，大声嚷着，要大的小孩快点。

对小阿来说，别人看到自己家庭成员时的表情总是历历在目。他们的嘴巴蠕动着，他们的眉毛皱着，目光游离。他甚至能听到他们相互之间的评论，在他去学校的路上，同样的情况出现了。在运动场上，其他的小孩和父母都对他们敬而远之。

小阿的祖母对其他人的态度是非常清楚的，她用她自己的方式极力保护她的家庭。她对他们吼叫着、咒骂着，叫着他们的名字并尖叫着威胁他们。

在他的学生时代，小阿有一种深深的羞愧感。他认为自己是一个毫无价值的被遗弃者，他惟一的防御方式就是攻击。他经常和别人打架，荒废了学业，也没有拿到毕业证，还经常和一些处在犯罪边缘的年轻人在一起。他对自己感到满意的惟一时刻是他成功地违法了规则——偷东西没被抓住或殴打了某人但没有得到报复的时候。

小阿的核心观念：我是一个毫无价值的人。

小阿的生活规则是：只有反抗才能生存。无论我做了什么，没人会接受我。

问题：小阿为什么会走向犯罪道路？

一、未成年人的犯罪动机分析

动机是激励和维持人的行动，并将行动导向某一目标，以满足个体某种需要的内部动因。犯罪动机就是指刺激、促使犯罪人实施犯罪行为的内心起因。犯罪动机的形成有两个必要条件：一是内在条件，即需要、欲望；二是外在条件，即诱因、刺激。未成年人的犯罪动机与成年人存在一定区别，主要表现在如下几个方面①：

（一）出于物质方面的需要

随着青春期的到来，未成年人开始非常在意自己的外表形象，并有意识地模仿成人和偶像的行为方式。同时，为了获得成人感，他们也像成人一样聚会、穿名牌、化妆等，对物质方面的需求急剧增加，例如买手机、电脑、出入影院、娱乐场所等。但是，如果父母不能满足他们的经济需要，就会导致一些未成年人以犯罪的方式来获得满足。例如某高中生李某，家境不富裕，看到大多数同学拥有手机，自己还要跑电话亭，就趁机偷了三部手机，当别人问他的犯罪动机时，他说："我用一个，爸爸用一个，妈妈用一个，这样比较方便。"

（二）出于好奇的需要

当未成年人开始独立探索这个世界时，对很多事物都存在好奇，尤其是对自己不理解、不了解甚至社会禁止的现象更是如此。同时，由于他们的社会经验不足，认知能力差，没有形成稳定的价值观和是非标准，很容易受外界的刺激而进行尝试，从而走向犯罪道路。其中之一是对于性知识和经验的好奇。处于青春期的未成年人已具有性活动的需要，但是却得不到现实社会的认可。同时，由于受到传统文化的影响，对于性的话题，无论是教师、父母还是主流社会都讳莫如深，闭口不谈或佯装不知，因而会更激发未成年人的好奇心。一些未成年人会通过其他地下渠道来寻求答案，例如看黄色录像和书刊，浏览黄色网站等，这些外界强烈的刺激会诱发他们的犯罪动机。

（三）出于独立的需要

未成年人随着成人感的产生，会对自己的能力估计过高，渴望脱离父母的影响，成为一个独一无二的自己。但是，由于经济尚未独立，社会阅历不够，再加上尚未从心理上准备好独立应对生活中的挫折，对父母和其他相关的成人世界还存在依赖性，导致矛盾冲突。此时，如果父母或其他相关监护人对孩子管束过分严厉，会诱发未成年人的逆反心理，进而实施家庭暴力，甚至杀害家庭成员。例

---

① 李玫瑾．犯罪心理学．北京：中国人民公安大学出版社，2004：169—170．

如，浙江金华高中生徐某，因不满母亲长期的严厉管教，在期末考试前杀害了亲生母亲。

处于青春期的未成年人的主要任务是建立良好的自我同一性，完成对自己的认知整合，确定自己的社会角色。此时，家庭、学校乃至社会的影响显得至关重要，一方面要尊重他们独立性的需要，另一方面也要适当引导，避免他们陷入误区，形成反社会的人格特质。在这一阶段，尤其要避免标签化的负面影响。在前面小阿的例子中，我们看到，小阿在学生时代乃至随后的社会生活中，都没有得到外界的支持和引导，因而在青春期建立自我同一性的时候，把自己定性为社会的边缘人，最终形成反社会性犯罪人格。

（四）出于交往的需要

人天生是社会性动物，离群索居者不是野兽，就是神灵。对于人类的交往需要在幼儿期就有所体现。人们发现，人类对于群体的渴望感觉自婴儿时期就已经表现出来，并且同龄之间的相处更容易满足人类心理对于自我实现的需求，也更容易实现自我满足。未成年人所在的年龄段，是以青春期的开始为生理特征的。在青春期阶段，青少年处于从儿童期向成人期的过渡期，需要完成从家庭走向社会，从“父母的子女”到“自己的自我”的历程。处于这一时期中的人，极度渴望从原本过分依赖父母和老师的生活转变为依靠自己独立生活的状态。

在这一时期，未成年人所解决的问题最多也最复杂，包括：对身体的发育及变化予以理解和适应；从精神上脱离家庭或成人而自立；学习并在学习过程中逐渐完善作为男性或女性的性别角色；对新的人际关系，特别是异性关系的适应；学习如何认识自我和理解自我；学习如何认识社会和对待社会；学习并确立作为社会一员所必须具备的人生观和价值观；学习并掌握作为社会一员所必须具备的知识和技能等。在解决上述问题的过程中，未成年人会遇到前所未有的矛盾和冲突，需要他人的认同、理解和支持，但是由于要与父母和其他成人达到感情上的独立，未成年人会更加重视与同龄的男性和女性伙伴结成新的关系，也会更重视同龄人的看法和认识，习惯于在属于自己的小群体中寻求友谊、支援、尊严、荣誉，以此来完成对自己的自我评价和解决问题。未成年人在选择自己的群体中，同样存在“物以类聚，人以群分”现象。被社会贴了负面标签的未成年人聚合在一起，会形成群体亚文化，例如“有福同享，有难同当”，“为朋友两肋插刀”等，更加剧了群体与主流社会的分裂，最终导致群体越轨行为的发生，例如成立黑社会犯罪团伙等。

二、违法少年的心理特征分析

（一）认知能力低下

大量的实验研究表明，未成年犯罪人比其他同龄人更容易发生学习困难问题。一旦存在学习困难，就会被家长和老师贴上负面标签，从而使他们在同龄人中的社会地位受到贬损，进一步丧失学习动机，在长期的学校学习生活中处于游离状态。[①] 同时，由于停止了学习，他们的思考能力、辨别能力以及行为的控制能力的发展也相对停止，从而使他们的思考方式出现偏差，这些思考方式包括凝固、分离、偏离性的思考，不能注意到他人的需求，缺乏时间感，注重短期利益，认为自己是受害者，不合逻辑的思考等。这些错误的思考方式，使他们无法适当地处理人际事务，解决、化解日常生活中的矛盾和冲突，为以后的犯罪行为埋下了伏笔。[②] 例如，一位 14 岁的男初中学生，因追求同班同学未果，竟亲手杀死一起长大的堂妹，以此希望获得对方的同情和安慰。

（二）错误的价值观和人生观

违法少年的社会支持系统都较薄弱，在日常生活中，所遇到的挫折也较多，这些挫折主要来自家庭分裂、不安全的居住环境、经济上的困难、同伴和教师的歧视、父母的教养方式等。违法少年在遭遇挫折时，不能得到社会支持系统的有效帮助，再加上本身文化水平低、认识能力差，使他们不能正确认识和理解现实情况，甚至受到不良文化的侵蚀，形成错误的人生观、世界观和价值观，包括：(1) 世界观。例如："世人皆自私"；"鸟为食死，人为财亡"；人与人之间的关系不过是"尔虞我诈，弱肉强食"；"世人皆为贼"；"上等人有人送上门，中等人托人走后门，下等人没有门不偷活不成"。(2) 友谊观。"哥们义气"就是友谊。为朋友两肋插刀，团伙结盟是"桃园三结义"。(3) 犯罪观。犯罪是正当防卫。"不消灭对方自己就会被消灭，对别人的同情就是对自己的残忍"；"作案难免是要死人的，死了活该他倒霉"；"胆小非君子，无毒不丈夫"；"杀了一个够本，杀两个赚一个"。(4) 其他错误观念。例如，"宁在宝马车里哭，不在自行车后面笑" 的拜物观；"一切向钱看"；"自由就是想干什么就干什么，谁也管不着"；"幸福就是吃喝玩乐"；"玩得转，人缘好，朋友多，到哪都吃香就是有本事"，等等。在上述观念的支配下，未成年人在面临犯罪选择时会更加坚定，手段更凶残。

---

① 李玫瑾. 犯罪心理学. 北京：中国人民公安大学出版社，2004：171.

② 杨士隆. 犯罪心理学. 北京：教育科学出版社，2002：255.

（三）情绪和情感特征

违法未成年人的情绪带有典型的两极化特征，兴奋性和冲动性都很高，更容易受到周围情境的影响而发生强烈变化。既表现为热情、活泼、强烈而不稳定，又容易抑郁、急躁、激动、感情用事。在未成年的犯罪中，激情犯和冲动犯罪都较为普遍。

违法未成年人在情感上往往表现为简单、肤浅。与同龄人相比，在道德感、理智感和美感上都存在一定偏差。他们对社会事物的判断往往只顾表面现象，而不管背后的是非标准。例如，谁若给他点好处，就会认为对方是好人。相反，面对好心人包括父母和教师的批评和管教，往往会恼羞成怒，甚至动手伤人，即使对方是自己的亲生父母。

（四）意志特征

违法未成年人的意志特征主要表现为自我控制力较低，不能够自觉地、灵活地控制自己的情绪和动机，约束自己的行动和言语。他们往往责任感不强，不能克服懒惰、恐惧、愤怒和失望等情绪的干扰，坚持执行已确定的目的和计划，因而总是遇事冲动，不可遏制。

相关的研究表明，部分自制力较差的违法未成年人在童年期就出现了神经功能上的问题，例如幼儿期的坏脾气、注意缺失障碍、儿童多动症、攻击性强、麻烦不断等，随着年龄的增加，他们还存在明显的判断和解决问题的缺陷。① 上述因素决定了他们在克服挫折方面，意志薄弱，很容易受到现场情境的影响。

本章小结

未成年人的违法犯罪与青春期的心理特征密切相关。青春期是人生发展的“狂飙时期”，是一个与情绪骚动、精神混乱有着必然联系的发展阶段。青春期的生理发育迅速，在身高、神经机能以及第二性征上都发生了质的改变。相对而言，未成年人15岁以前大脑的前额叶功能尚未发育完全，在自我调控和控制方面存在欠缺。青春期所面临的心理任务是建立良好的自我同一性。进行自我整合的过程中，未成年人可能会经历角色混淆、自我怀疑、忧郁、冲动、与父母或权威人物发生冲突而出现逆反心理，主要表现固执、任性，对父母、老师不再言听计从，长辈的影响力减弱而同辈影响力增强。在这时期，未成年人具有三个典型

① ［美］Curt R. Bartol，Anne M. Bartol. 犯罪心理学. 杨波，李林，等，译. 北京：中国轻工业出版社，2009：49.

的心理脆弱性特征，分别是冲动性、对风险的评估存在偏差以及对同辈群体影响的易受暗示性。

未成年人的违法动机与成年人较为接近，但是仍存在差别。相对成人而言，未成年人犯罪主要是为了满足物质、独立性、交往以及好奇的需要。除此以外，相对于同龄人而言，违法的未成年人在认知能力、情绪情感特点、意志力乃至人生观和价值观上都存在一定偏差。在上述心理特征的影响下，未成年人的违法犯罪表现为如下特点：(1) 犯罪类型以财物型和暴力性为主，主要包括扒窃、偷盗、抢劫、打架斗殴、强奸等；(2) 犯罪具有偶发性和扩散性，冲动性较强，犯罪类型容易发生改变；(3) 团伙作案多，犯罪手段具有模仿性，日趋成人化。

复习思考题

1. 解释下列概念：

青春期　自我同一性

2. 青春期的心理冲突与犯罪有何关系？

3. 违法未成年人的心理特征有哪些？

4. 案例分析：

2011 年 1 月 2 日 19 时许，一名满头缠着纱布的初三学生在家人陪同下来到派出所报案称，他刚出校门就被八个年轻人围住，这八人手持棒子、钢管，让他掏出口袋里的钱，见他不愿意，这伙人拿出棒子打得他满脸是血。警方立刻展开调查，发现这是一个由未成年人组成的抢劫团伙，最小的 14 岁，最大的 18 岁，从 2010 年 8、9 月份开始实施抢劫，采用恐吓、殴打等手段，先后在附近的 4 所学校及 203 公交车终点站附近，对学生下手，半年抢了近 7 000 元。和以往抢劫学生案件有所不同的是，他们连女学生也抢，对此学生们感到十分恐惧。其中，王某 2007 年因抢劫被法院判处缓刑。这些孩子都已辍学，常年泡在网吧里，抢来的钱都花在玩游戏上。游戏中的杀人、抢劫画面是他们犯罪的诱因之一。到被抓获之前，该团伙已抢劫学生 30 余次，另外，还涉嫌多起盗窃案件。

问题：

(1) 该未成年人团伙犯罪有哪些表现形式？

(2) 该未成年人团伙犯罪具有哪些心理特征？

第五章

女性犯罪心理

当前，世界范围内包括我国在内的多个国家女性犯罪问题日益凸显，已引起社会高度关注和重视。女性犯罪问题的研究对于预防女性犯罪意义深远，关系到女性的生存与发展，影响着社会的稳定与和谐。女性犯罪同其他犯罪一样，属于特殊的社会现象，其中，犯罪人的主观心理状态是构成犯罪的主观要件，因而要认识和揭秘女性犯罪问题，必须弄清楚女性犯罪的心理状态及其相关内容。本章将为大家讲述女性心理、女性犯罪行为、女性犯罪心理三个方面内容。

本章任务

1. 把握女性心理一般特征
2. 把握女性犯罪行为的一般特征
3. 认识女性犯罪心理及其成因

第一节　女性的心理特征

引　例

“不能够讲求装饰，她是朴素的，但是不幸得像是一个降了等的女人；因为妇女们本没有阶级，没有门第之分，她们的美，她们的丰韵和她们的诱惑力就是供她们做出身和家世之用的。她们天生的机警，出众的本能，柔顺的心灵，构成了她们惟一的等级，而且可以把民间的女子提得和最高的贵妇人一样高。

她觉得自己本是为了一切精美的和一切豪华的事物而生的，因此不住地感到痛苦。由于自己房屋的寒伧，墙壁的粗糙，家具的陈旧，衣料的庸俗，她非常难过。这一切，在另一个和她同等的妇人心上，也许是不会注意的，然而她却因此伤心，又因此懊恼，那个替她照料琐碎家务的布列塔尼省的小女佣人的样子，使她产生了种种忧苦的遗憾和胡思乱想。她梦想着那些静悄悄的接待室，如何蒙着东方的帏幕，如何点着青铜的高脚灯檠，如何派着两个身穿短裤子的高个儿侍应生听候指使，而热烘烘的空气暖炉使得两个侍应生都在大型的圈椅上打盹。她梦想那些披着古代壁衣的大客厅，那些摆着无从估价的瓷瓶的精美家具；她梦想那些精致而且芬芳的小客厅，自己到了午后五点光景，就可以和亲切的男朋友在那儿闲谈，和那些被妇女界羡慕的并且渴望一顾的知名男子在那儿闲谈。”（摘自莫泊桑《项链》）

提问：例文所述反映了文中女性怎样的心理？存在什么问题？

一、女性心理的生理基础

女性是一个特殊的群体，有着与男性不同的生理基础。首先，人类染色体遗传所产生的性别分化与差异，决定了女性与男性的生理从起始点上就存在不同；其次，各种性腺的发展与成熟造成了女性与男性身体分化的早期雏形；第三，在荷尔蒙的影响下，雄性激素与雌性激素的分泌作用于男性和女性两套生殖系统，形成女性与男性生理上更大的差异。女性内部生殖器有卵巢、输卵管、子宫、上阴道；外部生殖器官有阴蒂、大小阴唇和阴道，这些器官的存在是女性与男性在生理上最基本的不同。青春期发育后女性卵巢发育长大，卵泡成熟，分泌雌性激素，月经来潮，皮肤光滑细腻、嗓音尖细、乳房隆起、臀部突起、脂肪增加等，这些变化进一步形成了女性生理上的特点。一般来说，8～10 岁后女孩身高开始突增，子宫开始发育；11～12 岁乳房开始发育，出现阴毛，身高增长达到高潮，阴道粘膜出现变化，内外生殖器官发达；13～14 岁月经初潮，腋毛增加，声音变细，乳头色素沉着，乳房显著增大；15～16 岁月经形成规律，脂肪积累增多，臀部变圆，脸上长粉刺；17～18 岁骨骺闭合，停止长高；19 岁以后体态苗条，皮肤细腻。女性的一生，从生理上讲，将会经历不同于男性的四个特殊时期：月经、妊娠、分娩、哺育时期。近年来，脑的“性别分化”问题日益受到人们关注。有些研究认为：视神经下有一小块叫作“性别二元化神经核（SDN）”的组织，这个结构对睾丸素和雌性激素相当敏感，其性激素的量影响 SDN 自身的成长与发展，其功能与性别分化或性别认同有关。这个结构中的细胞数从人出生到 4 岁间激增，在青年到中年时性别二元化达到最大。在对大脑的研究中，列维和海勒的研究表明，一般情况下，男性比女性人脑偏侧化功能专门化程度更高，人脑左半部受损的女性，其语言功能比男性恢复得好。在对脑活动模式的研究基础上，美国科学家的一项最新研究表明，大脑中存在一个叫“杏仁核”的部位，其功能和工作模式存在性别差异，在女性大脑中流向左侧“杏仁核”的血流量与大脑其他部位的血流量涨落同步，右侧“杏仁核”没有这种现象。“杏仁核”

导致完全不同的大脑区域活跃起来，女性大脑中与“杏仁核”一同活跃的是视丘下部和下皮层，关系到处理压力的反应和影响感情。

二、女性心理的特征

生理是心理形成的生物基础。女性生理的不同奠定了女性心理与男性心理存在差异的生物基础，而社会文化等环境因素是心理形成的外部条件。在内外因素的交互作用下，随着成长和成熟，女性所特有的女性气质也逐渐明朗化。“女性气质”是指“女性应当具有同情心，令人感到亲切，对他人关心等亲和取向的一系列性格和心理特征。”[①] 女性气质包含三个成分：与家庭相关的一切特征；温柔、爱整洁、依赖男性；羞涩、腼腆、胆小、多愁善感、被动、渴望被爱等。在女性生理的基础上女性形成了以女性气质为主的具有自身特点的稳定的、固化的女性心理。突出的特征是富于感情、感性。女性的神经系统具有较大的兴奋性，对任何刺激反应都比较敏感，无论是愉快的，或是厌烦的，都会通过表情和姿态表达出来；容易接受暗示，各种形式的催眠术对她们容易成功，常被迷信活动所迷惑；富于同情心、怜悯心和爱心；脆弱、胆小、缺乏自信心、做事不敢冒险；爱美，举止文雅、娇柔，在社交活动中受人爱慕；形象思维发达，善于语言表达。受家庭、社会、文化等外在因素的影响，不同历史时期、不同地域、不同民族文化下的女性还会呈现出不同的女性心理特征。比如，中国传统文化的影响下的女性通常要求具备温柔、娴淑等特征，在男尊女卑的观念影响下，女性还会形成顺从、依附等心理。

三、对女性心理特征的分析

生理基础所形成的内部条件与家庭、社会、文化、习俗等外在因素所形成外部条件，共同影响并最终缔造了女性心理特征。对女性心理特征的关注，应当包括女性生理特征影响下形成的女性心理特征，以及各种外在因素影响下的女性心理特征等方面的综合。

（一）从认知方面看，女性的形象思维能力较强

女性的思维特点偏重于形象性、具体性；其语言表达能力、感受性和知觉速度较强；对声音的感知优于男性，善于辨别色彩；机械识记能力强，观察仔细；认识范围狭窄，社会认识系统薄弱；容易被表面现象所迷惑，透过现象看本质的能力差；看问题往往带有很大的片面性、局限性，不能从事物的相互联系中多角

---

① 方刚. 性别心理学. 合肥：安徽教育出版社，2010.

度地认识事物；容易上当受骗成为受害者。

（二）从情感和意志方面看，女性情绪情感丰富，感情细腻

女性富于内心体验和敏感性，容易因一些小事而引起强烈的情感反应；情绪体验深刻，情绪的稳定性差，行为举止易受心境影响，长时间处于被情绪感染的体验中；情绪、情感起伏大，多种性质的情绪体验交错刺激，易陷入情绪之中，被情绪所左右；易于产生强烈内心冲突和矛盾。

（三）从个性特点方面看，女性通常具有温柔、爱整洁、羞涩、腼腆、胆小、多愁善感、被动、渴望被爱等特点

有些女性对团体的压力敏感，易受他人影响，易产生从众心理；有些女性胆小怕事、信心不足、支配性和攻击性较弱；自我评价低，遇事常显得优柔寡断。特殊的社会文化背景下女性还会具有一些特殊的个性，比如，中国女性往往顺从、依附。

相关知识链接

对女性心理产生重要影响的人生阶段：

（一）青春期

女性第二性征开始发育，有的女孩对乳房增大感到害羞，对月经来潮感到害怕，对经前、经期的乳胀、下腹不适、痛经等不理解，以为重病而焦虑。随着性功能的发育，有的女孩出现对异性的好感，甚至发生不良性行为。这一时期，女性独立意识增强，一方面有儿童的幼稚，另一方面有成人的心理特征，比较容易走向极端，易受周围环境的影响，对社会潮流很敏感，渴望认识与实现自我，与社会与家庭容易冲突，甚至会离家出走。升入高中后，面对新环境、教师教学方法的改变、同学之间的激烈竞争，会感到学习压力重，需要找人倾诉。这阶段要做好青春期保健，可以向父母请教性方面的知识，了解女性，并学会与人交往，对自己的行为负责，避免早恋。

（二）妊娠及产褥期

此时的孕妇情绪比较脆弱，易激惹、焦虑不安，对异性兴趣明显下降，对自己及胎儿关注过多，担心胎儿发育不正常，生育后对家庭及工作的影响，生女孩遭到冷遇等。分娩期孕妇出现紧张、恐惧和焦虑等不安心理，害怕胎儿异常、生女孩、难产时又改剖宫产等；有人到预产期无产兆，容易失去信心与耐心。产后女性身体内激素发生很大变化，产后两周内特别敏感，易受暗示及依赖性较强，需要保持产后心情愉快，避免发生产后抑郁等心理障碍。

（三）更年期

由于内分泌的变化，这个时期女性会出现一些潮热、出汗、心悸等变化，这些影响女性的心理，易造成恶性循环。表现焦虑、多疑、恐惧、悲观情绪、担心变老、缺乏信心等，此期要保持乐观与积极态度，应得到家人及社会的关心，并防治更年期疾病。

（四）老年期

女性老年期有两种不同心理：一种是不能服老，不注意保养；另一种过分担心自己的健康，总怀疑自己得了不治之症。老年期可能经历退休、家庭矛盾、丧偶等一系列问题，要正确对待这些问题。老年期要利用自己的长处，活到老，学到老，老有所为，使自己更加充实。

第二节　女性犯罪的行为特征

引　例

村民王某曾因为土地承包与邻居一家发生过矛盾。邻居家搞养殖，养殖场牲畜粪便排水从王某家围墙边流过，味道难闻。王某一家多次为此与邻居发生争执。一次争吵中邻居家的男主人打伤了王某的丈夫，为报复邻居一家，王某于2008年8月14日购买2 000毫升“敌敌畏”农药，于当晚22时许与她的丈夫一同将拌有“敌敌畏”农药的树叶倒入邻居家养殖场北侧人畜饮用水窖内，后被邻居及时发现并报警。王某因犯投放危险物质罪被判处有期徒刑4年。回忆起此事王某说：现在想起来就后悔，为了这些事真的不值。

提问：王某投毒的行为反映了王某什么心理？这个案例给了我们什么样的启示？

一、女性犯罪行为

“行为”是生物以其外部和内部活动为中介与周围环境的相互作用。人的行为有其自然前提，但基本上受社会制约的、以符号为中介。个体行为的特点依赖于个人与所属群体的相互关系的性质、群体规范、价值取向、角色作用。[①]“犯罪”指严重危害社会、依照法律应当受刑罚处罚的行为。“犯罪行为”是犯罪者

① 辞海．上海：上海辞书出版社，1989：897．

在其思想意识及系列心理活动的支配下发生的严重危害社会，依照法律应当受到刑罚处罚的行为。犯罪行为是犯罪心理的外部表现，是行为主体基于其意志自由而实施的具有法益侵害性的身体举止。女性犯罪行为是女性犯罪心理的外部表现，是女性基于其意志自由而实施的具有法益侵害性的身体举止。犯罪心理和犯罪行为具有密切联系。一定的犯罪行为，必然会有一定的犯罪心理支配；但一定的犯罪心理不一定就导致某种犯罪行为出现。“一个人产生了犯罪心理不一定必然外化为犯罪行为，犯罪行为的发生除了需要犯罪心理外，还需要有适宜的犯罪情景。而且，在犯罪行为发生的过程中，犯罪人与被害人之间始终进行着心理互动。”① 同理，女性犯罪行为是女性犯罪心理的外化。女性犯罪行为受女性犯罪心理支配，但一定的女性犯罪心理不一定就会导致女性犯罪行为的产生。女性犯罪行为的出现，除需具备女性犯罪心理外，还需要有适宜的犯罪情景。

名人名言

“犯罪行为的直接决定因素是人与情景的复合体。客观情景对犯罪行为来讲是很重要的，因为它提供了犯罪行为发生的机会。”

——［美国］萨瑟兰（Edwin H. Sutherland）

二、女性犯罪行为特征

1986 年伊格里和史代芬的文献数据表明：各类犯罪中男性所占比例大多高出女性，其中谋杀、强奸、抢劫、夜里盗窃、蓄意破坏文物等罪名，男性占到 80% 以上，女性在 20% 以下；在 20 项内容中，女性所占比例超出男性的只有肇事逃逸和卖淫两项；男性与女性差距较小的是伪造、欺诈和贪污（伪造，男性为 59.8%，女性为 40.2%；欺诈，男性为 54.6%，女性为 45.4%；贪污，男性为 50.4%，女性为 49.6%）三项。这说明，受生理、心理特点所限制，女性犯罪类型与男性犯罪类型上存在较大差异。同时，由于体力、社会经验、胆量、自身忍耐性等一些特殊情况的不同，女性犯罪行为与男性犯罪行为也存在着不同，女性犯罪行为一般具有隐蔽性、从属性、被动性、冲动性等特点。

（一）女性犯罪行为的隐蔽性

敏感、心思细密、谨小慎微的女性在犯罪中其犯罪行为往往也表现出隐蔽性

① 刘邦惠．犯罪心理学．北京：中共中央党校出版社，2005：91．

强、欺骗性大的特点。表现在犯罪行为前的仔细勘察，留意各种细节；犯罪活动过程中的察言观色（尤其是女性诈骗犯）、随机应变；犯罪得手后立刻转移地点，防止留下蛛丝马迹等方面。女性决定犯罪前会有些犹豫，动机斗争明显，一旦下定决心实施犯罪时，她们通常又会不露声色，暗自进行，表现出较大的欺骗性、隐蔽性。

（二）女性犯罪行为的从属性

从属性体现在女性犯罪的依附性、附属性及随从性上。虽然受教育受保护程度在提高，但是女性进入社会相对男性来说比较晚，往往思想单纯，判断力不高，社会经验不高，容易服从于权威，对身边的男性产生极强的依附心理。在实施犯罪中，尤其是共同犯罪、团伙犯罪中女性一般不是犯罪的主犯或首犯，她们多带有胁从、受胁迫或被教唆的特点。女性犯罪人多是帮助男性犯罪人采点、望风或提供犯罪工具等。共同犯罪中女性往往处于从属地位，常常扮演“黏合剂”的角色，拉拢、引诱其他女性加入，带动更多的男性加入犯罪组织，腐蚀性和消极作用明显。

（三）女性犯罪行为的被动性

犯罪是个人主动性的表现，而女性一般来说较为被动。女性犯罪与犯罪情境密切相关，有许多犯罪是迫不得已才实施的，这些特征使女性常常成为被动型犯罪人。有些女性由于丈夫和男友犯罪，不得已去包庇、帮助，从而走上犯罪道路；有些女性由于长期的忍让、顺从形成抑郁，情感突然地爆发，微小的事端成为了她们犯罪的契机；有些女性受他人引诱、唆使走上犯罪道路。

（四）女性犯罪行为的冲动性

一般来说，女性对待事物在认知上带有肤浅性和表面性，在行为上表现出一种偏激性和冲动，瞬间感情爆发而不能用意志来控制。女性在冲动中所产生的故意伤害、故意杀人、投毒、纵火、盗窃等行为时有发生。我们时常听到这样的故事：当一个情感丰富的女性为了感情付出巨大牺牲后对方无动于衷，自己得不到尊重和肯定，反而遭到拒绝和抛弃，甚至遭到辱骂和毒打，在这种挫折的打击下某些女性往往会产生委屈、嫉妒、愤怒和仇恨的心理，容易表现出冲动行为，产生残酷的报复行为。通常女性的忍耐性较高，在挫折面前更多表现为忍气吞声，较少直接表现为对外侵犯性行为，而过于克制自己而又缺乏保持心理健康的有效方法则可能造成心理挫折感不断郁积而最终酿成大祸，出现激情犯罪、人际冲突型犯罪等。

（五）女性犯罪行为的非暴力性

研究表明，女性的攻击性低于男性，这种差别在2～3岁时就已经出现，持续发展于童年期，并延续到整个人生，因此女性实施的犯罪比男性少，在暴力性犯罪方面也是如此。女性一般都性情温和、软弱，体力、认识及心理承受能力不如男性，在犯罪实施过程中很难完成血腥的、残忍的、暴力性强的犯罪行为，故而在犯罪实施中很少出现暴力的现象，不是利用自身的力量去侵害别人，而是采用投毒、盗窃、诈骗、拐卖人口、贪污、受贿、性犯罪等一系列非暴力或低暴力行为犯罪。但是，近几年女性暴力犯罪逐渐增长，不可忽视。

（六）女性犯罪行为的自私性

女性很少因为义气、信仰、主持公道等而进行义气性犯罪、政治性犯罪，其犯罪行为大多或为自身得失，或为家庭生活、丈夫、子女。物欲通常是女性犯罪的主要目的。追求高消费，讲究吃、穿、住、行、时髦、玩潇洒，享乐主义严重，这样的女性，当她们对物质的需求脱离了现实的生活水平，无法通过正当的途径来解决时，便会不择手段，铤而走险。女性在犯罪方面表现出明显的“有利可图”的特征，或贪图小便宜进行违法犯罪，如冒充顾客在商场中偷窃小商品，或为了谋取不义之财，如卖淫、容留或介绍他人卖淫等。

三、女性犯罪行为分析

犯罪女性的生理和其犯罪心理构成了女性犯罪行为产生的基础，适宜的情景是女性犯罪行为的外在条件。因而，分析女性犯罪行为需要考虑女性生理、心理、客观环境三个方面。

（一）从生理层面分析女性犯罪行为

日本学者广濑胜世认为，杀人和放火的女性犯罪与月经有密切的关系。其中，女性杀人犯罪有39.4%、放火犯罪有36.1%、盗窃犯罪有12.6%都发生在其月经前到月经之间。广濑胜世的这个研究提示我们：要重视女性生理对其犯罪行为的影响。在女性的几个重要时期中，青春期和更年期对女性犯罪的影响应当得到关注：青春期女性独立意识增强，渴望认识与实现自我，与社会、家庭容易冲突，比较容易走向极端，这个时期具有不良心理的女性容易受坏人引诱走上犯罪道路，成为少年女性罪犯。绝经期（45至55岁）的女性，随着卵巢功能逐渐衰退，内分泌发生暂时紊乱，会引起大脑皮层功能失调，兴奋与抑制过程不平衡，导致心境变化快，这个时期的女性情绪波动大，攻击性增强，在适应的情景下具有犯罪心理的女性也容易产生犯罪。由于雌性激素分泌使女性具有较少的攻击性，身体的柔弱性使女性较少直接从事暴力性的犯罪。但是女性感性、情绪化、富于情感，容易激情犯罪。总体上讲，生理上柔弱限制了女性的犯罪行为，尽管近年来我国女性犯罪有上升趋势，但整体数量还是远远低于男性。

（二）从心理层面分析女性犯罪行为

犯罪女性的生理只能决定其犯罪的方式怎样，并不能决定其是否要犯罪。犯罪行为是犯罪心理的外化，犯罪女性的心理决定了其是否可能犯罪。因此，应当着重从心理层面分析犯罪行为。在弗洛依德的精神分析理论看来，人类社会中犯罪的根源在于人与生俱来的本能。性本能是人类最强大的本能之一，性欲的力量必然会强烈冲击文明社会为限制它而制定的各种禁律。弗洛伊德关于性本能的这种观念在解释女性性犯罪中仍然具有一定的意义。阿得勒用“自卑感及其补偿”、“追求优越”等概念来表述人类犯罪行为的动力特征，他认为犯罪人选择与社会相悖的方式克服自卑，与他们在友谊、职业、爱情三大生活领域的失败有关。阿得勒的观点可以用来解释在男性统治下的社会中一部分女性产生犯罪行为的原因。在男性统治下的社会里女性生存、就业压力很大，弱小的女性难以实现自己，内心深处潜藏着自卑。许多物欲横流且精神生活贫乏的女性，就通过对财物的非法获取来弥补自身的自卑感，通过将非法所得的钱财购买服饰和装饰品、奢侈品等方式弥补心灵的空虚。

（三）从社会层面分析女性犯罪行为

马克思认为“人的本质是一切社会关系的总和”，因而，我们在探讨一切人的心理和行为的时候不能离开社会。犯罪女性的认知、情绪情感、意志、性格、能力往往存在薄弱之处，不能够很好地适应社会对她们的要求，正常地在社会中生存与发展。社会化的不足是女性犯罪行为产生的一个重要方面，特别是，作为社会化核心的道德品质（一个人依据社会的道德规范和行为准则在行动中表现出来的稳定特征）低劣，是影响着女性犯罪的关键。为了几件衣服去盗窃，为了一顿晚餐去卖淫，为了奢侈享乐去贪占、受贿这类犯罪行为折射出的是犯罪女性低劣的道德品质。一方面社会化不足，不能够很好地在社会中生存、立足；另一方面又受到社会不良因素的影响，导致女性走向犯罪。社会学习理论的代表人物班杜拉认为：尽管人类行为受生物学因素的限制，但是，人类个体的一切行为方式都是后天学习的结果。个体由学习获得行为方式的途径主要有两种，即观察和亲历学习。不可否认，环境中存在的不良影响与部分女性不良心理交互作用，致使部分女性走上犯罪道路。在经济高度发达的今天，财富的炫耀、奢侈享乐的盛行、个人欲望的膨胀等不良的影响处处影响着人们的生活，影响着女性。自身条件的不足、心理上的薄弱，加之社会不良因素的影响，综合作用诱发了女性犯罪。

第三节 女性犯罪的心理分析

引 例

贾某上有老，下有小，事业顺利，本来一家人生活其乐融融，一切却因为自己的贪婪彻底改变了。1994 年至 1996 年间，她利用在某银行支行担任副行长之便，先后六次侵占公款 597.9 万元，并全部转入其夫所在公司的账户上进行个人营利活动。伸手必被捉，贪心不足的贾某最终因侵占罪被法院判处有期徒刑 13 年，附加剥夺政治权利 3 年。

提问：衣食无忧却依然贪得无厌，是什么导致她走向犯罪？

随着我国社会经济迅速发展，近年来女性犯罪也呈激增趋势。据统计，二十世纪五六十年代女性犯罪成员占刑事犯罪成员的比例为 1～3%；70 年代占 5%左右；80 年代上升到 8%；90 年代上升为 10%，现在则为 12%。[①] 女性犯罪同其他犯罪一样，属于特殊的社会现象，其中，犯罪人的主观心理状态是构成犯罪的主观要件。女性犯罪心理的形成是内外消极因素相互作用、相互斗争和相互转化的过程。从内在方面讲，女性认知系统薄弱、感情用事、意志薄弱、自信心差、易移情、易受暗示，在这些内在因素的作用下她们更容易上当受骗，被人利用，受他人影响被拉下水等。从外在方面讲，来自于家庭、学校、居住地、工作场所等“小社会”还存在的消极因素，个人的特殊境遇与来自社会文化、法律、政治、经济活动等“大社会”中的不良因素的共同作用和影响，导致部分女性心理恶变，形成犯罪心理。故而，女性犯罪心理的形成是“生物 + 心理 + 环境”，即身、心、社会文化环境交互影响与作用的结果。

一、几种常见的女性犯罪心理

(1) 强烈依附心。女性性情温和，性格柔弱，进入社会晚，体力和认识能力又不如男性，导致她们在社会中不能很好地适应各种要求，在家靠父母，婚后靠丈夫儿子，工作靠男性领导和同事的现象，强烈的依附心理造成一些女性在社会人际关系和市场竞争中处于被动、不利状态。某些女性的依附心理强，加上进入社会后，社会经验不丰富，是非判断能力差，对事物的认识水平还不能由现象

---

① 邱格屏. 中国当代女性犯罪心理分析. 妇女研究论丛，2000.

上升到本质，因而，容易依附上道德品行不端的人，误上贼船，误入歧途，毁掉一生。张某曾于2005年1月23日至2005年5月30日期间，伙同他人在某市海淀区、顺义区盗窃机动车，作案12起，涉案财物共计人民币76 918.5元。据该犯讲述，她小时候住外婆家，外婆家人外向，自己却很内向，经常无法和外婆及父母沟通。18岁叛逆，离家出走，认识了一个吸毒的人，和他一块吸毒，没钱吸毒就一块偷东西。后来越学越坏，认识的坏人越来越多，最终走上犯罪道路。

（2）过分虚荣心。随着女性年龄的增长，一些女性对物质的占有欲越来越高，对于各个方面的要求的标准也随之增加。女性爱出风头，爱显示自己，喜欢被别人注意，喜好打扮自己，对服装、发式、装饰品具有主动选择和喜新爱俏的特点，当自己对物质方面的要求超过其自身合理收入的范围时，或自己不能用合理的方式来解决自己对物质的欲望时，一些女性就采用一些不正当的手段去获取，如盗窃、诈骗、贪污等犯罪。如刑释人员姚某，大专文化，于2001年至2007年间编造其做生意需要资金，可以在中国工商银行办理高息存款等理由，以借款方式向亲属、朋友等40余人骗取人民币共计2 000余万元，赃款大部分挥霍，因犯集资诈骗罪，被判死缓。姚某上有老下有小，本来和和美美的家庭因姚某的贪婪、物欲横流和不择手段最终崩溃，每每回忆起往事和自己的结局，姚某总是感慨万千。

（3）强烈报复心理。一些女性具有虚荣心的同时也表现出很强的嫉妒心，当虚荣心得不到满足，或碰到了一些在各方面条件都比自己好的人，虚荣心受挫时有些女性就会背后蜚短流长来诋毁他人，甚至产生仇恨，寻找机会报复，报复手段残忍。孙某曾与其公公因家庭琐事发生口角，因怀疑其夫兄从中挑拨，起了报复心。某日，孙某将其夫兄之女张某骗至门头沟区西辛房后街南山坡上，先用手掐张某的脖子，又用石头猛击其头部二十余下，致其昏迷后孙某逃跑，造成张某右额顶头皮裂伤，颅骨线状骨折，双侧颊部软组织伤各长约四厘米，深及骨膜，鼻翼裂伤多处，鼻中隔骨折，左鼻前庭与口腔贯通，法医鉴定已构成重伤。最终，孙某为其行为付出了代价。

（4）极度自私心。女性犯罪很多是出于贪婪，满足私欲。孙某曾是某知名大学的学生，有着别人所艳羡的家庭环境，2009年8月6日在逛某商场时因一时起了贪念，趁导购员不备先后盗窃季候风牌桑蚕丝连衣裙等物品，价值人民币1 317元，被判有期徒刑2年3个月。服刑期间孙某时常以泪洗面，追悔莫及。美丽的人生就这样轻轻松松毁于瞬间的私欲。

名人名言

人类不同于其他动物的特征，就在于他对善恶和是否合乎正义以及其他类似现象的辨认。

——［古希腊］亚里士多德

二、常见女性犯罪心理分析

（一）女性凶杀、伤害类犯罪的心理分析

女性凶杀、伤害类犯罪的心理是女性犯罪心理中的一类特有心理。一般来说，女性不愿意使用那些招致可怕报复的攻击行为。间接的攻击比正面对抗可能受到报复的几率小，所以女性更愿意使用这一策略对他人进行攻击。① 女孩和少女更喜欢用诽谤、冷淡、孤立和使用诡计这类间接性的攻击；成年女性的攻击行为还包括破坏对方财物，采用肢体攻击对方，使用言语挑衅，孤立等方式。尽管女性凶杀、伤害类犯罪为数不多，但还是时有发生。当把攻击看成是展示力量的方式时，女性会考虑报复的可能性。认识的偏狭、情绪化、意志的薄弱、解决问题的能力滞后是女性犯罪心理形成的原因。凶杀、伤害类犯罪的女性往往认识狭窄，行为偏激；嫉妒心强，报复心理严重；感性，缺乏理性处置情感纠葛的能力。在丧失理性的时候，容易情绪冲动，行为偏激，导致杀人、故意伤害等犯罪。这类犯罪中常有一个导火索就是“愤怒”。调查显示，女性被调查者比男性被调查者报告的愤怒体验更加强烈，尤其是当她们愤怒到想要哭的时候(Brannon，2004：198)，另外，女性发怒时的想象比男性更加细致周密，对其后果的担心更重。正因为如此，女性的攻击和报复行动往往经过深思熟虑，较少考虑后果，比较容易导致攻击行为。

案例：在大学里学过传媒策划的吴某本来过着令人羡慕的快乐生活，一切都因为一件不可追悔的往事改变了。认识心目中的“白马王子”前，吴某一直都是个有追求的女孩，读书勤奋，待人友善，结交了不少知心朋友。两人交往后吴某把一切都给了男友。然而，男友的品行并不如吴某想象那样好。一次同学聚会后男友竟然强奸了吴某最要好的女友。得知消息后吴某按捺不住心中怒火，将男友捆绑在床，丧失理智的她举刀向男友砍去，直至男友血肉模糊。1999 年吴某因故意杀人被捕。回忆往事，吴某追悔莫及。她说，当时举刀劈男友的时候完全

① 方刚. 性别心理学. 合肥：安徽教育出版社，2010.

没有意识到自己在干什么，后果是什么，心里只有恨。然而，法网恢恢，法律不会宽容吴某的冲动。

（二）女性谋财类犯罪的心理分析

精神分析学派心理学家阿得勒认为犯罪人会选择与社会相悖的方式来克服自卑。他曾经用“自卑感及其补偿”、“追求优越”等概念来表述人类犯罪行为的动力特征，并认为犯罪与犯罪者在友谊、职业、爱情三大生活领域的失败有关。随着社会经济的发展，现代社会人们的生存、就业压力很大，而身、心两方面都存在薄弱之处的女性在生存、就业方面压力也越来越大。资源是有限的，人们的需求无限。柔弱的女性要实现自己非常困难，内心深处隐藏着自卑、不屈与抗争。然而女性们选择战胜自卑，与生存抗争的方式却不尽相同。在物欲横流的观念影响下，一些精神生活贫乏、物质来源匮乏的女性在各种物欲的趋势下，不择手段获取物质利益，通过对财物的获取来弥补自卑，将各类非法所得购买服饰、奢侈品等物质来装点空虚的心灵。不良的人生观、世界观、价值观往往是谋财类犯罪女性的人生取向；而不良的道德品质则是其犯罪行为产生的核心。这类女性往自私自利、物欲横流、唯利是图、好逸恶劳、贪图享乐、爱慕虚荣，她们价值观扭曲、心态不健康、人格不健全，当生活中产生的各种欲望不能得到满足时就铤而走险，或利用职务之便侵占，或收受贿赂，或通过性犯罪方式获取非法财产，或诈骗，或抢劫，或贩毒，或绑架，或盗窃，或卖淫等方式谋取财物以满足自己。例如，罪犯赵某曾是北京某中心主任，有着稳定的收入，良好的社会地位。但日益膨胀的物质需求和欲望使她不再满足“现状”，一次次将手伸向公款。赵某于 2000 年 11 月至 2005 年 3 月间利用职务之便采取指使他人以支付各种费用的虚假名义的手段，将单位公款人民币 1 250 000 余元非法占有，又于 2000 年 10 月至 2005 年 4 月利用职务之便为其他公司提供便利收受贿款 280 000 余元。受过良好教育的赵某最终未能抵制物质诱惑，在自己的倒行逆施中沦为囚徒。鲁某也曾有一个令人羡慕的家庭。丈夫工作能力强，身居要职，自己的工作环境也不错，家庭生活良好。但日益膨胀的物欲并没有使她满足。鲁某曾于 1998 年至 2006 年间，在其丈夫担任某区领导期间收受贿赂 889.47 万元，让其夫利用职务便利为他人谋取利益。锒铛入狱后的她不胜感慨，后悔莫及。

相关知识链接

女性犯罪心理的产生是一个复杂过程。其中女性个体的需要、动机冲突、个性品质，以及外界的刺激、诱因都能使个体产生犯罪行为。女性犯罪与一般犯罪一样，其犯罪行为产生也主要有两种因素：社会因素（诱因）和个体差异。社会因素表现为周围环境存在着许多导致犯罪的诱因；个体差异则表现为女性犯罪者个人素质。

从社会因素讲，封建、传统的“男尊女卑”、“小农经济”等落后意识根深蒂固，是酿成女性暴力犯罪的主要根源。首先，常见于因为婚姻中的不平等地位、家庭成员间的积怨、第三者的插足、邻里间蝇头小利之争等引发争吵、殴打，直至酿成惨案，这类案件属激愤性犯罪居多。其次，在新型的社会主义市场经济发展过程中，随着对外开放的扩大，不可避免地也带来消极腐朽的思想观念，一些女性的人生观、价值观发生错位，追求享受、贪慕虚荣、牟取暴利、不劳而获，而置道德、法律于不顾，铤而走险。女性参与吸毒贩毒，组织、强迫、引诱、容留卖淫，拐卖人口等新类型犯罪应运而生并呈现日益加剧之势。第三，社会风气不正，拜金主义的盛行，造成犯罪中普遍存在侥幸心理，致使女性也参与贪污、行贿、受贿等经济类犯罪，尤其在金融行业和行政、事业单位居多。第四，下岗、失业的社会现实下，女性就业比男性更显艰难。大量女工下岗，初、高中毕业后就业无门，有的人无所事事就去另辟蹊径找“事”干，社会的现实环境客观上为一些不务正业好逸恶劳的女性提供了犯罪的“温床”。

从个体差异上讲，面对发生的挫折、事件，意志力不强的女性往往不能正确把握，自控或承受，对社会和他人抱有敌意和憎恨，产生攻击行为。她们在实施犯罪行为过程中有一种不达目的决不罢休的心理，而且一旦犯罪，其自私、贪婪、冷酷、残暴的程度不逊于男性犯罪。一些女性心胸狭窄、多疑、多妒，在认为自己以外的人占了比自己优越的地位，或自己所珍爱的东西被别人夺取的时候，极易采取极端的方式和方法予以报复。在侮辱诽谤案件和婚恋案件中这类表现尤为突出。女性具有极度的物欲冲动和占有欲，从表现形式看，女性犯罪多与金钱和性有关，但其实质仍是利益和需要所驱动的。卖淫、贩毒等类女性犯罪者均呈有极度的虚荣心和变态的价值观，缺乏自尊自爱，内心极度空虚，以致羞耻感、道德丧失殆尽。不少女性在现实生活中处在各种矛盾之中，一旦环境变化、社会竞争激化或人们交往方式改变，且自身文化、修养素质跟不上时代，就极易造成严重心理障碍，在心情不愉快，人际关系敌对时易走上犯罪极端。

本章小结

女性是一个特殊的群体，有着不同于男性的生理基础，在此物质基础上产生了女性特有的心理和行为。女性犯罪行为受女性犯罪心理支配，具有隐蔽性、从属性、被动性、冲动性、非暴力性、自私性等特点。女性心理是我们研究女性犯罪心理的依据，包含着不良的人生观、世界观、价值观，以及犯罪需要、犯罪动机、消极情感、异常情绪反应、不良的意志品质、犯罪智能等内容。同时，在认知、情绪情感、意志、个性方面，女性犯罪心理还具有自身特点，诸如，认知能力差；依附心理强，承受能力差；情感丰富，情绪不稳定；意志力薄弱，行为受情绪影响大；爱慕虚荣、嫉妒心强等等。受生理、心理特点所限制，女性犯罪类型、数量较男性少。女性犯罪心理的形成是“生物 + 心理 + 环境”，即身、心、社会文化环境交互影响与作用的结果，是内外消极因素相互作用、相互斗争和相互转化的过程。从内在方面讲，女性认知系统薄弱、感情用事、意志薄弱、自信心差、易移情、易受暗示，在这些内在因素的作用下她们更容易上当受骗，被人利用，受他人影响被拉下水等。从外在方面讲，来自于家庭、学校、居住地、工作场所等“小社会”还存在的消极因素，个人的特殊境遇与来自社会文化、法律、政治、经济活动等“大社会”中的不良因素的共同作用和影响，导致部分女性心理恶变，形成犯罪心理。

复习思考题

1. 解释概念：

女性心理　女性犯罪行为　女性犯罪心理

2. 简述女性心理的一般特征。

3. 简述女性犯罪行为的一般特征。

4. 简述女性犯罪心理的一般特征。

4. 论述女性犯罪心理的成因。

参考文献

[1] 李枚谨. 犯罪心理学. 北京：中国人民公安大学出版社，1999.
[2] 刘邦惠. 犯罪心理学. 北京：科学出版社，2002.
[3] 方刚. 性别心理学. 合肥：安徽教育出版社，2010.
[4] 邱国梁，等. 女性违法犯罪. 北京：群众出版社，1992.
[5] 魏健馨，张学村. 犯罪心理学. 天津：南开大学出版社，2003.

第六章

暴力型犯罪心理

尽管人类文明的步伐不断前行，但暴力行为却未因此而减少。相反，随着社会的变迁，价值的多元化，各种冲突不断涌现。攻击行为——乃至暴力犯罪——依然被当作解决问题的方式。在本章中，我们将要完成以下任务：

本章任务

1. 掌握对暴力型犯罪人的心理分析
2. 了解常见的暴力杀人犯和性暴力犯的犯罪动机
3. 熟悉攻击的相关理论

第一节 攻 击

一、什么是攻击

犯罪心理学对暴力犯罪的研究，是从攻击开始的。攻击有时也被称为侵犯。对攻击下准确定义是一件比较困难的事情。在此列举几个比较有代表性的定义：(1) 攻击是以伤害所指向的另一生命机体为目的的行为。① (2) 想要伤害他人心理或身体的行为。② (3) 有意伤害别人且不为社会规范所许可的行为。③ (4) 攻击行为是一种故意伤害他人，并给他人带来身体和心理伤害的行为活动。④ 攻击具有以下三个特征：首先，攻击是一种行为，包括身体的和言语的等形式；其次，攻击者发出这种行为是有目的、有意图的，即存在攻击动机。这种

① 巴克．社会心理学．南开大学社会学系，译．天津：南开大学出版社，1986.

② 古烟和孝．人际关系社会心理学．王康乐，译．天津：南开大学出版社，1986.

③ 金盛华．现代社会心理学导论．北京：北京师范大学出版社，1995.

④ Anderson A. Bushman J. Human aggression. Annual Review of Psychology. 2002，53：27－51.

动机是推动实施攻击行为的动力因素，同时这种动机本身是不被其所在社会所允许的；最后，这种有目的、有意图的行为会造成消极的后果，或存在造成消极后果的可能，遭到社会否定。如会伤害他人心理或身体，给人带来不悦，破坏其他目标（如物体、社会规范）。

请思考下列行为：

（1）母亲为让调皮的孩子安静下来而狠狠地责骂了他；

（2）外科医生给病人动手术，切开了病人的头颅；

（3）警察将劫持人质的暴徒击毙；

（4）为开玩笑而打你的朋友一拳；

（5）为泄愤用石头丢他人的头，但没有打中。这些是否属于攻击？

二、攻击的类型

对攻击进行分类很复杂，比较有代表性的有以下几种：

根据行为的具体目标不同可以分为表达性攻击（或称为敌意性攻击）和工具性攻击。表达性攻击是对特定情境的反应，如受到了不公平待遇或遭遇失败后对他人的攻击，以使受攻击者遭受痛苦。工具性攻击的目标在于期望获得某个物品和某种地位，其实施攻击并非为了伤害他人。

根据对自己的攻击行为的意识程度不同，可分为内隐攻击和外显攻击。外显攻击时，攻击者与被攻击者发生直接冲突，对后者实施伤害行为。愤怒的情绪是这种攻击行为的原因。内隐攻击时并不与被攻击者发生激烈的冲突，而且这种攻击需要一定的认知能力和智力水平，如诈骗钱财。

按照攻击是否主动，可分为主动攻击和被动攻击（或称为反应性攻击行为）。前者的攻击者是攻击行为的起端和主动的发起者，后者的攻击者是在受到他人激惹后，为了防卫和反击而发出的攻击。

根据攻击的表现形式是否具直接性，攻击分为身体的、言语的和间接的。身体的攻击是以肢体动作实施攻击行为（打人）；言语攻击是通过言语实施的攻击行为（骂人）；间接攻击是通过第三方实施的攻击（散布谣言）。①

综合各种分类，巴斯按身体——语言、主动——被动、直接——间接三个纬度将攻击分为八种，分别是：身体的、主动的、直接攻击，如：暴力杀人；身体的、主动的、间接攻击，如：雇凶杀人；身体的、被动的、直接攻击，如：静坐

① Lagerspetz K. M. J., Bjorkqvist K., Peltonen T. (1988). Is indirect aggression typical of females? Gender differences in aggressiveness in 11-to 12-year-olds children. Aggressive Behaviour, 14, 403-414.

示威；身体的、被动的、间接攻击，如：拒绝帮助他人；语言的、主动的、直接攻击，如：辱骂他人；语言的、主动的、间接攻击，如：散布留言；语言的、被动的、直接攻击：不理睬他人；以及语言的、被动的、间接攻击，如别人受非难而不为其辩护。①

三、攻击相关理论

（一）本能论

本能论认为：攻击是天生的。正如詹姆斯所说："攻击是人类天生的劣根性，是人类与生俱来的对他人的仇根。每个人都有好斗本性。"攻击本能论的代表人物为：精神分析学派的创始人弗洛伊德和现代行为学创始人康拉德·洛伦茨（Konrad Lorenz）。由于遗传的攻击能量在机体内不断积累，个体必须借助于适当方式释放，如运动、冒险等。然而，如果这种能量在正常释放时受阻，那么能量释放的方式将有所改变，成为一种破坏的形式。这时，能量的释放如指向内部，就表现为自残甚至自杀；若是指向外部，则是有意伤害他人，轻则为言语攻击，重者就是打架、斗殴甚至强奸、杀人。

从种族保护和自然选择的角度来看，在长期的进化过程中，由于资源有限、生产力水平低下，出于竞争的需要，攻击成为生存所需的能力。通过攻击，幼崽有了强大的父辈，种族选出了强大的保护者，而且在种族内确定了谁是最强大者，这恰恰减少了种族内的斗争。对于个体来说，攻击还是自我保护和维持的需要。由此保留下攻击这种自我保护的本能。洛伦茨在观察了动物的行为后提出：攻击行为同其他诸如进食、睡眠等行为一样，是一种本能。这是一种具有生物保护意义的本能，攻击的驱力来自有机体内部，与外界刺激无关。

（二）社会学习理论

以班杜拉为代表的社会学习理论认为：攻击行为是人们学习的结果。在班杜拉和其助手进行的一项实验中，被试儿童被分为两组：实验组儿童和一个成人在屋里搭积木，成人随后对屋里的一个充气娃娃拳打脚踢，并喊着："打他，狠狠打。"对照组儿童同样和一个成人在屋里搭积木，但是成人忽视了屋里的充气娃娃。随后，当两组儿童单独在放有各种玩具的屋里玩要时，实验组儿童对充气娃娃打骂的人数及频率远远高于对照组。

社会学习理论将攻击行为的习得分以下几个步骤：首先，个人通过观察，习得了在刺激情景和攻击行为之间建立联系，并通过模仿学会攻击性行为该怎样被

---

① 刘志红，等. 社会心理学. 北京：中国劳动保障出版社，2007：145.

完成；同时，在之后行为者通过自己完成攻击行为，形成了对攻击行为的体验。

其次，攻击行为因强化而保持。当某种行为因受到奖励而被强化时，日后行为者会更倾向于采取该种行为。奖励可以是物质的，如钱物；也可以是精神的，如受到他人的肯定而得到情绪上的满足。对于攻击行为来说，攻击者因攻击而从中得到了好处，如因抢劫占有了别人的财物，而且没有被抓。那么，今后当他需要钱的时，会更倾向于采用抢劫这种快速得到钱的办法，不劳而获是对抢劫行为的正强化。

最后，在个体的社会生活中，通过外界的反馈区别各种对他起作用的刺激，认识到哪种刺激可以、哪种刺激应该采取攻击应对，从而形成分化性反应。如，儿童有时在遭到其他儿童的欺负，采取反击，因而受到家长的肯定；有时因为主动攻击他人而受到惩罚。重复多次，他们便能区分出适合采取攻击行为的场合。

（三）挫折—攻击理论

挫折—攻击理论最早是由多拉德和米勒等人在1939年首次提出的。早期的挫折—攻击理论认为，挫折是指阻碍个体达到目标的情境，攻击是对挫折情景的一种自动反应。挫折和攻击之间存在必然联系，攻击行为的出现以挫折的存在为前提，而且挫折强度越大，攻击的强度也就越大。但是，很显然，这样解释攻击行为过于简单了些。除了挫折，还有许多其他事件可以引发攻击，如自尊受到威胁等。而且挫折后也不是只有攻击一种反应，还可能有退缩或躲避等。因此，后人对挫折攻击理论进行了大量修改。现在的挫折—攻击理论包含以下观点：(1) 挫折不会直接引发攻击行为，它一方面会引起消极情绪，为攻击的实际发生提供唤醒状态；另一方面攻击会激起关于攻击的认知模式。例如，个体回忆起过去采用攻击行为使问题得以解决的模式。(2) 挫折可以导致侵犯行为，也可以导致其他行为后果。挫折后出现攻击行为的可能性与以下两个因素有关，即目标受阻的强度和对攻击行为后可能遭到惩罚的预期。目标受阻程度越高，就越有可能出现攻击行为；但是，对惩罚的预期越高，则出现攻击行为的可能性越小。(3) 环境中若有促进攻击行为发生的线索，如手边有棍棒等武器，则最终出现攻击行为的可能性更大。

（四）侵犯动机理论

这一理论认为，侵犯来自于竞争性社会比较。所谓的社会比较包括横向和纵向两个方面。纵向的比较，是将自己现在的身份、地位、财富、外貌、知识、心理状态等和自己过去的状态比较。横向的比较，是就自己的上诉状态和其他人相比。在比较之后，发现他人，或自己过去在以上方面的状态优于自己现在的状态时，会产生嫉妒、焦虑等不良情绪。这种不良情绪会使人产生一种侵犯冲动，即通过攻击他人，使他人在不良情绪上与自己保持一致，甚至比自己更差。攻击的对象，不一定是先前比较的对象。而且侵犯者一般会避开那些比自己强大的，如领导，而选择合适的侵犯对象，以求得心理上的平衡。

（五）信息加工理论

攻击行为的社会信息加工理论通过研究从外界信息的输入到作出行为决策之间一系列心理活动过程来揭示攻击行为发生的规律。这一过程包括以下步骤：(1) 事件编码，即对所发生的事件给予注意和感知，特别是对自身有重要意义的信息，如情境中对自己造成威胁的信息。(2) 事件解释，将获得的信息进行加工，或和已有的经验进行比较，理解该事件的意义。(3) 反应搜寻，在理解事件意义的基础上，搜寻可采用的应对方式。(4) 反应评估，对搜寻到的各种反应策略进行评估，包括成功可能性、后果等。(5) 反应执行，对选定的反应进行执行。对于攻击性强的人来说，其头脑中可能会存在攻击反应的脚本，即和攻击有关的大量事件解释方式和反应模式，这种脚本会影响到信息加工的各个阶段。例如，攻击性强的人会在事件编码时更多关注情境中的攻击性信息。他们很少主动寻找额外的信息，而倾向于将环境中模糊不清的情节解释为具有攻击性的。他们很难想出其他解决问题的方法而会认为攻击是最有效方式。

四、与攻击相关的因素

1. 基因

将攻击性最强的雄性白鼠和攻击性最强的雌性动物交配，同时将攻击性最弱的雄性动物和攻击性最弱的雌性动物交配，在两组后代中采用同样的交配方式。连续几次后，发现两组的攻击性分别向两极趋近。可见，攻击性是可以遗传的。英国一家收容所对315名攻击性较强的犯人进行基因检查后发现：其中16人的性染色体为XYY。此外，在1968年法国杀人凶手Daniel Hugon，1969年美国“巨坏人”约翰（Big Bad John）等凶残的犯罪人基因中均发现他们比正常男性多了一个Y染色体。

进一步的研究证明了染色体上的某些基因和攻击行为有关。加拿大的Simpson等在对老鼠进行生殖实验时发现：一种名为Nr2el的基因变异会导致老鼠产生变态性的攻击行为。进一步研究发现这种基因同样存在于人体中，但目前仅发现其可能在人类幼年期发挥作用，对于成人的影响还有待进一步研究。[①]

编码MAOA的基因缺陷，也与攻击行为有关。MAOA是MAO降解酶的一个

---

① Young KA et al. Behav Brain Res. 2002. 132（2）：145－158.

作用同样得到了实验的证明：在受到侮辱后，被试出现心跳加快、血压上升等高唤起状态。然后实验组被试有机会攻击侮辱他们的人，而对照组没有。结果是前者的唤起水平降低，而后者依然保持高唤起状态。

2. 教育

教育可以从三个方面减少攻击行为：

首先，通过思想道德教育，提升道德水平，提高自我观察和自我评价的意识和能力，增强辨别是非的能力，增加社会责任感，减少破坏社会规范的行为。

其次，通过心理辅导教育，增强应对挫折的心理承受能力，以避免消极情绪的产生。并不是所有的挫折都会引起侵犯行为。如果个人能够合理解释挫折情景，及时调节自己的情绪，就会对挫折采取理智的反应，避免出现攻击行为。

最后，通过意志培养，提高自我控制水平，减少侵犯冲动。特别是移情能力的培养，使个人能够意识到攻击行为的后果，能够站在他人的角度上体会对方受攻击后的不快和痛苦。

3. 惩罚

根据社会学习理论，攻击可以通过观察习得，通过奖励强化，因此也可以通过惩罚减少攻击行为。根据自我价值定向理论，在人的自我意识正常的情况下，攻击行为是在个人对行为价值作出评价后作出的。如果个人预期到自己的行为会遭受惩罚，这种惩罚的代价会超过攻击行为带来的满足，则攻击行为就被抑制。

但是，惩罚并不是减少攻击的根本办法。其弊端在于只能减少明显的攻击行为，而不能降低个人的攻击性。而且，在父母通过惩罚试图减少孩子的攻击行为时，恰恰给他们提供了攻击的榜样。

六、攻击与暴力

攻击和暴力既不是精神病学概念，也不是一种精神症状，而是一种社会现象，因为很多攻击和暴力事件都是由正常人所为。而且，攻击和暴力之间存在一定的关联：攻击是有目的以任何其他生物体所不愿接受的行为进行伤害的行为，攻击的极端形式称暴力行为。具有高度攻击性者容易出现暴力行为。同样，司法精神病学也认为，造成破坏后果的严重攻击行为叫暴力。少年时的攻击行为能很好地预测成年后的暴力行为。

第二节　暴力犯罪的心理特征

引　例

1997 年到 2000 年 5 月，在云南昆明，以杨某为首的犯罪集团，连续作案 29 次，共抢劫各类高档车辆 20 辆，杀害 19 人，其中 11 人在他们的杀人据点中被肢解、毁尸、灭迹。

1999 年至 2003 年，杨某在安徽、河南、山东、河北四省农村地区流窜作案 26 起，杀死 67 人，伤 10 人。

2001 年 9 月至 2003 年 11 月，河南平舆系列杀人案凶手黄某先后杀害无辜青少年 17 人，另有 1 人轻伤。

2009 年北京大兴灭门案主犯李某，于 11 月 23 日晚，将其父母、妻子、妹妹和两个儿子共计六人杀害。

2010 年南平惨案中的杀人凶手郑某，趁早上小学生等候入校之际混入人群中，55 秒钟时间内造成了 8 死 5 重伤。

收集上述案件的相关资料，并分析这些暴力犯罪人有何共同特征？

一、暴力与暴力犯罪

暴力（violence）是一种故意伤害他人的行为。世界卫生组织将暴力定义为："蓄意运用躯体的力量或权力，对自身、他人、群体或社会进行威胁性伤害，造成或极有可能造成损伤、死亡、精神伤害、发育障碍或权益剥夺。"① 暴力是实施犯罪的一种方式，是一种不正义的或未经法律授权的，以伤害为目的实施的物理强制力。它具有两个特征：一是有积极的动作，这种动作可以是直接的身体接触，如用拳头殴打；也可以是借助其他工具，如用棍棒殴打。二是要给受力对象以强烈的刺激，包括肉体和精神上的打击。

暴力犯罪是一些具体犯罪的集合体，这类犯罪以极端的物理力量为特征，例如：谋杀、强奸以及使用危险武器进行的人身攻击。从犯罪学的角度说，暴力犯罪是指非法使用暴力，或以暴力相威胁，侵犯他人人身权利和财产权利的极端攻击性行为。② 从刑法学角度说，暴力是行为人为了排除被害人的反抗，以便实现

---

① 世界卫生组织．世界暴力与卫生报告．北京：人民卫生出版社，2002：5.

② 魏平熊，等．犯罪学教程．北京：中国政法大学出版社，1998.

其犯罪目的，所采取的摧残、强制他人人身的犯罪手段。① 暴力犯罪是行为人以暴力手段或表现为暴力性质的手段作为构成要件内容，并且非法侵害或者威胁他人人身或财物，致使其不能反抗或者不敢反抗的犯罪。② 因此，在暴力犯罪案件中，犯罪人和受害人是不对等的，当犯罪人使用暴力时，受害人一般没有能够制止或反抗该犯罪的能力或力量。

对于暴力犯罪出现的原因，不同的理论学派对之有不同的解释，从犯罪学角度来说，古典犯罪学派认为，犯罪是人自由意志选择的结果，即人在趋利避害本性驱使下自由选择的结果。而以菲利为代表的实证派犯罪学者则认为：犯罪是由三类因素共同作用的结果：（1）人类学因素，包括犯罪人的心理、生理以及个人状况（如：职业等）；（2）自然因素，包括地理位置、气候、温度等；（3）社会因素，如人口密度、教育制度等。③ 在这里，菲利特别强调的是经济的重要影响力。

从心理学的角度分析，犯罪生物学派认为暴力犯罪人的遗传基因、身体体型、生理功能与常人不一样，因此犯罪人有着相同的生理特征。行为主义学派指出，行为人在观察他人的暴力行为得到奖励后，学会了暴力行为，并在后续自己的类似行为中强化该种行为。精神分析学派则强调本能的作用，同时认为：儿童早期的不良情绪体验导致的人格冲突是暴力行为的重要原因。认知学派提出了认知因素在暴力犯罪行为中的作用，犯罪人由于道德观念的缺陷，不能认识到暴力行为将引起的破坏性，因此导致了暴力犯罪的发生。

在当今世界各国，暴力犯罪数量都呈上升趋势。暴力犯罪的发生不仅给人民群众的生命、财产造成了极大的现实威胁，同时降低了人们的安全感，是导致社会不稳定性的隐患。

案例链接

暴力文化

暴力文化是暴力的观念形态，它体现了暴力行为的发生、过程和后果。暴力文化的内容充满了仇恨和血腥，如反映家庭暴力或街头暴力，具体有抢劫、杀人、爆炸等情节。暴力文化的载体主要有电影、电视、书刊、网络等媒体。长期

---

① 邢曼媛．试论我国刑法中的暴力手段．中国刑事法杂志，2000（3）：23.

② 王永兴．暴力犯罪：一个概念的解读．广西政法管理干部学院学报，2010（5）：25.

③ 菲利．犯罪社会学．郭建安，译．北京：中国人民公安大学出版社，2004.

在暴力文化影响下的人们，会将其内化到自己的价值体系中，并以暴力为其行为指导规范——把使用暴力看成是理所当然的事情，认为暴力是解决问题的重要方式，甚至崇尚暴力。

二、暴力犯罪特征

近年来，我国暴力犯罪案件呈现逐年增多的趋势，主要有以下几个特征：

1. 犯罪手段愈发残忍，后果愈发严重

暴力犯罪分子往往心狠手辣，肆无忌惮，由抢劫致杀人，因强奸而凶杀，甚至杀人后碎尸的案件也屡见不鲜。更有甚者，有的人杀人成癖，连环杀人案时有发生。在严重的暴力犯罪案件中，数量上升最快的是恶性爆炸事件，后果往往是大量人员伤亡。

2. 青少年犯罪逐年凸显

近年来，15 到 25 岁的人逐渐成为我国暴力犯罪的主体。其实，在世界范围内，青少年犯罪问题也日渐成为一大难题。一方面，由于处于这个年龄阶段的人精力旺盛，具有较强的攻击性，为此有人将这个时期比喻为充满盲目和狂热的疾风骤雨期；另一方面，这部分人自尊心强，情绪自控能力较差。当遇到刺激时，很少受理智的约束，而易被情绪支配，容易采取极端的方式应对而不计后果。我国自 20 世纪 80 年代以来，青少年犯罪不仅表现为犯罪率逐年攀升，而且还表现为犯罪日益恶化，大案、要案层出不穷。例如，1998 年 11 月 9 日的法制日报刊登的《暴戾的“小太阳”》中，西安一个三十多人的少年暴力犯罪团伙中年纪最小的仅 11 岁，最大的 17 岁，他们在不到半年的时间里，拦路抢劫 93 起，强奸轮奸 32 起，盗窃 7 起，及其他犯罪案件 16 起。另外，来自浙江省未成年犯管教所的数据显示，2004 年收押人数比 2003 年增加了 1.5 倍，2005 年又在 2004 年的基础上增加了约 20%。其中暴力犯罪占 75% 以上，主要是故意杀人、故意伤害、抢劫、强奸、聚众斗殴。

3. 团伙犯罪日益猖獗

由于团伙犯罪成功的几率大于单独作案，目前，一些恶性的暴力犯罪多为犯罪团伙所为。犯罪分子拉帮结派，独霸一方，有些犯罪团伙已有犯罪集团的性质甚至向黑社会演变。他们组织严密，成员以青壮年男性为主，他们拥有现代化的交通工具和高科技的作案设备，活动区域不断扩大。2010 年日照警方抓获的一个犯罪团伙，自 2007 年底以来，先后窜至青岛、潍坊等地盗窃、抢劫、抢夺作案 30 余起，涉案价值 20 余万元。

案例链接

河南平舆县玉皇庙乡曾庄村村民黄某，将自己家中面条机改制成杀人器械，并取名为“智能木马”。2001 年 9 月至 2003 年 11 月间，他先后在网吧、游戏厅、录像厅等场所，以资助上学、外出旅游和介绍工作为诱饵，将受害人骗至家中，然后以“智能木马”测试为由，将受害人捆在木马上或先把受害人用酒灌醉，用布条将受害人勒死。直至案发后，黄某共杀害无辜青少年 17 人，轻伤 1 人。2003 年 12 月 9 日驻马店市中级人民法院开庭公开审理后，判处黄某死刑，剥夺政治权利终身。2003 年 12 月 26 日，黄某被执行死刑。

三、暴力犯的一般心理特征

暴力犯罪人一般具有以下特征：

1. 认知水平低

通常暴力犯罪者受教育程度低，他们不能全面、深刻、有逻辑性的思考问题，易偏激，一种观念一旦形成，便难以改变或消除。同时，这些人的法制观念单薄，没有形成与现代法制规范相一致的价值观。有些人根本就不知法，还有的不懂得用法律的途径来保护自己的正当权益，而是采用非法的手段解决问题。从犯罪学的角度讲，他们属于缺乏预见性。在犯罪学家看来，罪犯与野蛮人和小孩一样，由于智力低下而不能预见其所属社会阶层中一般成员能认识到的犯罪结果。①

2. 情绪情感异常

一种是不稳定的异常。暴力犯罪的唤起水平较高，行为往往为剧烈情绪所支配。因此这类犯罪人往往易激怒，容易紧张焦虑，情绪变化快而且大。还有一种是缺失的异常。他们往往缺乏正常人的情感体验，例如：缺乏同情心、悔过之心。他们一般也不害怕惩罚。

3. 社会化程度低

暴力犯者一般缺乏正常的社会化水平。所谓社会化，就是一个人从出生到进入社会并能够独立地理解并按照社会行为规范（包括道德、法律等）行为的过程。一旦这一过程化缺失或是出现问题，便会导致无视社会道德和法律，个人自

① 菲利. 犯罪社会学. 郭建安，译. 北京：中国人民公安大学出版社，2004.

我中心的思维方式和任性冲动的行为方式，不能正常的与人交往。

4. 错误的价值观

暴力犯罪人常有着以下错误的价值观：（1）极端的个人主义，为了个人私利可以不惜牺牲他人的利益；（2）腐朽的享乐主义思想，把吃喝玩乐、及时行乐当成自己的人生理想；（3）错误的英雄观，以哥们义气为自己的处事原则，以暴力解决问题为荣。

5. 侥幸心理

犯罪人在犯罪时头脑中存在的不是对惩罚的畏惧，而是对逃脱惩罚抱有幻想：一来是事后不被发现的，二来是即使被发现，也存在着证据不足，法官仁慈或者错判，在错综复杂的审判过程中不被判刑以及由于宽大而撤销或者减轻惩罚等机会。①

相关知识链接

黄某的犯罪心理分析

中国著名犯罪心理学专家、中国人民公安大学教授李玫瑾将黄某的犯罪心理问题概括为：孤独与冷漠造就其心理内向；生活乏味与挫折加强其内心的渴望与想象；影视中的英雄暴力行为唤醒其“梦想”；良好智力与独居成就了黄某的“杀人想象”。

黄某的犯罪心理问题究竟何在？

首先，杀人是有先兆的，它会从童年时代起就会出现征兆，并在其之后的生活中发展。童年“内向性问题”发展到成年，可能导致严重的心理障碍。仅就人的“性格”而言，它既取决于人的生理遗传特点，又取决于人的抚养方式、生活环境。譬如：不负责任的、冷漠的抚养方式会造就孩子的言语发育障碍。这种内倾性若没有得到任何调整或矫正，发展到青春期初期，就会变得更加孤独。因此，人在童年时期，看似不重要的“内向性问题”发展到成年时期可能就会导致其发生较为严重的心理障碍和行为障碍。这正是解释“系列杀人者为何都在25岁以后才开始杀人行为”的心理原因。

其次，黄某性格内向。这种内向性格表现在，他们能够在一个人的情况下专心做事。譬如：黄某极喜欢绘画。绘画行为本身就需要安静，能够独处。内向的

① 菲利. 犯罪社会学. 郭建安，译. 北京：中国人民公安大学出版社，2004.

人一般同时具有另一种心理特点，即心理的稳定性。这种稳定性表现在他们做某事时较为专注、执着，甚至固执。当然，具有内向的性格或是稳定的心理特征并不等于就有犯罪倾向。但是，心理现象绝非属于“就事而发”的现象。人的心理既是复杂的，又是连续的。

再次，黄某属于沉溺于想象中的人。这种人往往并不过多地向人展示自己的内心想法或具有的才智。因此，他属于容易被人轻视、忽视的人。同时，他的沉默和内向使他在生活当中没有机会品尝成功、没有因为个人的某种努力而获得成功的快乐感受。再遇上家庭和周围人的冷落，他就更容易陷入想象之中。这时，一部文学作品，或是一部影视作品，都会引发他的无穷遐想，将自己与作品中的人物认同，想象着自己成功的形象，想象着自己像“作品中的人物行事、成功和荣耀”！这种想象逐渐成为“性格孤独者”的重要“伴侣”，甚至是“心理伙伴”，使他更愿意个人独处，以便在个人独处时进行想象，在想象中得到心理上的莫大满足。一般而言，实施这类犯罪的人大多喜好“独往独来”，性格内向是共有特点。

最后，黄某的智力应属于良好的水平。良好智能与独居，成就了他的“杀人想象”。黄某不仅绘画非常好，还是网络游戏的高手，对网络的精通和对游戏的精通也是他接触受害人的资本；他对受害人的接触都是非暴力的诱骗方式，这需要人的观察与判断力。寥寥数语，诱骗回家。这意味着他具有良好的认知能力、模仿能力，了解别人爱好与弱点的能力，还有自制杀人工具的操作能力等。

从以上对黄某的心理分析可以看出：黄某“独往独来”的性格、富于想象的良好智力、生活的贫困与乏味、周围的冷漠与轻视、对他人控制的欲望……这一切不正与“冷漠、独行、酷感的杀手”相吻合吗？影视中的杀手形象不正是黄某自身心理特点的写照吗？这种认同造就了他对影视人物的观念、行为方式和人生追求的接受与模仿。

改编自《北京娱乐信报》2003. 12. 12

第三节　暴力杀人犯的心理分析

引　例

2002 年 9 月 30 日下午 7 时许，贵州巴拉河边一个美丽而祥和的小山寨里，发生了一起惨绝人寰的恐怖事件，仅仅 15 分钟的时间，13 人相继被村民张某的利斧劈中。一路上，他见谁都杀，最终，有 7 名儿童在惊悸中死去，6 位成年人被砍伤。

这发生在贵州的恐怖15分钟给我们以什么启示?

一、杀人犯的动机分析

杀人作为一种自然犯罪，尽管出于不同的目的，但贯穿于各个时代。

1. 出于利益

在市场经济条件下，在畸形膨胀的物欲驱动下，在错误的金钱观、利益观的影响下，一些人过分追求物质满足，贪图奢华的生活；一些人因利益熏心，为了钱财不惜铤而走险；还有一些人不满于现状，又无法通过正当渠道满足自己的欲望，于是将犯罪视为是一种“低投入，高回报”的快捷发财之路。常见的盗窃杀人、抢劫杀人、绑架勒索并撕票，这些杀人案件的最终动机是谋财。而犯罪人每每得手之后，往往会激发其更大的贪欲，继而再次作案。

2. 出于报复

报复杀人，一般是由于人的愿望受阻、情感受挫或是利益受损。报复杀人的对象有两种情况。一种是对特定人的报复。例如在日常生活中，在遇到各种各样的挫折事件后，由于不能正确认识自己失败的原因、正视自己的失败、合理排泄挫败感，而采取报复行为。这种报复，对象虽是特定的，但往往也会伤及其他无辜的人。

另一种是没有特定对象的，是出于盲目的对社会的报复而杀人。随着社会经济的发展和社会格局的调整，对于随之出现的社会贫富不均现象，一些人容易产生不平衡感，激发不满情绪，一些走极端的人就会采取报复社会的做法，来求得心理平衡。例如，山西阳泉系列杀人案的凶手杨某，就是因为对社会的不满，而女性被害对象比较容易下手，因此选择女性为被害人。

3. 激情杀人

激情，是一种突然爆发的、高强度、短暂的情绪情感的一种状态。激情状态的出现，往往受一定的外界因素影响，即有一定的情景性。在这种情绪状态下，人的意识会变得狭窄，正常思维受阻，不能正确预计行为后果。因此，在激情状态下，犯罪人已经不能预计到自己的行为将结束他人的生命，不能意识到杀人是犯法的。

4. 希望引起社会注意

有些人由于个人的抑郁不得志；看到社会一些不公平、不公正现象，如贫富差距、城乡差距拉大；法制不完善不健全导致的误判，但又无处申冤，于是采取了极端的方式，希望引起社会轰动，得到公众的关注，希望以“血的教训”来引起人们注意和评论。

二、杀人犯的情绪特征

杀人犯的情绪反应一般呈现出反应速度快、强度高的特征。从情绪种类的构成上看，暴力杀人犯往往缺乏人类正常的情感，对他人冷漠而残忍。他们不懂得如何与人亲密相处，甚至对自己的亲人也不在乎，他们没有知心朋友。

常见的导致暴力杀人行为的情绪主要有：嫉妒和愤怒。嫉妒往往是由于他人的成功伤害了自己的自尊心，一般心胸狭窄、虚荣心强的人比较容易产生这种情绪。愤怒往往是由于目标受阻而产生的，一般有程度上的不同，当愤怒的程度达到不可遏制时，便会对目标发起猛烈的攻击。

三、杀人犯的意志特征

杀人犯的内部自制力失调，对于外部刺激导致的情绪反应，容易出现两种极端：一种是无法抑制，根本不能控制强烈情绪，从而出现暴力行为；另一种是强力抑制，但是在长期的压抑后会突然爆发，产生暴力行为。Mikols 等人对 112 名杀人凶手进行的人格研究发现，三分之一的杀人犯有过度抑制现象。

暴力杀人犯者自控能力差。一方面这些人易受外部影响：有来自他人的影响，例如同伴的挑逗、教唆；有来自环境的影响，例如，长期生活在不良环境中的人，在遇到刺激情景时，会以暴力方式为首选；也有来自自我的暗示，如有些人会将以暴力解决问题默认为处理方式的手段。另一方面，这些人在遇到外界刺激时，易冲动行事，缺乏意志指导，不能正确预见暴力行为的后果，不能用理智的方法处理事件。

四、杀人犯的人格特征

暴力杀人犯往往性格自私冷漠，任性偏执，虚荣心强，自卑感也强，缺乏安全感，缺少同情心。由于自尊心很强而心胸比较狭窄，一旦出现违背自己的意愿的事，或因别人的成功而产生嫉妒就会采取一种极端的方式。

Hickey（1991）曾指出：在犯罪矫正机构受刑的人中约 20% 至 30% 有反社会人格，这种病态人格的人具有暴力倾向。这种人格具体表现有：攻击危险，行为缺少思考，对自己的犯罪行为没有悔意，对他们造成的伤害没有情感反应。[①]

① 杨士隆．犯罪心理学．北京：教育科学出版社，2002．

名人名言

过分冷静的思考、缺乏感情的冲动，使人的心理变态。

——［保加利亚］瓦西列夫

相关知识链接

无“动机”杀戮

我们曾试图寻找贵州的恐怖15分钟的元凶张某的杀人动机，事实证明是徒劳的。

在当地村民的眼中，张某神志正常，只是个话语不多、不合群的青年。

任何故意犯罪都是有动机的，任何行为都是有原因的。奥地利心理学家阿德勒的研究表明，社会、经济地位和受教育水平低下，或有生理缺陷的人，容易产生自卑心理，但又极力想超越自卑，以改变别人对自己的评价，这种人通常会采取两种方式：一种是通过正当途径，把不利处境当作一种鞭策，努力作出对社会有益的成绩，从而得到社会的承认；另一种是非法手段，采取一种破坏性的方式，获得补偿性的满足。张某属于后一种。

张某的犯罪看似没有动机，实际上是一种潜意识中的报复社会的动机。他有心理障碍：没有道德观念，没有罪恶感；不能自我控制；他生活没有目标，缺乏社会责任感；情感冷漠，不合群，对自己自暴自弃。这是一种反社会的人格特征，长期处于这种状态的人容易自杀，也可能在外界的刺激下变得狂躁，这时其行为是火山爆发式的。

张某曾同村里人到广东打工，说明起初他选择了第一种超越自卑感的方式，不幸的是他失败了，变得更沉默寡言。在选择前一种超越自卑感的方式受挫后，他的自卑感越来越强，对社会、对周边人的仇视越来越深，以致最后选择了杀人犯罪的方式来超越自卑。

我们知道，社会有其残酷的一面，心理不健全的人在这种环境中生存会出现心理问题，甚至犯罪。在一个竞争日益激烈和生活压力愈来愈大的社会，人们要从小形成一种健全的心理，以承受各种社会压力。

原文载于《南方周末》2002.10.31

第四节 性暴力心理分析

引 例

2004 年，某地发生了一起青少年“性暴力”案件，当事双方都是未成年人，被害者小林年仅 17 岁，而两名罪犯竟然都只有 16 周岁！他俩通过网络与网友小林相识，在第二次见面时竟然将小林暴力轮奸！

一、性暴力犯罪

在中国传统文化中，性是不为正人君子、名媛淑女所齿的事，是一种恶的人欲，人们往往谈“性”色变。性行为作为闺中密事，主要是为了人类的繁衍生息。但是随着科技的进步，如人工受精、试管婴儿的出现，以及社会的发展、性解放运动的冲击，人们的性观念开始转变，性行为的目的开始发展到得到性愉悦，满足精神和肉体的快感。性行为也从单纯的性交扩展到性敏感器官接触，包括口交、肛交、手淫等性行为再到所有能使性欲得到愉悦的行为。在这种广义的性行为过程中，凡是出现侵犯公民人身权利，破坏家庭婚姻，破坏社会风气，妨碍正常人际关系，造成危害后果并应受到法律处罚的犯罪行为，都可认为是性犯罪。一般的，性犯罪可以分为直接实施的非法性行为和促成他人进行非法性行为（包括强迫、组织、引诱、容留、介绍等方式）。

在性犯罪中，犯罪人进行肢体强迫的程度有轻有重，但只要强迫达到制止被害人反抗的目的，就可以认为是性暴力犯罪。世界卫生组织将性暴力定义为：不管行为人和受害人的关系，也不论发生在任何地点的强行施加的性行为、性行为企图、非意愿的性评论、性要求、性交易以及其他直接针对他人性特征的强迫行为。[①] 具体表现为犯罪人在犯罪过程中对被害人的身体实施打击或者强制，如殴打或捆绑等，使被害人产生恐惧心理并致其放弃反抗，以达成犯罪目的。性暴力是一个全球性的问题，存在于不同的文化当中，它不仅给被害人身心造成了严重的影响，而且破坏了社会道德风尚。

性虐待是一种特殊的性暴力，是在变态心理的驱使下实施的，具有怪癖性的暴虐行为，性虐待的实施者往往采取极端残忍的手段对待被害人，以发泄长期受

---

① 陈高凌，等. 中国内地与香港针对妇女和儿童性暴力的理论及实务研究. 妇女研究论丛，2008 (4).

压抑的性欲或愤怒，获得性兴奋和性快感。性虐待的目的不一定是进行性交行为，但一定是以此来获得性快感和满足。强奸罪是性暴力犯罪中最严重的一种，是以暴力胁迫或其他手段违背妇女意愿，强行与妇女性交，侵犯了他人的性自由权利。所谓性自由权利，是指一方根据自己的意愿是否和对方发生性行为的权利。

目前，在性暴力犯罪的研究中，呈现出一种“性别中立”的趋向。它是女权运动和性革命的产物。1848 年 7 月 19 日至 20 日在纽约州召开了第一届女权大会，会议发表的《情感宣言》是女性向男权社会的公开挑战，标志着男权制度开始受到质疑与挑战。20 世纪 60 年代的“性革命”将人人自由、平等的观念深入到性道德上，促使女性的性主体意识觉醒，开始在两性生活中，重视自己的价值，重视性生活对自己的价值。从此颠覆了在两性不平等的社会中，男人为性的主体，而妇女为性的客体的观念。这一趋势体现在法律上，即性暴力不再仅仅是由男性对女性实施，也包括女性对男性、女性对女性或男性对男性施加的暴利。从犯罪对象上看，被害人不仅包括女性，也包括男性。相应的，犯罪主体，也不仅仅是男性，还包括女性暴力犯罪者。意大利、德国等国家的现行刑法都已将强迫妇女一词，改成了强迫他人。

二、性暴力犯罪的动机分析

性暴力犯罪的动机主要有以下几种：

1. 出于攻击，满足权欲

性暴力犯罪是男性攻击倾向的极端反应，是其攻击欲望的外在表现。因追求权力和控制的需要而激起，犯罪人力图在施暴的过程中显示自己的权力及建立对被害人的控制，进而获得驾驭感和征服感，满足自己的暴虐心理或重拾男人的权威和自尊。

2. 出于报复，发泄情绪

这类性暴力犯罪者往往由于社会生活中的挫折，而处于负性情绪状态中，出于报复，他们将愤怒或仇视发泄到女性身上，这类性暴力犯罪不以性满足为目的，而是将女性作为报复他人或社会的对象。

3. 寻求刺激，满足性欲

由于生理上的兴奋，有些人对性兴奋的抑制能力较弱，加之情绪容易失控，犯罪人通过在性暴力过程中满足其性欲。

三、性暴力犯的认知特征

性暴力犯一般认知水平低下，智力发育迟缓，他们道德沦丧，精神空虚，最重要的是他们往往存在错误的性观念。他们有的错误地理解了"性"的概念以及西方"性解放"，导致过度的性放任，如支持强奸行为。有的由于封建思想中男尊女卑的思想，认识男性是"强大的"，而女性是"弱小的"。他们认为，拥有多个性伴侣是很正常的，甚至是很光荣的事情。还有性暴力犯由于缺乏必要的思想道德规范教育，有着扭曲的享乐观，对两性存在好奇或是对女性以及性行为的认识存在偏差。

四、性暴力犯的人格特征

性暴力犯罪人的意志力较弱，自制力差，对性兴奋的抑制能力弱，用理智控制冲动的能力不足。他们经不起外界的诱惑，一遇到适宜的外部诱因，容易因冲动而犯罪。但是他们的犯罪意志很顽固，一旦有了某种需求，便很难控制内心的冲动。

性暴力犯罪人承受挫折能力差，并且有严重的自卑感。他们的人际关系较差，不善于与人沟通和交往。他们爱好冒险，追求刺激，往往偏爱淫秽色情的电视、电影、刊物、网站，而且以作品能否满足其性欲作为取舍评判标准。

他们缺乏羞耻心和罪恶感，控制欲和支配欲强。缺乏移情，犯罪过程中易将被害人非人化，将之视为发泄、满足性欲的工具或对象，因此，作案手段残忍。

名人名言

人的头脑过于空虚，就铸造犯罪。

——英国谚语

相关案例

2004年2月29日晚，是小林第二次和网友小章见面，在路上她碰见了自己的班主任，当时班主任让她早点回校，她答应了。但她绝没想到的是，这次见面会让她悔恨一辈子。

她和小章在网上通过聊天相识已经8个多月，在年初的时候曾见过一面，当时双方都留下了不错的印象。但她不知道这次见面，却为她酿下苦果。

2月29日，小章将小林约至某旅馆302房间，在小林要求回校时予以强留，并持折叠式小刀进行威胁，由小章和小薛及林某（另案处理）轮流对小林实施奸淫后，于次日凌晨逃离现场。小林挣扎着起来打电话给自己的同学，而后报警。

据了解，小章出生于农民家庭，小薛出生于城镇工人家庭，家境均一般，小章性格内向，小薛性格开朗，平时表现尚可。因学习不努力，小章读了半年职高就停学，小薛仅读了不到两个月的技校即被劝退回家。辍学在家后，两人无所事事，整日沉湎于网上聊天和网络游戏，不能自拔。

8 月 13 日，法院对轮奸女网友的小章、小薛分别判处有期徒刑七年和五年六个月。

本章小结

攻击包括行为、动机和后果三个特征，在攻击行为的来源上存在着先天论和后天论两种观点。先天论者认为攻击是一种本能，是天生的，后天论者则提出攻击是后天学习的结果。目前对攻击行为的解释主要有挫折——攻击理论、侵犯动机理论和信息加工理论。

攻击行为的极端形式称暴力行为。暴力是实施犯罪的一种方式，暴力犯罪是一些以极端的物理力量为特征的具体犯罪的集合体。暴力犯罪人往往认知水平较低、情绪情感不稳定、社会化程度低、价值观上存在一定偏差，而且在犯罪时抱有能逃脱惩罚的侥幸心理。

杀人和性暴力是两种比较典型的暴力犯罪形式。这两类犯罪的罪犯人一般认知水平低下、意志力薄弱、情绪情感不稳定，而且缺乏人类正常的情感，如同情心和悔过心。

复习思考题

1. 解释下列概念：
   攻击　暴力　暴力犯罪
2. 简述挫折——攻击理论。
3. 简述暴力犯罪犯人的一般心理特征。

课后实践

收集一个暴力犯罪的案例，并从犯罪动机、情绪特征、意志特征和人格特性的角度对犯罪人进行分析。

参考文献

[1] 魏平熊，等. 犯罪学教程. 北京：中国政法大学出版社，1998.

[2] 邢曼媛．试论我国刑法中的暴力手段［J］．中国刑事法杂志，2000（3）：23．
[3] 王永兴．暴力犯罪：一个概念的解读［J］．广西政法管理干部学院学报，2010（5）：25．
[4] 唐平．攻击行为的心理基础及其临床意义［J］．中国行为医学科学，2005．14（3）：284—286．
[5] 宋晓明，等．犯罪心理学．北京：中国人民公安大学出版社，2009．
[6] 梅传强．犯罪心理学．北京：法律出版社，2010．
[7] Megargee，E. I. （1966）. Undercontrolled and overcontrolled personality types in extreme antisocial aggression. Psychological Monographs. 1966，80（3）：611.

第七章

财物型犯罪心理

无论任何国家、地区，只要进行犯罪数据的统计或分析，无疑都会发现占犯罪总数比例最高的往往是盗窃、诈骗等财物型犯罪。为什么犯罪人喜欢选择盗窃或诈骗财物？仅仅是因为贫穷吗？心理学告诉我们，选择盗窃的犯罪人并不都因为贫穷，还包含着其他因素。职务犯罪也是一种特殊的财物型犯罪手段，也具有相似的心理特征。在本章中，我们将要完成以下几个学习任务。

本章任务

1. 了解财物型犯罪心理的定义
2. 掌握盗窃犯的心理
3. 掌握诈骗犯的心理
4. 掌握职务犯罪的心理

第一节　盗窃犯的心理分析

引　例

一名在校大学生，多次趁无人之机，从他人书包中窃取财物，先后在学校主楼、图书馆、食堂等处作案5起，窃得现金共计1 900多元，相机、MP4、手机、随身听若干件，同时使用窃来的信用卡，盗刷了2 900多元。后来当该学生再次到主楼行窃时，被保安人员抓获，最终以盗窃罪被判处有期徒刑一年，缓刑两年，并处罚金两万元。

提问：该大学生的心理特点是什么？

一、盗窃罪的概念

盗窃罪是指以非法占有为目的，秘密窃取数额较大的公私财物，或者多次盗窃、入户盗窃、携带凶器盗窃公私财物的行为。[①] 随着2011年《刑法修正案(八)》的实施，盗窃罪主要包括四种行为：一是秘密窃取公私财物，达到数额较大的行为；二是多次盗窃的行为；三是入户盗窃的行为；四是携带凶器盗窃公私财物的行为。

盗窃罪是最古老的、最普通的犯罪，在中外刑法史上一直占据着重要地位。我国古代就确立了“杀人者死、伤人及盗抵罪”的重要罪名体系，西方在惩罚盗窃犯罪人时重点考虑其年龄与行为的危害后果。同时，在历代的犯罪统计当中，盗窃罪也是发案率与犯罪率最高的一种财物型犯罪。我国目前的盗窃犯罪案件占到历年全国刑事案件立案总数的70%左右，见下表：

表7.1　　我国盗窃案件统计表[②]

立案年度	全国立案件数	盗窃案件	比例%
2006	4 744 136	3 216 293	67.80
2007	4 807 517	3 268 670	67.99
2008	4 884 960	3 399 600	69.59
2009	5 579 915	3 888 579	69.69
2010	5 969 892	4 228 369	70.83

盗窃罪作为典型的财物型犯罪，具有以下几项特征：

1. 明显的侵财目的。即以非法占有他人财物为目的，属于典型的物欲型犯罪，是自然犯。随着改革开放和我国经济的迅猛发展，人民普遍的生活水平得到大幅提高，贫富差距也在不断扩大，部分人开始不满足于自己的经济收入或社会地位，将目光投向拥有较多社会财富或收益的群体，期待通过不正当的手段获取更大的财富或价值。

2. 取财手段的和平性。盗窃犯罪的手段往往采用秘密窃取，大多数都不会引起受害人注意，因此犯罪人通过徒手或使用工具，在不借助暴力的情况下非法取得他人财物。

3. 盗窃手段的多样性。盗窃罪按照犯罪的经历可以分为初犯、累犯与惯犯：

① 刑法修正案草案（八）第三十七条：“盗窃公私财物，数额较大或者多次盗窃、入户盗窃、携带凶器盗窃的，处三年以下有期徒刑、拘役或者管制，并处或者单处罚金；数额巨大或者有其他严重情节的，处三年以上十年以下有期徒刑，并处罚金；数额特别巨大或者有其他特别严重情节的，处十年以上有期徒刑或者无期徒刑，并处罚金或者没收财产。”

② 参见《中国统计年鉴》（2007年—2011年）。全国立案总数为全国公安机关立案审理的刑事案件总数量。

初犯是指第一次参加盗窃犯罪的人；累犯是指实施过盗窃，并在《刑法》规定的时间段内，再次实施盗窃行为的犯罪人。惯犯，是指形成长期以偷为生，将盗窃的财物作为主要生活来源的犯罪人。盗窃罪按照作案地点可以分为：普通盗窃、扒窃和入户盗窃。扒窃是指犯罪人直接接触或跟踪被害人，采用掏兜或割包等方式窃取他人财物的犯罪方式。入户盗窃是犯罪人采取各种手段或方法非法进入户内，秘密窃取户内财物的行为。盗窃犯罪可能因不同的地点或场合，实施手段有所差异。

二、盗窃犯的心理特征

虽然盗窃罪的犯罪目的往往是针对财物，但盗窃的动机并不仅仅限于贫穷或生活需要，占盗窃大多数的入室盗窃或扒窃案件中，犯罪行为人往往把盗窃作为享乐、赖以挥霍的手段。盗窃犯的心理特征也代表了财物型犯罪心理的典型特征。

（一）去人性化

去人性化是指个体丧失了作为人的感觉或情感，使之无法体验到正常人的心理感受。在盗窃犯罪中，盗窃犯往往利用受害者的疏忽大意，秘密地实施窃取行为，这种窃取往往不与受害人形成正面接触，犯罪人无法体验到受害者作为人的权利或特征，因此往往将受害者视为物品而非人。这种心理特征使得犯罪人更易在受害人不在场时实施不道德，甚至违法的行为。受害人遭受犯罪后，心理、精神、生活上承受各种莫大的痛苦，但由于犯罪人欠缺对此结果的关注，使犯罪人的内在道德观念和外在制度约束不起作用，更容易为自己脱罪找理由，并经过心理反复强化形成固定化的行为模式。

（二）认知错误

盗窃的前提是需要，盗窃的需要无外乎是贫困的现实经济需要、享乐敛财型的主观需要以及某些变态心理引发的特殊需要。但如果个体经历过完整的社会化，应当学习到使用合法正当的方式满足自我需要的普遍经验，并且依据道德或社会规则构建起合理的需要体系。然而盗窃犯在认知上恰恰存在着多种错误观念：(1) 错误的财富观。社会的快速发展、经济形势的日渐复杂造就了越来越严重的贫富差距，社会财富与资源越来越集中到少数人手中，也造成了社会底层或生存压力较大的群体成员产生错觉甚至偏激认识，以为自己的财富是被他人剥夺了，形成反社会的错误意识，崇尚金钱万能论。(2) 错误的需要观。需要是有机体内部不平衡状态的表现，被有机体识别后，在诱因的刺激下即可转化为行为动机。少量初次犯罪的盗窃犯确实是因为生活所迫，正常的物质、生活或其他需求得不到满足，而产生的犯罪动机。大多数盗窃犯往往视物质利益为至上，强调利己主义，好逸恶劳，将盗窃视为取得巨额金钱、维持奢靡生活的惟一手段，过分追求生理需要和物质需要的获取，而不关心精神需要和社会性需要，久而久之形成恶性循环，从而使有机体失去对低级需要的调节功能。

（三）情绪、情感的多维性

盗窃犯往往为了追求财富而不惜使用各种手段，对利益的强制性思考使犯罪人的情绪、情感呈现出多维之势：（1）犯罪前情绪兴奋。初次作案的盗窃犯往往精心策划犯罪过程，仔细选择犯罪对象，耐心等待犯罪机会，犯罪目标的不断刺激，使犯罪人情绪上充满对犯罪过程成功的期待，呈现出兴奋的特征。同时，这种兴奋也限制了犯罪人对实施犯罪的风险性思考，使犯罪行为暴露出许多漏洞，从而为抓捕和预防提供了心理学论据。盗窃累犯的情绪往往比较稳定，更不易表现出兴奋等明显的心理特征。（2）犯罪中紧张与兴奋并存。由于犯罪前的计划受制于客观条件，因此在实施犯罪中，具体情况不断变化，使犯罪人时刻处于紧张的行为判断决策中，例如犯罪中出现的新的财物、犯罪机遇或犯罪对象等，需要犯罪人瞬时分析和选择，因此紧张而容易使犯罪人动作慌乱、留下痕迹。（3）犯罪后侥幸心理得到强化。盗窃得手后，犯罪人会感受到犯罪目标达成时的喜悦，同时对犯罪中形成的侥幸心理反复强化，使个体具备较稳定的犯罪心理素质。同时，盗窃犯罪人往往急于将所盗财物变现，因此会比较激动，处分财物时可能露出破绽，给警方提供侦查方向。

（四）犯罪意志顽固

盗窃犯由于受到物质利益的诱惑，自制力较差，一旦遇到合适的犯罪机会，即会形成较稳定的犯罪意志。经过丰富犯罪经验，吸取失败教训，犯罪意志经实施数次犯罪后不断得到强化，形成较顽固的犯罪意志。主要表现在：（1）犯罪准备阶段有较强的针对性。犯罪时间、地点、对象与盗窃手段都是经过精心策划的，甚至提前摸清楚被害人的活动规律，以找准间隙实施作案。（2）犯罪中意志不断坚定。面临实施犯罪的困难时，犯罪人可能变动原有计划，调整作案方式，使犯罪行为能够较为顺利地进行。（3）犯罪意志得到反复强化。盗窃犯罪一旦得手，就在犯罪人头脑中形成“没钱——盗窃——得手——有钱”的正性刺激模式，使犯罪人认识到盗窃就是赚钱的最快手段，原来的犯罪意志就会得到进一步强化，成为稳定的犯罪恶习。

（五）个性心理特征

1. 需要与动机

盗窃犯罪人的需要畸形化：一是需要内容往往集中在低层次的生理与物质需

要。这属于弗洛伊德所主张的“本我”，其满足方式遵循“快乐原则”，即通过直接、即时的方式获得满足，不考虑现实性，因此体现出比较冲动、盲目，或短视的特征。二是频繁实施犯罪会强化畸形化的需要，甚至这种需要本身会成为再次犯罪的直接诱因。盗窃犯的需要具体表现为以下几种：

(1) 享乐需要。很多未成年人初次犯罪往往是盗窃，而犯罪所得无外乎用来上网、请客吃饭、购买电子产品等，供消遣、攀比与享乐。因未成年人的心智还未发展成熟，对于个体的需要层次认识不准确，导致低层次需要内容扩张与自身满足能力之间的巨大差距，无疑会促进其犯罪的机率。

(2) 成就需要。某些犯罪人出于成就或虚荣的需要，期待短期内获得巨大财富，求助于现实途径无果后，容易不择手段，通过盗窃的手段不劳而获。

(3) 物质需要。随着社会发展与进步，基本的生活开支随着经济水平的提高而大幅增加，基本的生活费用、教育支出、医疗支出可能远远超出贫困家庭承受的范围，迫不得已通过盗窃来满足。

(4) 特殊需要。个体都是社会化过程中独特的个体，不同的生活背景、教育经历会滋生不同的需要体系。一是盗窃的特殊对象。例如盗窃特定含义和价值的工艺品，体现了犯罪人对拥有特定艺术品的企图，单身男性往往专门盗窃女式内衣裤以满足自己对异性的生理渴望；二是盗窃的特殊手段。某些犯罪人通过破坏性盗窃，盗窃的同时造成巨大的财产损失，往往反映了犯罪人认知能力欠缺的特征。例如为盗窃汽油将大型货车的底盘损坏，造成巨额的财产损失。

2. 能力与习惯

能力上，一是具备了相当丰富的反侦查能力。盗窃犯利用了受害人疏忽的心理，通过秘密地窃取非法占有他人财物，要成功就必须得有丰富的反侦查能力。例如精心选择犯罪对象或现场，实施犯罪时尽可能地消除掉犯罪痕迹，不被他人轻易发现等。二是具备盗窃所需要的快速行动能力。高层建筑的入室盗窃往往需要攀爬管道，撬门解锁，这些都需要一定的身体素质与生活经验，因此犯罪的主要群体集中在成年人，未成年人与老年人比例很小。

习惯上，盗窃犯罪往往起源于小偷小摸、顺手牵羊式的行为与心理。初次盗窃时，犯罪人由于紧张或兴奋导致犯罪过程漏洞百出，甚至导致失败，但经过若干次反复实施之后，犯罪经验逐渐纯熟，犯罪的心理逐渐稳定，犯罪的习惯模式逐渐固定化。

相关案例

两个未满18岁的未成年人在网上结识后，共同商量计划入户盗窃，弄点钱花花。某日，二人趁无人钻入一户人家，翻箱倒柜翻出1 600元逃窜。上网、吃饭、喝酒，很快钱就被挥霍一空，于是二人又打起了歪主意，专挑大门紧锁的人家下手，翻墙而入，再由窗户进入室内进行盗窃。仅仅一个月就连续作案三十多起。最后在民警常规巡逻时被发现并抓获。

提问：这两人屡次盗窃的目的是什么？

三、盗窃犯的行为特征

（一）盗窃行为的相对秘密性

秘密性一度成为盗窃犯罪的标志性特征。所谓秘密窃取，即是指犯罪人采取主观上自认为不会被财物所有人、管理人或经手人发现的方法将公私财物据为已有。从行为上看，秘密窃取不仅包括犯罪人趁受害人不在场时盗窃，还包括即使受害人在场但趁其不备盗窃，犯罪人正是利用受害人的疏忽大意而屡屡成功实施犯罪。

但是近年来，对于盗窃行为是否必须具有秘密性，国内外学术界仍然颇有争议：

一种观点认为，盗窃罪的本质特征是违反财物所有人的意思，使用非暴力方法非法取走他人财物的行为，因此手段可以是秘密的，也可以是公然趁人不备夺取的。例如《日本刑法典》第235条规定：窃取他人的财物的，是盗窃罪。[①] 可见日本并未在刑事立法中明确指出取财行为的秘密性。

另一种观点认为，窃取就是乘人不备、秘密取走他人财物，秘密是必备条件之一。如果是趁人不备公然夺取即构成抢夺罪。[②] 前苏联的刑事立法就曾经历过反复的论证，最初将偷窃规定为秘密窃取，而另行规定了抢夺罪；但到后来形势发生变化，取消抢夺罪，并将抢夺行为并入偷窃罪；后经多年司法实践的适用，使抢夺罪又得以恢复，偷窃行为仍然被视为秘密的行为。

事实上，盗窃与抢夺是完全不同的两种行为，盗窃正是利用行为的秘密性才保证了取财行为的非暴力性，而公然夺取显然已经脱离了和平取财之义，包含了一定程度上的暴力，显然不属于盗窃罪的范畴。

但是，盗窃行为的秘密性又具有相对性，即从犯罪人的主观认识上是秘密的。犯罪行为人自认为行为是在他人不知觉的情况下实施的，无论客观上是否被人发现均不影响。例如在公共场所扒窃时，其他在场第三人即使发现行为人盗

---

① 张明楷．日本刑法典．北京：法律出版社，1998：76.

② 韩忠谟．刑法各论．1982：400.

窃，但只要行为人自认为没有被受害人发现而继续实施盗窃的，仍然符合秘密性。

（二）盗窃行为的非暴力性

盗窃行为必须是使用和平手段实施的，具有非暴力性。首先，行为的非暴力性针对人身。如果行为人恶意实施了暴力，或以暴力相威胁，使他人不敢反抗、无法反抗、不知反抗的，应当属于抢劫罪；如果行为人盗窃时被发现，公然夺走受害人财物的，应当属于抢夺罪。其中，前者暴力对象是财物及人身，而后者暴力对象仅及于财物。盗窃行为的手段应当仅限于对人身实施秘密的、非暴力的盗窃手段，但对于财物实施何种盗窃方法在所不论。例如使用破坏性手段砸开保险柜，结果发现只有文件和几百元钱，当场盗窃时被抓获，显然其行为符合盗窃罪的特征。

（三）盗窃行为的多样性

传统的盗窃行为通常分为普通盗窃、入室盗窃、扒窃，而依据普通盗窃的对象不同，又分为盗窃财物、盗窃有价证券、盗窃机动车等。并且随着社会发展水平的不断提高，体现财产价值的财物类型也在不断地增加，盗窃犯罪的行为方式也逐渐分化。

1. 入室盗窃

入室盗窃是犯罪人在未经他人允许的前提下，使用暴力或非暴力手段，进入他人房间秘密窃取他人财物的行为。入室盗窃在盗窃类型中占据重要地位，一直是犯罪人比较喜欢使用的方法。原因是这种方法不用直接面对受害者，不用担心被认出，且成功率高、风险性低，还不需要使用暴力或武器。

入室盗窃呈现出一些独特的特点：（1）传统的入室手段含有暴力性，但随着锁具科技的发展与开锁技术的提高，入室的暴力性正在降低。（2）入室盗窃往往发生在白天、较炎热的月份，犯罪人刻意避开受害者的休息时间，选择其度假、上班或外出的时间段实施作案。但如果是针对商业或单位的行窃恰恰相反，更多地发生在夜晚。（3）入室盗窃犯罪人集中在年轻男性，反映了入室盗窃需要一定的技术和能力，例如攀爬、力量、遇危险时搏斗等。但如果是未成年人或女性实施时，更倾向于寻求合作伙伴。（4）入室盗窃的目标往往是价值较大的财物，然而遇到困境时，为了免受失败的挫折，犯罪人也可能顺手牵羊，偷一些价值微小的财物。

犯罪人选择入室盗窃的目标时，也会考虑一系列情境因素[①]：

---

① ［美］Curt R. Bartol，Anne M. Bartol. 杨波，李林. 犯罪心理学. 北京：中国轻工业出版社，2009：331.

① 居住线索：如信箱中可以看到信件或报纸、停放着汽车，以及窗户或窗帘是否开着等；

② 财富线索：观察一个房子的外观、邻居、地理位置、车的型号和或看到的家具情况；

③ 布局线索：进入或逃离这个房子或建筑是否容易；

④ 安全线索：如警报系统、门窗锁的情况。

但在所有线索当中，犯罪人更关注居住信息和安全信息，以确定入室盗窃行为的成功率和可期待的效益。

同时，犯罪人很少在冲动情境下进行入室盗窃，一般都有具体的预谋过程，包括盗窃的目标区域、人群以及财物类型。业余的入室盗窃者往往会对犯罪进行详细的计划，包括行窃的具体方式或路线，盗窃的财物往往也是自己所需要的；而专业的入室盗窃者则仅会简单地预谋，划定盗窃的大概目标区域或财物类型，设定多种机遇可供选择，实施犯罪时可能随机选择更容易实施的犯罪机会。

另外，销赃时也有所差异。业余的犯罪人往往缺乏销赃渠道，更容易在销赃时被认出，而专业犯罪人经常与销赃组织合作，无疑会增加查获犯罪的困难程度。

2. 扒窃

扒窃是指使用非暴力的手段，在公共场所秘密窃取他人随身携带财物的行为。自 2009 年起，我国开始在犯罪统计数据中单列扒窃犯罪类型，其比例占到盗窃案件的 4.26% 。扒窃历来是盗窃犯罪中的一种重要行为类型，由于扒窃行为的多发性、动态性和相对公开性，一直是盗窃犯罪预防的难点。

相对于普通盗窃而言，扒窃具有以下特征：（1）作案目标：受害人随身携带的财物。案件集中在人流量多、携带财物比率高的区域，例如银行、菜市场、商场、车站或机场等。（2）保持与财物的距离：利用直接接触、跟踪被害人，时刻保持与财物及财物持有人一定的距离，等待财物与财物所有人暂时分离或直接通过掏兜或割包等方式进行秘密窃取。（3）扒窃动机行为习惯化。扒窃是一种经过不断强化和反复的工具性犯罪行为，扒窃的动机往往已经脱离了现实的物质贫困等物质需要，而转化为享乐和不劳而获的心理需要。扒窃的犯罪人在行为上体现出一些特征：环视或斜视他人，扫描日标或寻找退路；食指和中指较长且灵活。一旦扒窃成功，往往会强化这种动机和行为的习惯性。

扒窃行为习惯化的心理过程缘于条件反射学说。他人包中的财物作为客观刺激物通过扒窃犯的视觉器官，传入神经元，将神经冲动传向脑中枢，产生占有的需要，再由神经元传达行为命令到效应器官，并指令实施扒窃行为。[①] 按照条件反射说，由于事物的重复作用，大脑皮层不断重复某种活动和信息，使刺激物与行为反应之间的联结更加稳固化，形成动力定型，再遇到类似情境会启动自发反应。这就是扒窃行为的习惯性机制。

3. 盗窃机动车

盗窃机动车是随着社会发展和物质水平的提高而出现的新型的盗窃犯罪。从数量上看，随着人均机动车保有量的不断增加，盗抢汽车案件逐步成为盗窃案的重要组成部分。从对象特征上看，由于机动车是兼具可移动、可改装、价值大、易销赃、管理滞后等特点，成为犯罪人重点选择的财物犯罪类型。从行为方式上看，犯罪人一般具有相当娴熟的反防盗技术，而机动车的防盗性能往往相对滞后，尤其是电子锁等；智能化、专业化、集团化作案特征明显，机动车盗窃团伙往往有专门的技术、销赃渠道。

盗窃机动车所衍生出来的边界问题也越来越多：盗窃机动车作为犯罪工具，实施抢劫、诈骗或其他犯罪的；机动车销赃的渠道成熟化带来的监管问题等，都成为该犯罪类型的防控所亟待解决的问题。当然预防该类犯罪必须要从问题出发，例如减少无人看管车辆、完善街面小区监控、增加巡逻警力，以及提高机动车日常管理水平等。

四、盗窃犯罪的心理分析

盗窃是一种社会危害性非常大的犯罪行为，其行为的产生是缘于社会、心理、生物等多种因素综合作用的结果。对盗窃犯进行人格的心理测量是目前研究的热点领域，测量方法包括艾森克调查问题、MMPI 明尼苏达多相人格测量表等。

（一）盗窃犯的典型人格特征——易说谎、易反抗

盗窃犯罪人为人比较虚伪，难以接受社会的价值观念和行为规范，具有说谎型的人格特征；行为表现为反抗社会约束、冲动鲁莽、任性利己、不遵守制度和法律，个性上则比较外露、善交际但比较虚伪、做作，判断力和自制力比较差。[②]

（二）盗窃犯的认知动机突出

盗窃犯罪虽然通常是为了满足物质需要而实施的，但这种需要往往并非由贫

---

① 张胜前．扒窃的习惯性．犯罪研究，1992：13.

② 熊晓艳，等．盗窃犯与正常人 MMPI 对比研究．健康心理学杂志，2001：151.

困所致。盗窃犯的认知因素在动机、行为与结果选择上占据着重要地位。

1. 对需要存在能动的认知。盗窃犯罪一般属于财物型犯罪，但获取财物的目的并非是满足现实存在的物质需要。某些物质需要实际上是为了满足生理需要或心理需要，例如在社会贫富差距较大的社会，犯罪人基于仇视态度进行盗窃，期待通过盗窃减轻心理上的相对剥夺感。

2. 盗窃犯的认知动机。首先，盗窃犯通常对犯罪行为及结果有大概的心理预期，例如物质奖励或社会利益的回报等，这种对预期与行为后果的认知甚至能够成立独立的外部强化力量。盗窃犯之所以容易成为惯犯，就是因为犯罪人更易于通过不断实施犯罪进行自我奖励和自我惩罚，并使不断获得的心理愉悦感巩固成为常态心理模式。其次，盗窃犯的认知动机常常使其合理化自己的行为。犯罪人通常以说谎、粉饰个人能力、夸大困难来减轻罪责感，扩大行为的被认同度。

相关案例

京城大盗袁某再次在法院受审，他是近年来检方公诉的罪行最为严重、涉及数额最大的北京盗窃犯罪第一人。2008 年，他被法院认定抢劫 3 起、盗窃 8 起，最终被判处 13 年有期徒刑。庭审用了整整 3 天。其中，宣读高达 18 万多字的犯罪事实及相关证据，耗费了庭审的大量时间。袁某对指控没有任何异议，表示自愿认罪。

此后，在看守所中“良心发现”，袁某主动坦白了 500 余起余罪。办案人员核实了其中的 3 起抢劫、289 起盗窃，案值高达 757 万余元。不仅如此，受民警的启发，他还在看守所内写下自传，试图“警醒那些和曾经的他一样挑战法律的犯罪人员”。在自传中，他对 500 多件犯罪的细节记忆得一清二楚，并且自称专偷公检法，将自己犯罪的原因描写为“虚荣心膨胀”。

提问：该案反映了犯罪人有什么心理特征？

相关知识链接

《中华人民共和国刑法修正案（八）》

2011 年 2 月 25 日通过，现予公布，自 2011 年 5 月 1 日起施行，将刑法第二百六十四条修改为：“盗窃公私财物，数额较大的，或者多次盗窃、入户盗窃、携带凶器盗窃、扒窃的，处三年以下有期徒刑、拘役或者管制，并处或者单处罚金；数额巨大或者有其他严重情节的，处三年以上十年以下有期徒刑，并处罚金；数额特别巨大或者有其他特别严重情节的，处十年以上有期徒刑或者无期徒刑，并处罚金或者没收财产。"

由此可见，新的"盗窃罪"的构成要件为：盗窃公私财物、数额较大的行为；或者多次盗窃、入户盗窃、携带凶器盗窃、扒窃的行为。入户盗窃、扒窃行为、携带凶器盗窃的行为独立入罪，体现了盗窃行为的多样化和犯罪防控范围的扩展。

第二节　诈骗犯的心理分析

引　例

一伙人凭借自编的"必杀六课"教材，通过掌握城市大龄女青年的心理弱点，假借征婚之名骗取大龄女青年财物。目前，警方已经成功抓获这一诈骗团伙，抓获犯罪嫌疑人7名，他们在半年内共计骗到300多名女性应征者。

据主犯刘某供认：他们自编了内容分为六课的"必杀六课"，并声称从未失手。每一课详细讲授了与女性交往不同阶段的注意事项、沟通用语等。例如什么阶段该称呼对方为"老婆"，如何以最短时间与事主拉近关系，取得信任后再以开店为由要求事主赠送花篮，得手后又说在去见事主的路上出车祸要求寄钱看伤，而早已坠入情网的女子便步步进入圈套。

据了解，该团伙专门在知名网站注册虚假征婚信息，实行公司化经营，给新入职员工进行诈骗培训。他们在当地购买大量的移动充值卡和银行卡，并租下两套房子作为工作地点，招兵买马，实行公司式"经营管理"，统一居住"上课"。

提问：该犯罪团伙具有什么典型的心理特点？

一、诈骗罪的概念

诈骗罪是以虚构事实、隐瞒真相的方式，使被害人自愿地交出财物的行为。诈骗罪同盗窃罪一样，是通过非暴力方式、和平地取得财物，但取财方式并不是秘密的，甚至是公开的。因此诈骗罪建立在诈骗人与受骗人之间的心理互动上。

作为典型的财物型犯罪，诈骗罪具有以下几个特征：

1. 明显的侵财目的。无论犯罪人使用任何诈骗手段，其目的无外乎是直接或间接取得他人的钱财或与钱财相关的其他利益。作为一种物欲型犯罪，诈骗行为对财物的指向性贯穿行为全程，但财物利益的实现可能分布在诈骗行为过程的各个阶段。

2. 欺诈行为的公开性。首先，欺诈行为不同于盗窃行为的秘密性，欺诈行为的实施不仅向受害人公开，甚至向其他在场人员公开，但这种公开是隐藏真相前提下的公开，犯罪行为人恰恰利用受害人对亲眼所见的错觉，实现了诈骗的目的。其次，欺诈行为建立在犯罪行为人与受骗人之间的心理互动上，正是由于欺诈行为造成的错误认识，才使受骗人愿意交付财物。

3. 欺诈行为的技巧性。随着犯罪统计的细化，街面诈骗也逐步发展为一种独立的犯罪类型。无论街面诈骗、职业诈骗、电信诈骗等等，犯罪人需要具备高超的心理素质、灵活的语言与头脑、细微敏捷的行为，这无不体现犯罪行为人的技巧性。例如障眼法、示弱法。

二、诈骗犯的心理特征

诈骗罪虽然侧重于指向财物，但欺诈毕竟需要经历一个过程，欺诈建立在欺骗者与受骗者之间的心理互动之上，因此诈骗犯具备一些独特的心理特征，使诈骗行为更容易实施。另外，诈骗的动机不仅包括骗取财物、满足物质需要，还包括典型的成就需要或心理补偿。

相关案例

最近，某公安局某分局微博上爆出一条惊人消息：自称拥有曹操墓造假的十多项铁证而一夜之间蹿红网络的“闫某某”，真实姓名为胡某某，实际上是一名网上逃犯。2005年，他曾因冒充记者骗人钱财而被警方列为网上逃犯。该消息已经证实。

据受害人讲述：胡某自称某报社记者，可以帮助其解决土地纠纷之事。受害人开始将信将疑，胡某在接触最初并未要钱，当得知受害人正在打官司时，就说自己有熟人在政府，可以帮忙。事后查询确有该人在政府任职。随后胡某屡次佯装出入政府大楼谈事，事后又提供了解决纠纷的红头文件给受害人。然后以打点、送礼为名，先后索要5万余元好处费，直到案发。

提问：诈骗犯具有哪些心理特征？

（一）欺诈的需要与动机

需要往往是心理过程的起点，是引发行为的心理力量源头。欺诈行为通常基于以下需要：

1. 物质需要。欺诈是以获取非法利益为目的而进行的欺骗性行为，往往通过与事实不符的陈述或蓄意的欺骗，使受害人信以为真的前提下自愿地交付财物。欺诈行为多数发生在生存遇到困境、生活困难或消费需求得不到正常满足时，有时甚至会因为挥霍需要实施诈骗。

2. 成就需要。首先，欺诈需要花费大量的时间与精力，设置欺诈的环节与技巧，并与受害人进行周旋，要耗费较多的心理资源，但同时又可以在短时间内获取数量可观的金钱财富，并充分满足个体与社会的需要，维持较高的自尊水平。这种体现在较高自尊水平的非物质利益——即成就需要，是犯罪行为人实施诈骗的另一重要需要类型。其次，欺诈犯罪的实施使犯罪行为人获得更强的心理优势，而受害人往往因为突然遭受打击而体验到挫折感，这种对比下的心理优势也成为犯罪行为人不断实施犯罪的动力。例如：通过假冒国家干部谈恋爱，骗取女方的钱财，在受害人上当受骗后，仍然继续保持作案动机，维持虚假的生活背景与身份相关的行为与消费并以此为荣。

3. 特殊需要。欺诈行为除了满足物质需要和成就需要之外，还包括一部分特殊需要，例如心理补偿。受害人一旦被骗，会体验到精神层面和物质层面的双重打击，这种被剥夺的感受往往会转化为欺诈他人的动力。"以其人之道，还治其人之身"，既然被骗，那么可以通过骗人弥补回自己的损失。很多初次实施欺诈犯罪的行为人正如上所述。

（二）欺诈的心理过程

欺诈不仅要求犯罪行为人的精心准备和聪慧的头脑，受害人的选择也要具备一定的条件，欺诈的过程也具有一系列独特的特征。[①]

1. 欺诈的外环境

犯罪人要成功实施欺诈行为，必须充分建立起欺诈的外环境：物质环境与心理环境，其中物质环境包括欺诈工具；心理环境包括唤起信任感、受害人的自信与疏忽、现实细节的伪装等。

（1）欺诈的物质环境

欺诈通常是通过语言实施的，使受害人陷于错误认识而"自愿"交付财物的行为。然而除语言之外，一些物质性因素也往往成为欺诈成功的重要工具。如果犯罪人以假扮某种身份作为犯罪手段，维系这种身份所必要的衣着服饰、社会角色、社会关系以及住所、交通工具等等，都可能成为欺诈成功的工具。服饰往往可以反映一个人基本的品性与态度、社会地位等因素，例如衣衫褴褛者可能以乞讨为生，衣冠楚楚者可能工作稳定，但这种固化的模式却往往可能出错，尤其是诈骗情境中。很多专门从事诈骗犯罪的犯罪人，运用特定的行业服饰扮演相应

① ［俄］尤里·谢尔巴特赫，徐水平，储诚意．欺诈术与欺诈心理．北京：华文出版社，2006：45.

的角色，使受害人产生错觉，从而掩盖其无业行骗的真实身份。

（2）欺诈的心理环境

欺诈是欺骗者与受骗者之间的心理互动，因此心理环境是行骗成功与否的关键环节。犯罪人可能利用各种欺诈工具、行为、语言，营造安全的心理环境，使受害人放松警惕，并落入欺骗者的圈套。

首先，唤起信任感。欺诈行为依赖于受害人对虚假预期的错误认识，因此犯罪人必须先保证赢得受害人的信任感，才能够使受害人维持这种错误认识，从而继续实施诈骗行为。具体手段包括：伪装较高的声誉、保持诚实正直的形象、开朗的笑容与声调、炫耀资历、恭维奉承或博取对方的怜悯与同情等等。例如有些犯罪人常常利用一些慈善、公益的目标来掩盖行骗目的；有些犯罪人为了获得受骗人的完全信任，甚至伪造与受骗人相同或相似的经历以便与受害人产生心理上的共鸣，使受害人更易于接受行骗者的动机；有些犯罪人首先引导受害人肯定自己、理解自己，并从受害人角度提出行动方案，使受害人主动配合行骗目的。

其次，受害人的自信与疏忽。受骗者往往对自己识别诈骗的能力很自信，犯罪人则会利用这一弱点，降低自己的身份或尊严，佯装弱者，激起受骗者的心理优势，从而实施诈骗。一些受骗者在处理程序繁琐、关系复杂的事务中会因疏忽而陷入欺骗的圈套。例如合同诈骗犯罪中，犯罪人会利用对方当事人对合同业务或条款的注意欠缺，设置虚假的合同标的、付款或货物验收方式，使受害人陷入交易程序的错误认识，提前支付货款或提供货物。

再次，使用细节伪装。犯罪人为了保证每次诈骗的成功，必须为诈骗的外环境做好充分准备，但如果把所有诈骗的细节都不折不扣地完成，又必然耗费巨大的物质与精神成本，因此犯罪人往往使用一些不为人知的细节，使受骗者完全信任其所扮演的角色。冒充政府官员诈骗钱财的案件中，犯罪人可能把会面地点设在机关单位的门口，使受害人产生错觉和信任；利用皮包公司进行诈骗时，犯罪人使用的高档交通工具可能成为身份的象征。

2. 歪曲事实

欺诈是一种有目的的心理现象。在欺诈过程中，信息的传递经历诈骗者、信息媒介、受骗者三个阶段，而在三个阶段中都有可能产生歪曲与错觉，因此歪曲事实是欺诈心理过程的重要阶段。

（1）诈骗者的信息传递

成功实施诈骗，首要的前提是保证受骗者完全相信诈骗者所言，因此诈骗者要传递貌似合理，但却完全错误的信息，其手段往往包括以下几种①：第一，隐瞒真相。隐瞒是一种最简单的欺诈方法，诈骗者往往利用受骗者原本的错误认识，故意隐瞒真相，使受骗者没有机会纠正原有的错误认识而产生误解，从而自愿作出错误的行为。隐瞒的具体手段包括向信息接收者隐瞒全部事实、有选择地隐瞒部分事实、夸大或强调有利于自己的事实。第二，选配信息。针对轻信型人群，诈骗者往往选择传递与之相匹配的信息，迎合受众的心理，获得信任。例如日本在中小学历史教科书中片面夸大帝国主义战争的价值，忽略甚至删除了侵略中国的历史，使日本青少年一代军国主义与反华情绪盛行，达到其思想控制的目的。选配信息往往因受骗人的职业、人格、行为特点有所差异，通过有意识地传递部分信息，达到让受骗者歪曲事实的目的。第三，曲解事实。犯罪人可以从宏观或微观上曲解事实。从宏观上，犯罪人建立与诈骗完全一致的假设，对受害人实现框定效应的影响。框定效应是决策与判断理论中的概念，对受害人而言，否定的整体评价会直接影响对事实的理解。从微观上，犯罪人可以通过加量或减量，或者改变事实的比例来达到歪曲事实的目的。例如通过虚报成绩或收获来尝试获得奖励或信任，通过瞒报或缩小损失来逃避惩罚，改变事实真相中虚假成分的比例，可以直接影响受害人的判断与决策。第四，反向颠倒。在信息传递中，用否定信息代替肯定信息，使信息接收者产生与否定信息相一致的错误判断，以实现诈骗目的。古代战争中“兵不厌诈”就是一个典型的范例。古时诸葛亮面临围敌，无兵应对，遂大开城门，并在城楼上弹琴唱曲，司马懿怀疑设有埋伏，引兵退去，结果上当。

（2）使用施诈点

诈骗者通常会提供几种选择方案给受骗者，并通过意识的操控与影响诱导他选择有利于自己的选项。而具体的施诈点则与欺诈的情境密切相关，往往是在受害人意识不确定或放松警惕的状态中实施的。第一，转移注意力。理性的判断需要集合尽量多的心理资源，综合分析各种信息，而诈骗者不会给受骗者留下充分的时间思考，利用声东击西法、激将法、引诱法、有限利益等等促使受骗者匆忙决策，必然会影响判断的准确性。街头诈骗的很多类型都属于这种，双方交易时进行钱款交接，经过验证后又通过各种方法用假币调换真币，受骗人往往没注意到而忽略了再次验证的环节。第二，分散注意力。由于人具有一定的生理机能，当生理机能陷入疲劳或懈怠时，可能影响注意力的分配。清醒的人往往注意更多细节信息，而状态不佳的人往往对细节信息没有耐心，观察更为粗略，导致决策

① ［俄］尤里·谢尔巴特赫，徐水平，储诚意．欺诈术与欺诈心理．北京：华文出版社，2006：55．

的不准确性。商业谈判中，往往利用特定的时间段、信息量、外围环境的刺激来影响谈判的效果。第三，模糊性思维方式。[①] 实施欺诈时，受害人的意识或选择往往处于不确定的状态，而诈骗者则采取涵盖任何可能的模糊性思维方式，解释受害人面临的各种情境，引导他朝被骗的目标靠近。模糊性思维也是诈骗者处理诈骗过程中行为差错的有效方法，例如电话诈骗案中，诈骗者在通话中扮演警察局的角色，称受害人涉嫌洗钱而需要设置安全账户转移钱款，如果受害人质疑，诈骗者就会马上进行模糊性解释，尽量不让受害人发现漏洞。第四，利用受害人的各种心理状态进行诈骗。[②]

① 利用受害人的愿望。愿望是引发行为的强烈动机，诈骗者正是利用受害人对愿望的向往与追求，控制传递有利于实现愿望的信息，使受害人上当。甚至有时这种愿望是崇高的、正常的行为，在诈骗者看来却是不可多得的机会。

② 利用受害人的情绪。情绪是影响个体决策理性的重要因素，情绪失控状态下人受制于认知范围的狭窄，很难作出正确的判断。激将法就利用了受害人妒忌、好强的情感与性格，刺激受害人作出冲动的判断。恐吓也是控制受害人情绪的有效方法，在被恐吓过程中，受害人往往不能完全理性的作出反应，很容易陷入诈骗的陷阱。

③ 利用受害人的性格特征。性格是人格的具体表现，不同的性格特征决定着诈骗方法的差异。贪婪的人往往追逐高利润高收益，施诈点就体现在高收益、低风险上；无知的人往往不明是非，对欺诈信息的辨别能力较弱，施诈点体现在判断的复杂性与动态性上；怯懦的人往往害怕损失或否定评价，施诈点体现在用肯定评价削减警惕力上。如果受害人有其他特殊嗜好，诈骗者往往能透过有限的信息传递共同语言，引起受害人的兴趣。

3. 思维定势误区

欺诈是一种心理互动，受骗对象具有某些易受骗的潜质，才导致欺诈的成功实现，原因就在于受骗人往往存在一些错误的思维定势。首先，受骗者的错误模式化反应。通过固定的服饰、语言、行为判断行为人的职业与性格，往往会出现模式化的错误反应。一些犯罪人衣着光鲜，并不代表他有更好的社会地位，反而往往掩盖真实的身份。其次，错误的逻辑关系。一些受骗者基于社会经验或个体经历，往往建立起一些错误的逻辑关系，从而影响判断的准确性。例如找个家庭富裕的男朋友，可以生活幸福，事实上很多婚姻骗子正是利用这种心理，伪装成

① 宋钊．欺诈术与欺诈心理揭密．北京：中国时代经济出版社，2011：27.

② ［俄］尤里·谢尔巴特赫，徐水平，储诚意．欺诈术与欺诈心理．北京：华文出版社，2006：81.

富豪或事业有成的人，实施婚姻诈骗。最后，错误的联想。诈骗者可能通过虚构建立起一系列欺骗的情境，但受害人对其中部分因素的错误联想导致骗局得以进行。如某公务人员声称自己有关系可以帮助子女上学，并有意泄露使用的某部分信笺纸，受害人遂深信不疑，上当受骗。

（三）诈骗犯的人格特点

诈骗犯罪是一种高智商的犯罪，不管是挑选受害人、选择诈骗方法还是实施具体诈骗的过程，都必须保证不被受害人识别出漏洞。因此诈骗犯往往具有一些特别的人格特点。

1. 性格方面

性格是人格的具体表现。诈骗犯的认知方面往往比较灵活、自信，有明显的心理优势。因为欺诈是一种掌控他人心理与行为的过程，认知反应的灵活性决定欺诈行为的成功率。情感方面比较成熟、沉稳，较少反映出明显的情绪变化，能够控制自己的情绪状态。能力与个性方面，诈骗犯比较喜好冒险性，有较强的活泼性与适应性。这也是为了适应整个诈骗过程中心理较量的需要。同时，由于诈骗犯罪的多次实施，促使个体已经形成较稳固的心理模式，诈骗犯罪也较容易形成惯犯。

2. 气质方面

由于诈骗需要冷静的认知、稳定的情绪与敏捷的反应，诈骗者的气质更接近于粘液质与多血质的混合类型。其中，多血质类型的人活泼好动，善于交际，思维敏捷特点有助于犯罪人适应诈骗过程中的不同情形，处置不同疑难困境；而粘液质对情绪掌控比较稳定，且有耐心和强烈的自信心，则是诈骗成功的必备素质。

3. 智力、能力方面突出

大多数诈骗犯往往在某一方面体现出较高的智商。例如利用某一领域、行业的规则对无知的受害者实施诈骗。能力方面也较为突出，例如说谎的能力、解决困境的能力、转移注意力的能力等等。

三、诈骗犯的行为特征

诈骗是以隐瞒事实真相或虚构事实，使人信以为真而自愿地交出财物的行为，其行为实质是“骗取”财物，是罪犯通过对方因受欺骗而错误地处理自己财产的行为来达到占有他人财物的目的。判断诈骗行为时，必须具备两个阶段特征：

（一）行为的欺骗性

受害人之所以自愿交出财物，是基于事实真相被隐瞒或虚构的前提。因此诈骗犯的欺骗行为是构成诈骗犯罪的首要行为特征。诈骗犯罪的成立往往经历欺骗行为——上当受骗——财产处分——获得利益四个阶段。这不同于盗窃罪的秘密性，虽然诈骗本身是秘密的，不能透露的，但诈骗行为的实施是公开的，财产交付也是公开的，只是决定财产处理的信息是不完整的，甚至是错误的。如果犯罪人使用诈骗手段，使他人相信了某种虚假事实，离开了财物所在的场所，前后实施盗窃行为，则仍然属于盗窃，因为这种欺骗并未对财产处分产生实质性的影响。如果犯罪人使用诈骗手段，使第三人相信了某种虚假事实，并交付受害人的财物给犯罪人，仍然属于盗窃，因为这种欺骗也未对财产所有权人处分财产产生实质性的影响。

（二）行为的类型化

诈骗犯罪已经逐渐成为犯罪类型当中的大户，近年来随着诈骗手段的多样化，诈骗犯罪的基数也越来越高，涉案金额也越来越大。

表 7.2　　我国诈骗案件统计表①

立案年度	全国立案件数	诈骗案件	比例%
2006	4 744 136	218 726	4.61
2007	4 807 517	239 698	4.99
2008	4 884 960	273 763	5.6
2009	5 579 915	381 432	6.84
2010	5 969 892	457 350	7.66

诈骗手段由于迷惑性强，易于隐蔽和得手等特点一直为侵财型犯罪人所常用，传统的诈骗犯罪形式包括集资诈骗、贷款诈骗、金融票证诈骗、信用证诈骗、信用卡诈骗、有价证券诈骗、保险诈骗和合同诈骗等，但近年来犯罪分子往往抓住群众贪利惧损、避害消灾等心理弱点，不断翻新花样实施街头诈骗，由于缺乏辨别常识和防范意识，市民群众屡屡被骗钱财，街头诈骗也成为诈骗犯罪中的重要类型被单列统计。

考察具体的诈骗犯罪手段与类型，近年来多元化的媒介和沟通方式使诈骗案件的生存空间更为隐蔽，犯罪实施和得逞更为便捷，这从一定程度上提升了诈骗犯罪案件的成功率。例如电信诈骗案往往利用境外注册的网络电话实施诈骗，并

① 参见《中国统计年鉴》（2007 年—2011 年）。全国立案总数为全国公安机关立案审理的刑事案件总数量。

且充当多种角色欺骗受害人，缺乏相关常识或注意力的受害人很容易上当，并遭受重大的财产损失。同时，诈骗案件中利用封建迷信、破财消灾的群众心理实施街头诈骗的比例居高不下，近几年所占比例一直保持在诈骗案件的一半以上，但随着打击力度的加大，总体上街头诈骗比重呈现下降趋势。

（三）行为的智能性

诈骗行为的实施越来越多地扩展到不同区域、不同领域，从沿海转向农村、内地和跨境，这样无疑提高了防控诈骗犯罪的难度。诈骗犯罪的智能化水平也在不断提升：（1）随着网络技术的发展，多数诈骗犯罪开始通过网络实施，例如通过虚假交易骗取钱款转账；（2）随着高科技的普遍开发，监控技术也被运用到诈骗钱财上，利用针孔摄像机来辅助诈骗；（3）团伙犯罪越来越多，由于诈骗需要耗费大量的心理资源，而多样化角色的分配更易于诱使受害人上当，目前诈骗团伙化现象比较突出。最典型的是电信诈骗案，往往聚集了数十人，甚至上百人，共同协作实施诈骗。

相关案例

某检察院审查起诉了一起采取上述方式实施电话诈骗的案件，犯罪嫌疑人杨某勾结境外诈骗团伙，从 2008 年 8 月起先后骗得 5 名被害人 430 余万元人民币。[①] 在这个犯罪团伙中，策划人、接听组、提款组、技术组分工明确。首先，

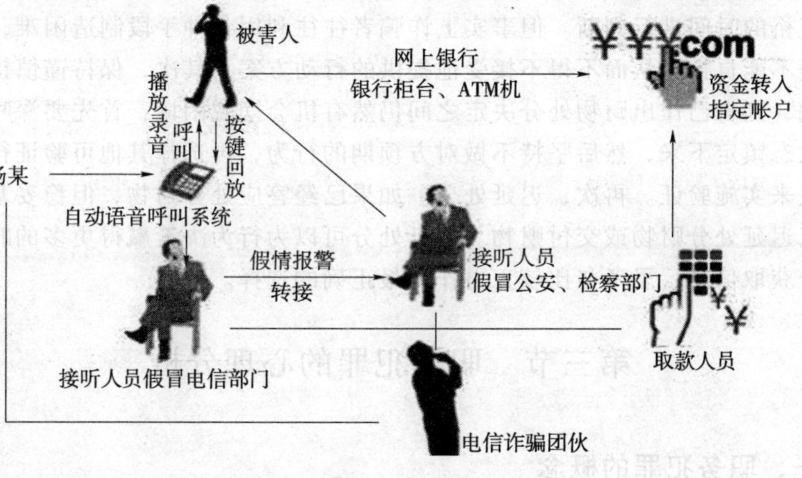

图 7.1　电信诈骗案过程示意图

① 电信诈骗技术手段揭秘．文汇报（上海），2009－09－03.

诈骗团伙中由杨某提供自动语音呼叫系统，被害人接听电话后即听到诈骗录音，并由假冒电信部门的人员提示被害人按键选择转接其他相关部门的电话，由团伙成员假公安、检察部门对被害人进行恐吓，被害人迫于无奈或恐惧而按照指示在网上银行或银行 ATM 机实施转账或汇款，团伙成员会立刻分散取款，至此诈骗成功。

提问：电信诈骗案的施诈点有哪些？并试述其受害人的心理过程。

四、诈骗犯罪的心理分析与预防

欺诈行为的心理互动是诈骗犯罪的主要心理过程。而无论是假冒某种身份、某种职业，利用受害人贪利或恐惧的心理，诈骗犯罪要成功，不能脱离受害人的注意欠缺与心理配合。

以电信诈骗案为例，犯罪人通常利用恐惧、贪利和慈善的心态，并通过聘请心理知识丰富的人，专门研究百姓心理与社会热点问题，使民众对诈骗者毫无戒备心理，设置各种诈骗方案、环节，缩减受害人思考的时间与机会，使受害人心理防线松懈、注意欠缺从而受骗上当。受害人明知电信诈骗案件多发，但却认为不可能骗到自己身上，从而导致心理防范经验不足。

事实上，预防诈骗犯罪最有效的办法：打破欺诈情境，谨慎镇定，迟延处分。首先，诈骗情境的营造是实施诈骗的第一步，如果陷入诈骗者设置的情境当中，一定要时刻提醒自己跳出来。只有脱离诈骗者的固有模式与步骤，才有可能获得充裕的时间进行判断。但事实上诈骗者往往利用各种手段制造困难，使你陷入情境不能自拔，从而不得不接受他提供的行动方案。其次，保持谨慎镇定。即使受骗，到自己作出财物处分决定之间仍然有机会摆脱困境，首先要深呼吸，使心理状态镇定下来，然后坚持不做对方预期的行为，再选择其他可验证行为真伪的方法来实施验证。再次，迟延处分。如果已经答应处分财物，但稳妥基础上仍然可以迟延处分财物或交付财物。迟延处分可以为行为决策赢得更多的时间，通过充分获取信息、思考与比较，再作出最正确的选择。

第三节　职务犯罪的心理分析

一、职务犯罪的概念

职务犯罪依照不同的划分标准，概念范畴有所差异。广义的职务犯罪（即一般意义上的职务犯罪）是指依法从事公务的人员或者单位，在履行职责的过程中，利用职务之便进行非法活动，或者玩忽职守、滥用职权破坏国家对职务活动的管理职能，并依照《刑法》应当受刑罚处罚的行为。”其自然人主体既包括国家工作人员和准国家工作人员，也包括公司、企业人员等非国家工作人员。狭义的职务犯罪（即特殊意义上的职务犯罪）是指依法从事公务的国家工作人员或者单位，在履行职责的过程中，利用职务之便进行非法活动，或者玩忽职守、滥用职权破坏国家对职务行为的管理活动，并依照《刑法》应当受到刑罚处罚的犯罪行为的总称。其自然人主体只包括国家工作人员和准国家工作人员。[①]

就犯罪学意义上而言，职务犯罪的概念应当采纳广义说。

二、职务犯罪的心理特征

职务犯罪是行使职务赋予特定权限的人在特定的心理作用下实施的特定犯罪行为。一方面，特定的犯罪心理是导致其犯罪的心理根据，同时在不断犯罪过程中强化并巩固着犯罪心理。职务犯罪人的心理特征主要表现为基本的心理过程和个性心理特征。

（一）基本的心理过程

心理学认为，心理过程分为认知、情绪、意志三个过程。职务犯罪人的心理特征同样符合这个规律：

1. 认知方面：错误的权力观念

大多数职务犯罪人掌握着或多或少的行政权力，而行政权力对应着行政资源或利益的分配，因此心理优势非常明显，而在腐败环境和心理的不断刺激下逐渐形成了扭曲的权力价值观念：金钱至上、权利不用过期作废、人生在世吃喝二字等等。职务犯罪人往往在第一次犯罪前，具有相当丰富的行政工作经验，甚至担任着比较重要的职务，但随着权力的优越感和变现机会的刺激，加上监督机制的不完善，使职务犯罪人建立起权力私有化的意识，并希望通过转让或交换权力实现利益交换。

渎职犯罪成为近年来比例上升幅度最快的一类犯罪。然而渎职犯罪主体往往掌握着一定的国家权力与司法权力，大多数也都经历过德、能、勤、绩等多重标准的选拔，具有公务员与司法从业人员基本的素养与知识基础，对基本的法律规则与道德规范知晓甚至熟识，应当具备基本的守法心理。但由于权力支配的空间太大，又缺乏监督机制，导致行为人实施突破规则的风险行为（违法犯罪行为）

---

① 陈成雄．论我国刑法中的职务犯罪概念．国家检察官学院学报，2003．

时考虑的主要内容就是获利的可能性和数量，而对职责范围内的义务和责任却认知不足，忽略了权力滥用与权力缺位的严重危害性。

2. 情绪方面：内敛而深刻的体验①

职务犯罪人往往受生活阅历、智商、能力与社会地位的影响，在实施职务犯罪之前、之中与之后都不会过于表露，甚至会有压抑、紧张、惊慌、兴奋、喜悦的心态，但这种情绪体验对犯罪人而言非常深刻，难以遗忘。实践中，有很多职务犯罪的官员被抓后，社会民众才知道累累罪行；有些职务犯罪人为立功，会毫无遗漏地复述出历次犯罪的详情，这也反映了情绪体验深刻而内敛的特征。原因在于：首先，职务犯罪人的情感驱动比较隐蔽。民众对于担任职务的官员往往持有矛盾的偏见，既认为官员是理智且清廉的，同时又将部分腐败官员的形象扩展到所有官员身上；其次，职务犯罪人的情感积累比较漫长。初次犯罪，会将职务犯罪人原有的积极情感特征逐步被消极的情感倾向所削减或替代，最终发生质变；再次，职务犯罪人的监督不畅，导致清廉假象易于维持。最后，不良情感的驱动力量非常大。只要犯罪主体一旦形成“不良情感”，就会不计一切手段，不惜损害国家和人民的利益，不顾遭到党纪国法惩处的后果，去实施党纪国法所不容许的职务犯罪行为。这种驱动力有时甚至可能达到令人难以理解的程度，例如“明知故犯”、“不可自拔”、“铤而走险”等。

3. 意志方面：顽固而持久的动机

犯罪动机以获得巨额的经济利益或间接经济利益为主，这些物质性的需要成为犯罪人行为的动力。同时对物质利益的无限度追求，又反映了犯罪人的强烈虚荣心、占有欲和自我炫耀心态，这些心态来源于对社会评价的盲目追求、对物质需要的认识偏差以及对腐败群体的压力效仿。在初次实施犯罪时，犯罪人可能经历守法动机与犯罪动机之间的较量，但随着犯罪行为的得逞，犯罪人会为犯罪行为寻求各种合理化理由，巩固错误的认知观念，减少心理冲突，并使犯罪行为更加稳定，甚至形成习惯。最终，职务犯罪人对犯罪利益的诱惑完全丧失抵抗力，并在自己权力范围内追求利益的最大化，甚至将自己的行为模式推广到其他公务人员中，扩大行为合理化的范围。

（二）个性心理特征

1. 人格特征：消极性

职务犯罪人对行政权力的行使过程更清楚，对某些腐败现象和社会漏洞更知晓，也促成了职务犯罪人人格消极性的结果。职务犯罪人往往对国家、公众利益

① 刘建清．论职务犯罪心理及其预防．政法学刊，2005．

认识不到位，对职务便利的利用习惯化，并通过灵活的手段将手中的权力变现。人格结构中对于自我利益的评价和自我控制系统的减弱呈相反方向，最终导致绝对的权利控制欲。

导致职务犯罪人的消极人格形成的原因是多种多样的，其中最重要的因素是社会压力催逼所致。[①] 首先，职务犯罪人的单位激励机制的效应。在行政权力与资源分配不公平的背景下，一些拥有较广泛管理职能与执法监督部门则利用特权乱收费、乱罚款，建立起单位的小金库，最终导致一批犯罪人的落马。其次，以行政部门负责人为首的集体性腐败日益严重。职务犯罪人一旦占据重要的行政岗位，即立刻着手构筑利益同盟，呈现明显的群体性。职务犯罪人的消极人格也缘于对管理环节当中的敌对者的愤怒，这种管理压力会促使犯罪人寻找更稳定的人际关系，从而发展相互信任的同盟群体。而这种信任是要靠价值交换才能维系的，因此导致集团成员彼此利益的交换和信赖。还有一种被迫性腐败的类型，是职务犯罪人基于腐败集团内部的压力而不得不选择共同腐败的行为。

2. 智力与能力突出

职务犯罪人是国家工作人员，是通过严格的选拔制度和考核机制才获得身份的，同时在权力行使过程中积累起较丰富的业务关系和经验技能，也体现出一定的职业优越感。而且目前随着职务犯罪行为的数量增长，又体现出一个新特点，即特定年龄阶段的职务犯罪现象。

“59岁”现象：因面临退休，行政权力即告结束，产生权力不用、过期作废的心理，期望在职期间将权力兑换为预期的将来利益，从而实施职务犯罪。

“39岁”现象：从政经验丰富，且面临着职位提升和拓展的关键期，往往通过权利滥用获得政治、经济或其他利益，实施职务犯罪。

“26岁”现象：刚刚进入政坛，基于嫉妒、侥幸与攀比心理，期望尽快得到职位提升和权力资源，而实施职务犯罪。

3. 气质方面

职务犯罪往往偏向于以粘液质为主，胆汁质与粘液质的混合型，具有粘液气质的人往往属于态度稳重型，情感稳定，反应较慢且比较稳固，这些心理特征恰恰符合职务犯罪的长期隐秘性的需要。而具有胆汁质的人往往思维与行动比较敏捷，且傲慢不恭，符合职务犯罪人惟我独尊的心理特征。

---

① 刘跃挺，康乐．论社会压力与贪官人格的形成．犯罪研究，2011：27.

三、职务犯罪的行为特征

相关知识链接

2010 年 11 月 26 日由专责观察全球各国清廉情况的国际透明组织(Transparency International) 公布的全球清廉印象指数显示，中国 CPI 指数为 3.5，名列世界第 78 名 (共 180 个国家参评)。相关资料显示，我国 1980~1985 年为 5.13，1988~1992 年为 4.73，1993~1996 年为 2.43，1996~2010 年为 3.05。回顾三十年数据，我国在 1980~1985 年排名为第 27 名，1993 年排名下降为第 50 名，而目前排名第 78。[①] 说明我国正处于“腐败迅速蔓延甚至是严重恶化阶段”。

请分析中国腐败型职务犯罪的防控背景？

当前中国社会腐败势头愈演愈烈，职务犯罪已经成为犯罪防控的重要领域。分析职务犯罪的行为特征成为防控该类犯罪的重要前提。

(一) 职务犯罪人的社会角色

角色对人的行为具有重要影响。职务犯罪人居于政府部门，享有特定的权力与资源，在行政为主导的社会管理模式中，职务犯罪人往往要承担多种社会角色：管理者、服务者、家庭角色或其他社会角色等等，而这些角色所面临的社会关系必然会发生交集或冲突。职务犯罪人在面临家庭责任时，亲人朋友的困境可能影响职务犯罪人的行为选择；职务犯罪人在服务角色与管理角色相冲突时，会因心理失衡而选择实施犯罪。例如：职务犯罪人可能顾及自己对社会的长期贡献而两袖清风，却在物欲横行的社会遭到歧视，转而实施犯罪。

(二) 职务犯罪的核心特征——权力变现

权力是权力主体凭借一定的政治强制手段，在有序的结构中，对权力的一种支配力和控制力，是职位、职权、责任和服务的内在统一。我国的国家权力委托给相关部门和人员后，依靠具体的行政职能得到实现，因此权力的本质是支配力与责任、服务相对应的，而不是单向的支配力。权力是委托行使，而非归属国家机关工作人员私有，更无法将之变现。然而任何突破规则的行为都不是短期内突然生成的，总是与一定的动机与情境相联系的。职务犯罪人往往将权力视作高品

① 2010 年全球清廉指数排名．中国外汇在线 http：//www.forex.com.cn/html/c326/bagua/2010-10/2085006.htm. 2010.10.27.

质、高地位的象征，权力变现就成为理所当然的。同时，权力监督机制不稳定、不健全，社会基本道德规范的失势，都使职务犯罪人难以觉察，而随着腐败潜规则化，职务犯罪人甚至以腐败为荣，强化职务犯罪的意识与行为。再加之，传统的人情社会观也削弱了正式社会控制的力量，使腐败与人情的关系越来越紧密。

（三）职务犯罪的具体行为

随着职务犯罪的数量不断增长，监督制度的不断完善以及防控措施的不断加强，目前职务犯罪的具体行为方式呈现出一些明显的特征：

1. 职务犯罪的类型

单纯的贪污、挪用公款类犯罪案件有所减少，贿赂案件、职务关联性的渎职案件大幅增加。据2012年最高人民法院工作报告称：去年审结贪污贿赂、渎职犯罪案件2.7万件，判处罪犯2.9万人。最高人民检察院工作报告称：去年全年共立案侦查贪污贿赂大案18 464件，涉嫌犯罪的县处级以上国家工作人员2 524人（含厅局级198人、省部级7人）；其中坚决惩治损害群众切身利益的犯罪，依法对食品安全犯罪案件中涉嫌渎职的国家机关工作人员202人立案侦查和提起公诉。[①]

贿赂犯罪已经成为侵害职务人员行为廉洁性的重要因素，也极大地破坏了公平竞争的正常规则，使权钱交易、权力变现成为潜规则，最终使职务犯罪成为难以根除的顽疾。目前贿赂犯罪涉及多个领域，但主要与权力直接或间接监管相关：教育领域、医药管理领域、城市建设领域、工程管理领域、公共传媒领域、市场管理领域。究其原因，国家权力分配不均衡，行政审批环节过多，权力监督不到位，导致权力被削弱与侵害的可能性越大，职务犯罪的机会越多。甚至一些职务犯罪人恰恰利用制度漏洞，主动索贿，谋求非法利益。

另一方面，渎职犯罪中，权力滥用或消极不用导致许多重大恶性犯罪事件。尤其是在食品安全监管、药品生产与流通监管、工程安全生产环节中，一些犯罪人利用权力的监督漏洞，肆意滥用，干扰正常的社会管理秩序。犯罪人在决策时考虑最多的不再是权力与义务，而是权力支配下的预期可得利益，现实惩罚的风险又无法完全防范权力的扩张。

2. 长期隐蔽性和普遍性

职务犯罪人位高权重，利用手中的权力实施犯罪，自然不会为一般民众知晓，因此具有长期隐蔽性。犯罪人精心选择犯罪时机、铺垫犯罪条件、通过多种手段联合利益同盟、贪污或收受贿赂；渎职类犯罪也缘于长期对权力行使监督的

---

① 2012年最高人民法院工作报告、最高人民检察院工作报告．人民网．2012－03－12．

不完善，导致权力滥用或不用对特定领域的管理秩序造成严重影响。犯罪手段日益复杂化、隐蔽化，跨行业、跨地区、窝案频发，贪污、贿赂与渎职案件相互交叉，导致发现犯罪、认定犯罪与惩罚犯罪的难度加大。职务犯罪还体现出长期反复性，初次犯罪满足了贪婪的需要，势必强化该需要的满足方式，使需要与欲望越来越膨胀。一旦遇到合适的犯罪情境，即会激发原有的心理模式，导致再次犯罪发生。

表 7.3　　我国职务案件的一审法院收案情况统计表①

收案年度	法院收案件数	职务犯罪案件	比例%
2006	702 445	23 833	3.4
2007	724 112	23 711	3.3
2008	767 842	26 007	3.4
2009	768 507	26 236	3.4
2010	779 595	28 378	3.6

由此可见，职务犯罪案件普遍高发已经成为犯罪防控的重点环节。

3. 心理的智能互动

由于职务犯罪牵涉到各种权力关系、资源利益的分配与交换，以及特定领域内管理方法与程序，犯罪人必须具有相当高的管理水平，才可能处理好。在资源与利益交换中，人情互动也是影响职务犯罪的重要因素。某些职务犯罪人可能喜好财物媒介的人情关系；某些职务犯罪人喜好非财物媒介的人情关系，例如色诱型；还有些职务犯罪人喜好被追捧和奉承。这些人情关系的互动，正是对职务犯罪人与相关利益人结成利益与心理同盟的重要原因。

（四）职务犯罪的新趋向

随着职务犯罪的发展，女性职务犯罪，处于权力边缘的基层农村职务犯罪成为新生问题。

1. 女性职务犯罪

通过对多个城市的调查研究，女性职务犯罪所占比例正在逐年上升，其中个别地区甚至占到 1/4 以上，已经成为职务犯罪的重要类型。女性职务犯罪具有以下几个特点：（1）传统的贪污、贿赂、挪用公款的类型居多。女性犯罪人在行政部分往往占据极少数，能够身居要位的必须有一定的权力与资源，在权力缺乏

① 参见《中国统计年鉴》（2007 年—2011 年）。

监督前提下往往不择手段大肆掠取金钱。(2) 女性犯罪中参与单位犯罪的居多。出纳、会计、收款员等与财务相关的职位往往是由女性担任，而职务犯罪的关键环节是利用职务之便，绕过财物制度与监督将国家财产据为己有，这其中必须需要女性犯罪人的配合。近年来，单位或公司的女出纳贪污犯罪激增，也说明了这个因素。(3) 年龄偏向中年期，文化程度相对较高。职务犯罪要求对特定权力的掌握，女性能够达到相应行政地位必须要求丰富的工作经验，年龄往往已经迈向成熟期。(4) 犯罪认知偏差明显。女性职务犯罪人既对犯罪知晓，又胆大妄为，作案手段非常细腻，不容易暴露。

2. 基层农村职务犯罪

由于基层农村的干部群体可能行使国家授予的权力，因此也能成为职务犯罪的主体。随着近年来农村财物制度与干部管理制度的公开化和水平提升，基层农村职务犯罪呈现以下几个特点：(1) 从贪污为主到受贿为主。村务不公开使村干部在支配村收入或国家拨款时缺乏监督，往往采用打白条、做假账的方式贪污公共财产；随着经济发展和社会管理水平的提高，直接利用职务便利非法占有公共财物的机会越来越少，犯罪行为转向更隐蔽的受贿犯罪。(2) 以国家授权到基层农村的权力行使为主。一些农村地区为了发展经济，对土地进行拆迁改造，建立工业开发区，然而在拆迁过程中对土地征用或征收却滥用权力，索要钱财。因此犯罪主体一般为农村基层组织的负责人，而年龄相对比较接近中年期，具有丰富的社会管理和农村基层管理经验，也成为职务犯罪的有利条件。(3) 多为共同犯罪。基层职务犯罪人往往与其他基层干部建立利益同盟，既为自己谋利益，又为别人谋利益，或者相互谋取利益。基层职务犯罪人还与政府相关部门或公司企业人员勾结，损害基层农村的广大成员利益。

四、白领犯罪

(一) 白领犯罪的概念

白领犯罪作为概念是由著名的犯罪学家萨瑟兰先生首次提出的，他在1939年时任美国社会学会主席时，提出白领犯罪问题。他认为：白领犯罪就是行为人在法制秩序或者政治秩序中，为谋取个人和公司利益，而滥用其重要的政治影响或者信任的违法行为，而这种违法行为是应由刑法对其惩罚的违法行为。[①] 广义的白领犯罪包括证券欺诈、破产诈骗、内幕交易、计算机犯罪、医疗犯罪、公共

---

① Henry N. Pontell. 白领犯罪的全球与比较视角 . 2008. 5. 15. http: //www. criminallawbnu. cn/criminal/info/showpage. asp? pkID = 16609.

腐败、冒用身份、欺骗消费者、伪造文书、制作赝品等。[①] 随着科技的发展，犯罪正在以非体力性的手段或采用更隐蔽、科技含量更高的方法或诡计非法获取利益，而这些正是犯罪学家更应该关注的问题。

1. 构成条件

根据萨瑟兰的“白领犯罪理论”，其构成条件包括：该行为是犯罪；该行为人具有较体面的社会地位和社会身份；该行为是在职业活动中实施的；该行为侵害了委托信任关系。白领犯罪主要是有一定经济社会地位、拥有一定权力的专家、公务人员或其他社会上层阶层的人员，采用非暴力的形式，包括高技术、高智商等方式进行的犯罪活动。

2. 白领犯罪的犯罪态势

白领犯罪主要是指受人尊敬的、处于社会高阶层的人，在职业活动中从事的犯罪行为。随着人类社会对网络的日益依赖，更多的白领犯罪人也开始转向利用计算机、网络等手段谋取非法的经济利益。

2010 年 11 月 10 日，首届“全球白领罪案与调查会议”在中国香港举行，由中国香港、新加坡、马来西亚、印尼等国家或地区参加，根据有关数据统计，亚洲地区欺诈案件中，贪污占 51%，侵吞资产的账目欺诈占 18.8%，不涉金钱的资产侵占案为 18.5%。尤其是自美国爆发金融危机以来，白领犯罪人往往利用高文化、高地位、高收入，在职务活动中从事买空卖空、假报资产负债表、操纵股票市场、贪污、诈骗、诈取、受贿、偷税漏税、出卖经济情报等。例如前纳斯达克股票市场公司董事会主席伯纳德·麦道夫卷走全球投资者数百亿美元，得克萨斯亿万富翁艾伦·斯坦福又被指控欺诈近 80 亿美元。2006 年 10 日，前安然公司首席执行官杰弗里·斯基林被判犯欺诈和内幕交易等多项罪行，入狱 24 年零 4 个月。[②] 目前，美国已经调整 FBI 的警力部署，开始大范围调查金融诈欺案件。

加拿大白领犯罪立法已经于 2011 年 11 月 1 日正式生效，将对白领犯罪实施更严厉的惩罚，综合考虑欺诈行为的影响和手段的复杂性。这也是为了应对当时 67 岁的琼斯设置的庞氏骗局而颁布的。[③]

白领犯罪对于全球的经济发展造成了不可挽回的损失，金融海啸席卷之下，

---

① 靳婷，宋超. 从麦道夫金融欺诈案看白领犯罪的预防与惩治. 中国检察官，2010.

② 美国白领犯罪数量创新高 FBI 转移重心紧盯白领. 法制日报，2009－04－10.

③ 加拿大白领犯罪立法生效白领犯罪将被严判. 网易新闻，2011. 11. 2. http：//news. 163. com/11/1102/06/7HR93A2M00014JB6. html.

各个国家的经济呈现停滞甚至倒退，无数的美国金融业纷纷垮台，给相关的行业造成难以预料的巨额损失。因此白领犯罪已经成为一种独立的犯罪类型，必须引起犯罪学家的注意与预防。

（二）心理特征

白领犯罪往往以身居要位或中等管理阶层的人较多，而且岗位多与钱财相关，在职务活动中最终选择白领犯罪也是跟特殊的心理因素相关。

1. 畸形的拜金需要

综合梳理多数白领犯罪的过程，不难发现犯罪人实施的目的是为了追求巨额的利益，而犯罪人因居于较高的社会地位，因而往往已经脱离了温饱状态，对金钱的无限追求就化为畸形化的需要，一方面满足自己的成就感，另一方面满足贪婪的欲望。这种拜金主义已经不仅仅局限在获得金钱符号所代表的财富，而是为了在不断犯罪中得到对自我能力的完全崇拜。

2. 冒险侥幸心理

无论是麦道夫，还是一般的白领，都在自己职业活动中，采用谨慎的手法，掩人耳目，秘密从事着不法的勾当。这种行为反映了犯罪人的冒险心理，同时也说明制度监管的漏洞造就了行为人的侥幸心理，使小的问题最终演变成大的困境。

（三）行为特征

白领犯罪，是从犯罪主体分类的角度界定的犯罪，主要是从行为人在社会阶层的归属上进行定义的。犯罪主体往往是政府机构、公司企业从事经营管理的人员，属于高学历、高地位、高收入的人群，他们的专业技术知识或工作能力普遍得到了一定的社会认同。然而这些社会的精英人士，却在利用高智商、利用职务的便利实施犯罪，为自己谋求非法的巨额利益。其犯罪行为的特点表现在以下几个方面：

1. 突出的智能性

白领犯罪往往集中在职业化领域，并且要运用一定的专业技术知识，例如经济、金融、财税、会计或法律等方面的知识，具有丰富的经济活动经验，具有良好的教育背景。有些犯罪人甚至还专门使用高科技手段进行犯罪，如河北省某单位会计杨某，利用计算机程序缺陷，连续作案 5 年，窃取现金 1 500 万元。智能性还体现在白领犯罪人往往经过周密的预谋、精心的策划才开始实施犯罪，而且因为有正当职业的掩护，往往不容易被发现，即使作案后也有时间毁灭证据，进行反侦查。

2. 职务依赖性

正是因为职务的掩护，白领犯罪往往利用工作便利或资源优势，勾结相关人员进行权钱交易。医疗卫生领域、金融领域、建筑领域、教育领域往往成为白领犯罪的高发领域。同时这些领域都属于掌握资源和权力较集中的，特定情况下某一系统的所有环节人员都可能卷入白领犯罪的共同利益联盟，因此白领犯罪有典型的职务依赖性。

3. 共同作案居多

因为白领犯罪仅仅是指身居要位的公务人员或单位人员，具体犯罪的表现形式多样化，而且随着国家防控职务犯罪的力度加大，越来越多的白领犯罪趋向集体化、群体化、窝案化，但主要发案是在经济领域，涉及商品的生产、分配、交换、消费等。同时，由于经济运行的环节非常复杂，犯罪人往往是集体参与，各自分工，例如金融类犯罪往往是共同所为，涉黑社会性质的经济犯罪集团也往往是各司其职，分工明确。

4. 复杂性与隐蔽性

白领犯罪人利用职务上的便利和技术的娴熟，犯罪手段具有明显的隐蔽性，不容易被人察觉，同时由于白领犯罪人的社会关系网比较发达，能够干扰侦查活动，同时由于多媒体媒介的发展，证据一般很难留存，也造成了取证困难。同时，由于白领犯罪涉及的领域普遍性，时间跨度性，体现了明显的复杂性。例如金融诈骗类案件，往往涉及数年甚至数十年的犯罪行为，涉及人数众多，涉及法律关系与取证的任务都非常重，因此对于案件的侦查是难上加难。

总之，犯罪是社会的一种正常现象，白领犯罪是近年来出现的新类型，也成为阻碍社会主义经济秩序、社会管理秩序的重要问题，因此应当完善白领犯罪的制度监督体系，完善法律规定以及提高民众的法律意识，来共同防范这一新型的犯罪行为。

相关案例

美近年“白领犯罪”案

举世震惊的美国巨额金融诈骗案嫌疑人伯纳德·麦道夫已于2009年3月12日认罪。

休斯敦一家法院2006年5月裁定，已破产安然公司创始人肯尼思·莱欺诈和向银行提供虚假证明等罪名成立。莱当年7月因心脏病发作去世。

休斯敦一家法院2006年10日判决，前安然公司首席执行官杰弗里·斯基林犯有欺诈和内幕交易等多项罪行，入狱24年零4个月。

2004年一联邦法院裁定有线电视服务企业阿德尔菲亚通信公司创始人约

翰·里加斯和他的儿子、公司前首席财务官莫西·J·里加斯证券和银行欺诈等罪名成立。里加斯父子现正在狱中服刑，刑期分别为12年和17年。

曼哈顿一家法院2005年判定世界通信公司前首席执行官伯纳德·埃贝斯证券欺诈和共谋等9项罪名成立。埃贝斯2006年9月入狱服刑，刑期25年。

2005年因巨额盗窃、证券欺诈和伪造商业记录等指控被定罪的蒂科国际公司前首席执行官丹尼斯·科兹洛夫斯基，被法院判处8年零4个月至25年的不定期徒刑。科兹洛夫斯基如今正在狱中服刑。

有“垃圾债券王”之称的迈克尔·米尔肯1989年被判在美国一家投资银行负责债券业务时存在违规操作行为，判处服刑22个月并缴纳2亿美元罚金。[①]

请问：你如何理解白领犯罪？并从典型案例出发，论述白领犯罪的危害与预防？

本章小结

财物型犯罪心理是犯罪心理类型中的一个重要分类，包括盗窃、诈骗类犯罪、职务犯罪等等。该类犯罪往往缘于对钱财的需要与欲望，自我控制力降低，导致个体不断反复使用犯罪手段满足物质和精神需要，形成较为稳固的犯罪心理模式。

要防控财物型犯罪，必须探寻其心理规律与行为特征：

盗窃犯罪往往因为犯罪人将被害人去人性化，产生认知错误以及顽固的犯罪意志，在个性心理特征上保持畸形的需要与动机。盗窃犯罪行为比较注重相对的秘密性和非暴力性，同时因具体的盗窃类型不同而有所差异。

诈骗犯罪是犯罪人与受害人之间的心理互动，其心理特征往往体现在诈骗的心理过程上，如诈骗的外环境、歪曲事实、思维定势误区等等，对其中如何使用施诈点有特殊的规律。诈骗犯罪人往往具有比较灵活的人格特征，具有突出的欺骗性和智能性，并呈现类型化。

职务犯罪往往是由于职务犯罪人的社会角色冲突或权力变现理论的诱使，普遍存在于社会发展的各个领域，其中女性职务犯罪和基层农村干部职务犯罪成为新生问题。另外，白领犯罪也是属于职务犯罪的一种，是美国萨瑟兰提出的独立的犯罪类型。目前全球正在加紧对白领犯罪的预防与惩治步伐。白领犯罪具有一系列独立的心理特征和行为特征。

---

① 美国白领犯罪数量创新高 FBI 转移重心紧盯白领．法制日报，2009－04－10．

复习思考题

1. 解释下列概念：

   盗窃罪　诈骗罪　职务犯罪　白领犯罪

2. 简述盗窃犯罪的行为特征。
3. 简述诈骗犯罪的心理过程。
4. 简述职务犯罪的心理特征。
5. 论述白领犯罪的心理特征，并阐述目前白领犯罪的构成理论。

参考文献

[1] [美] Curt R. Bartol, Anne M. Bartol，杨波，李林．犯罪心理学．北京：中国轻工业出版社，2009.

[2] [俄] 尤里·谢尔巴特赫，徐水平，储诚意．欺诈术与欺诈心理．北京：华文出版社，2006.

[3] 韩忠谟．刑法各论．1982.

[4] 宋钊．欺诈术与欺诈心理揭密．北京：中国时代经济出版社，2011：27.

[5] 张明楷．日本刑法典．北京：法律出版社，1998.

[6] 李光明，寇学军．权利监督与廉政法律制度建设研究．北京：经济日报出版社，2009：68.

[7] 徐连纯，徐洪波．中国现代化进程中的腐败问题研究．郑州：河南人民出版社，2005：38.

[8] 李浩根，等．官员腐败心理学．长春：吉林人民出版社，2005：266.

[9] [美] 沃特．谢佛尔．压力管理心理学．方双虎，等，译．北京：中国人民大学出版社，2009：151.

[10] 陈成雄．论我国刑法中的职务犯罪概念．国家检察官学院学报，2003.

[11] 刘建清．论职务犯罪心理及其预防．政法学刊，2005.

[12] 刘跃挺，康乐．论社会压力与贪官人格的形成．犯罪研究，2011：27.

[13] 靳婷，宋超．从麦道夫金融欺诈案看白领犯罪的预防与惩治．中国检察官，2010.

第八章

变态心理与犯罪

通过之前章节的学习，我们认识到绝大多数的犯罪人在犯罪时都有一定的动机和目标，其心理特点也容易被人所理解。但是，其中一部分人则比较特殊，其心理状态与常人有异，即存在变态心理。如河南平舆人黄某于2001年9月至2003年10月先后杀害了17个年龄在15～22岁的男性青少年，而受害人的遗体就被他埋在与他的卧房一墙之隔的一间空屋内。河南人杨某于2000年9月至2003年8月在皖豫鲁冀四省先后杀人作案22起，致使67人死亡，伤10人，23人被奸尸。对于他们的犯罪动机，常人难以理解。因此对变态心理与犯罪关系的研究，既有利于侦查、审讯时正确理解其犯罪心理实质，又对于矫治和预防犯罪有重要意义。

本章任务

1. 掌握变态心理定义
2. 掌握心理正常与异常的判断标准
3. 了解心理障碍的分类
4. 熟悉各种变态心理犯罪的心理特点

第一节　变态心理概述

引　例

1978年1月23日，美国加州萨克拉门托的卡车司机大卫·沃林回家后发现他22岁的妻子特雷萨在卧室里被谋杀了，她怀有3个月身孕的下腹被人残忍地剖开。尸体旁边的一个酸奶瓶显露出曾被用来喝受害人的血的迹象。而且尸体的几个部分不见了。同年1月26日，3具尸体在离特雷萨·沃林家不足一英里的一座房子被发现。36岁的伊芙琳·迈伦斯被肢解得比特雷萨更惨，她6岁的儿子杰森以及家里的朋友丹尼尔·梅里迪斯被枪杀了，伊芙琳尚在襁褓之中的侄儿则失踪了。种种迹象表明，凶手显然也饮过死者的鲜血。此案侦破后，警方在树林中发现了孩子的尸体，也同样被剖腹。梅里迪斯的汽车已被开走，但后来被发现遗弃在不远处。

警方根据联邦调查局行为科学组的专家罗伯特·莱斯勒所分析的心理肖像，他们最终将目标锁定在理查德·特伦顿·乔斯身上。警方守候在乔斯家门外，把他引诱出来后以非法持有一支点22左轮枪和占有梅里迪斯钱包的理由拘捕了他。警察在他的卡车里找到了一把12英寸（30cm）的屠宰刀，还有一双沾有血块的橡胶雨靴。他的家里杂乱不堪，冰箱里的几只容器里盛着人体尸块和人脑组织。一本挂历在谋杀的日期上标着“今天”的字样。1978年全年还标有另44个同样的字样。

追踪乔斯的经历，警方进一步走近乔斯，了解了他心理变态的轨迹。乔斯1950年出生中产阶级，父母亲常年不和，争斗不断，在乔斯10岁时终于离婚。母亲患有偏执狂妄想症，具高度攻击性，对人怀有敌意，容易受到刺激和煽惑。

乔斯本人智力中等，智商95，在高中时学习就跟不上，没有朋友，独往独来，高中时开始堕落，“生性叛逆，难以驾驭，吸食大麻和迷幻药，酗酒，屋里经常肮脏不堪。”一位精神病学家对他诊断后作出结论。1965年曾因携带毒品被罚在社区服劳役。高中毕业后，他做过几个月的工作，这是他一生中时间最长的一次就业，以后的工作总是只有1~2天。1972年因酒后驾车被捕，1973年因无照携枪被捕，以后又因在舞场骚扰女孩子被起诉罚款。从1976年开始，他开始对小动物施暴，抓来小鸟，砸碎鸟头，屠杀小动物，生饮动物的血，还试图用兔子的血注入自己的静脉。他的衣服上常常血迹斑斑。之所以这样做，他自己的解释是他认为他的血迟早会变成粉末状，必须补充新鲜血液，因此他又住进了精神病院，直到1977年出院。

1977年9月，他在与母亲争执后愤而杀死母亲的猫。10月份，又把刚买来的几条狗杀了，紧接又因偷窃价仅2美元的汽油受到警方审讯。之后，他不断地偷杀邻居的狗。12月他去购枪，12月18日正式配枪后，到1月23日瓦林太太被杀的一个月时间里，他多次用枪骚扰他人，向室内开枪射击，还打死了一人。乔斯自己说，在杀人之前，他一直会听到一种不知来自何处的声音，要他立即取人性命。接到指令，他便上街搜寻目标，他专找那些家门洞开，未加防范的住户。1980年，乔斯死于监狱，系一次性服用过量镇静剂所致。

提问：试分析乔斯犯罪行为的异常表现。

一、什么是变态心理

变态心理（abnormal psychology）又称异常心理、病理心理或心理障碍，是指个体心理，如认知、情绪情感、意志行为、人格特征和行为表现超出了正常范围，甚至表现为某种程度地丧失了辨认能力或控制能力。变态心理包括的范围很广，广义的变态心理包括：精神病（如精神分裂症、燥郁型精神病、老年性精神病）、性心理障碍（如恋物癖、恋童癖）、人格障碍（如偏执型人格障碍、反社会型人格障碍等）和精神发育迟滞；狭义的变态心理仅指人格障碍与性心理障碍。

二、正常心理与异常心理的区分

正常心理与异常心理之间并没有明确的界限，对于相同的心理现象，在不同的社会背景、风俗习惯、价值观念下，其认定也可能不同。因此，不同学者对心理正常与异常的判别也有各自的标准。

（一）李心天对区分正常与异常心理提出了四类判别标准①

1. 医学标准。根据病因与症状存在与否来判断。这一标准是将心理变态与躯体疾病一样看待。如果一个人的某些心理或行为异常，就必须找到它的病理解剖或病理生理变化的根据，在此基础上认定此人有精神疾病或心理障碍。其心理或行为表现，被视为疾病的症状，其产生原因归结为脑功能失调。这一标准为临床医生广泛采用，他们认为，虽然目前大部分心理障碍没有明显的病理改变，但随着医疗科技的发展，将来会发现，在他们的大脑中，已经发生了分子水平上的变化，而这种病理变化才是区分心理正常与异常的可靠根据。但目前，医学标准有其局限性。

2. 统计学标准。在普通人群中，对各种心理特性进行心理测试的结果通常是呈常态分布，在常态曲线上，居中的大多数人属于心理正常范围，而远离中间的两端则被视为“异常”。因为，一个人的心理正常或异常，就以其偏离平均值的程度来决定。由于对心理特征进行了量化，比较客观也便于比较。但这一标准也存在明显的缺陷，比如，IQ 在 140 以上的人在人群中是极少数，但很少被认为是病态，另外，选用心理测验要注意其信度、效度、适用范围，并受社会文化的制约，所以，统计学标准也有其不足之处。

3. 内省经验。这里的内省经验涵盖两个方面，一是指病人的内省经验，即

---

① 李心天．岳文浩．医学心理学．北京：人民军医出版社，2009：517—519.

病人自己的主观不适感，如焦虑、抑郁、失控感等等。二是指观察者的内省经验，如观察者把来访者的行为与自己的以往经验相比较，从而对来访者作出心理正常与否的判断。这种方法生动灵活，来源丰富，但过于主观。

4. 社会使用标准。在正常情况下，人能够维持生理和心理活动的稳定状态，能按照社会生活的需要，适应环境和改造环境。因为，正常人的行为符合社会的准则和道德规范，这时，我们说他的行为是一种社会适应性行为。如果由于器质或功能的缺陷或两者兼而有之的原因，使某人的社会行为能力受损，不能按照社会认可的方式行事，那么，我们就认为此人有心理障碍。这一判断，是将此人的行为与社会行为常模相比较的结果。

（二）郭念锋[①]认为，既然目的是区分心理的正常与异常，就应该从心理学的角度切入。根据心理学对心理活动的定义，即“心理是人脑对客观现实的主观反映，是脑的机能”，提出三条原则，作为确定心理正常与异常的依据：

1. 主观世界与客观世界的统一原则。因为心理是脑对客观现实的反映，所以任何正常心理活动或行为，必须在形式和内容上与客观环境保持一致。

2. 心理活动的内在协调性原则。人类的心理活动虽然可以被分为认知、情绪情感、意志行为等部分，但它自身确实是一个完整的统一体，各种心理过程之间具有协调一致的关系，这种协调一致性，保证人在反映客观世界过程中的高度准确和有效性。

3. 人格的相对稳定性原则。每个人在社会化过程中，都会形成自己独特的人格心理特征，具有稳定性和惯常的特征。在没有重大外界变革的情况下，一般不易改变。如果在没有外界明显诱因的情况下，一个人的个性稳定性出现问题，就要怀疑这是人的心理活动出现了异常。所以，我们可以把人格的相对稳定性作为区分心理活动正常与异常的标准之一。

三、变态心理的原因

对于变态心理的研究，在我国古代就有不少记载，如《内经》中就有“怒伤肝、喜伤心、思伤脾、忧伤肺、恐伤肾”的观念。在西方，公元前四百多年，古希腊医生希波克拉底提出了体液说，体液调和，人就健康，体液不调和，就不健康。到了中世纪，由于神学和宗教统治，心理异常被看作是邪恶或魔鬼附体的表现，因此，对心理变态的治疗就以各种形式的驱魔为主。无数精神病患者因此遭受了悲惨的待遇。近代，随着科学技术的发展，新的观点认为心理障碍产生的

---

① 郭念锋．心理咨询师（基础知识）．北京：民族出版社，2005：260.

原因是生物、心理和社会因素综合作用的结果。

（一）生物学因素

1. 遗传：研究显示，很多心理障碍如精神分裂症、某些神经症、性偏好障碍、人格障碍等都与染色体异常有关。如先天愚型即 Down 综合征，就是由于卵子分裂时 21 号染色体不分裂，形成异常卵子所致，所以该病又称为 21 三体综合征。其形成的原因与母亲的年龄过高（35 岁以上）或年龄过小（20 岁以下）有关，目前报道与父亲年长也有关。

2. 感染、中毒或颅脑损伤：器质性心理障碍多与中枢神经系统感染、中毒和颅脑损伤有关，如脑炎、脑肿瘤、脑血管疾病等在引起脑生理功能改变的同时也引起心理障碍。

3. 神经生化因素：随着分子生物学研究的进展，研究人员发现某些没有器质性病变的心理障碍在分子水平已有变化。如中枢神经递质乙酰胆碱和胆碱受体的改变与情感性精神障碍有关，儿茶酚胺类（多巴胺、去甲肾上腺素、肾上腺素等）代谢异常则与精神障碍的发病有关。

（二）心理学因素

1. 心理动力学观点：精神分析理论强调无意识领域的心理冲突是导致心理变态的主要原因，性心理发育过程是否顺利和心理防御机制的应用是否合理都与心理障碍的发病有关。

2. 行为主义观点：该理论认为任何行为都是环境的产物，是从过去经验习得的结果，所以变态心理也是后天错误学习以及和不适当的条件联系的结果。

3. 人本主义观点：该理论认为每个人都有自我完善的趋势，个体潜能能否充分、完善的发挥，“理想我”与“社会我”是否一致是心理健康与否的根源。

（三）社会学因素

该观点认为个体的社会角色冲突、行为偏离社会常模，人格发展受损，就容易发生心理异常。而社会生活事件过于频繁和强烈的变化都会增加心理异常发生的可能性。

四、常见心理异常的表现①

（一）认知障碍

1. 感知障碍

（1）感觉障碍：如感觉过敏、感觉减退和内感性不适。

---

① 郭念锋．心理咨询师（基础知识）．北京：民族出版社，2005：261—274.

(2) 知觉障碍：如错觉和幻觉。根据感受器官的不同，幻觉可分为幻听、幻视、幻嗅、幻味、幻触和内脏性幻觉。其中，幻听最常见，幻视次之。

(3) 感知综合障碍

2. 思维障碍

(1) 思维形式障碍：如思维奔逸（严重时会出现音联和意联）、思维迟缓、思维贫乏、思维松弛或思维散漫、破裂性思维、思维不连贯、思维中断、思维插入和思维被夺、病理性赘述、病理性象征性思维、语词新作、逻辑倒错性思维。

(2) 思维内容障碍：如妄想、强迫观念和超价观念。其中妄想按其内容可分为关系妄想、被害妄想、特殊意义妄想、物理影响妄想、夸大妄想、自罪妄想、疑病妄想、嫉妒妄想、钟情妄想、内心被揭露感。

3. 注意、记忆与智能障碍

(1) 注意障碍：主要表现为注意的减弱和注意狭窄。

(2) 记忆障碍：表现为记忆增强、记忆减退、遗忘、错构、虚构。

(3) 智能障碍：分为精神发育迟滞和痴呆。

精神发育迟滞是指先天或围产期或在生长发育成熟以前，由于多种致病因素的影响（如遗传、感染、中毒、头部外伤、内分泌异常或缺氧），使大脑发育不良或发育受阻，以致智能发育停留在某一阶段，不能随着年龄增长而增长，其智能明显低于正常同龄人。

痴呆是一种综合征，是意识清楚情况下后天获得的记忆、智能的明显受损。大多数的痴呆是脑器质性的，但也有由于心理应激导致的假性痴呆。

4. 自知力障碍

自知力指患者对自身精神病态的认识和批判能力。

(二) 情感障碍

1. 以程度变化为主的情感障碍：如情感高涨、情感低落、焦虑、恐怖。

2. 以性质改变为主的情感障碍：如情感迟钝、情感淡漠、情感倒错。

3. 脑器质性损害的情感障碍：主要表现为情感脆弱、易激惹、强制性苦笑和欣快。

(三) 意志行为障碍

主要表现为意志增强、意志缺乏、意志减退、精神运动性兴奋、精神运动性抑制（如木僵、违拗、蜡样屈曲、缄默、被动性服从、刻板动作、模仿动作、意向倒错、作态、强迫动作）。

五、变态心理与犯罪

由精神病患者因辨认障碍或控制障碍而实施的犯罪行为，就称为变态心理犯罪或病理心理犯罪。病理心理主要指精神病患者的特殊病态心理，主要症状有严重意识障碍、意识朦胧状态、病理性幻觉、妄想、严重的精神运动性兴奋、强迫行为、智能缺陷等。病理心理使患者的认知、情感、意志、行为等出现异常，并伴随辨认力、自制力和自知力的减弱或丧失，易导致不顾法律约束而发生危害社会秩序的越轨行为和犯罪行为。虽然不是所有的变态心理者都注定要犯罪，但是统计学显示，在犯罪人中的变态心理患病率要高于一般人群的变态心理患病率。近年有学者对一些犯罪人做人格测验，结果显示犯罪人的人格障碍患病率明显高于一般人口的人格障碍患病率。①

（一）犯罪动机

犯罪动机是指具有变态心理的犯罪人实施犯罪行为的心理起因，其主要特征有：

1. 犯罪动机不明确。违法犯罪行为多由意识和意志障碍引起，是精神异常所致。

2. 具有奇特性。主要表现为动机不合逻辑，动机与行为极不相符，是在脱离现实的幻觉或妄想的基础上产生，使人难以理解。

3. 动机指向的目标不明确。

4. 缺乏利己性。变态心理犯罪人的行为并非为了获得利益，有时其行为还对自己造成危害。

5. 具冲动性和无意识性。变态心理者易激惹，情绪极不稳定，易因微弱刺激而暴怒或在一时冲动下犯罪，在冲动产生与行为实施之间缺乏思考、控制过程。

（二）行为特征②

行为人在变态心理犯罪动机的病理性、本能冲动性基本特点的驱使下，其犯罪行为表现出一些与之密切相关的行为特征，如病理性、情境性、离奇性、固定性、低保护性、残忍性、公开性、自我肯定性、单独性、反复性等。

---

① 罗大华．犯罪心理学．北京：中国政法大学出版社，2007.

② 刘邦惠．犯罪心理学．北京：科学出版社，2009：295—296.

相关知识链接

常见精神障碍分类系统

一、中国精神障碍分类与诊断标准（第3版）（CCMD－3）分类目录：0、器质性精神障碍；1. 精神活性物质或非成瘾性物质所致精神障碍；2. 精神分裂症（分裂症）和其他精神病性障碍；3. 心境障碍（情感性精神障碍）；4. 癔症、应激相关障碍、神经症；5. 心理因素相关生理障碍；6. 人格障碍、习惯与冲动控制障碍、性心理障碍；7. 精神发育迟滞与童年和少年期心理发育障碍；8. 童年和少年的多动障碍、品行障碍、情绪障碍；9. 其他精神障碍和心理卫生情况。

二、世界卫生组织编制的《国际疾病分类》第10版（ICD－10），分类如下：F00－F09器质性（包括症状性）精神障碍；F10－F19使用精神活性物质所致的精神及行为障碍；F20－F29精神分裂症、分裂型及妄想性障碍；F30－F39心境（情感性）障碍；F40－F49神经症性、应激性及躯体因素的行为综合征；F50－F59伴有生理障碍及躯体因素的行为综合征；F60－F69成人的人格与行为障碍；F70－F79精神发育迟滞；F80－F89心理发育障碍；F90－F99通常发生于儿童及少年期的行为及精神障碍；F99待分类的精神障碍。

三、美国精神障碍分类系统《精神障碍诊断与统计手册》第4版（DSM－Ⅳ），具体分类如下：1. 通常在婴儿、儿童或少年期首次诊断的障碍；2. 谵妄、痴呆、遗忘及其他认知障碍；3. 由躯体情况引起的，在他处未提及的精神障碍；4. 与酒精有关的精神障碍；5. 与苯丙胺（或苯丙胺类）有关的障碍；6. 精神分裂症及其他精神病性障碍；7. 心境障碍；8. 焦虑障碍；9. 躯体型精神障碍；10. 做作性精神障碍；11. 分离性精神障碍；12. 性及性角色认同障碍；13. 进食障碍；14. 睡眠障碍；15. 未在他处提及的冲动控制障碍；16. 适应障碍；17. 人格障碍；18. 可能引起临床关注的其他问题。

第二节　变态人格与犯罪

一、什么是变态人格

人格，又译“个性”，是个体在社会化过程中形成的整体心理面貌，是具有一定倾向性的各种心理特征的总和。主要表现为个体适应环境时在能力、情绪、需要、动机、兴趣、态度、价值观、气质、性格和体质等方面的整合，具有动态的一致性和连续性。

变态人格，又称为人格障碍、病态人格等，指在没有智力缺陷、没有认知过程障碍的前提下，个体的人格明显偏离常态，这种偏离使个体形成了一贯的反映个人生活风格和人际关系的异常行为模式。这种模式显著偏离特定的文化背景和一般认知方式（尤其在待人接物方面），明显影响其社会功能与职业功能，造成对社会环境的适应不良，个体为此感到痛苦。虽然没有智能障碍，但适应不良的行为模式难以矫正，仅少数病人在成年后程度上可以改善。通常开始于童年期或青少年期，并长期持续发展至成年或终生。如果人格偏离正常系躯体疾病（如脑病、脑外伤、慢性酒精中毒等）所致，或继发于各种精神障碍则称为人格改变。

二、人格障碍的成因

（一）生物学因素

研究资料显示，47，XYY 染色体畸变与攻击性人格有关，而杀人犯等罪犯中 47，XYY 型的比例远高于正常人群；中枢神经递质如乙酰胆碱、儿茶酚胺、5－羟色胺、γ－氨基丁酸及多肽类物质等，对中枢神经系统神经冲动的传导和阻抑具有重要影响，这类物质的代谢异常，则容易导致精神障碍的发生，如焦虑、抑郁等。

（二）心理因素

心理学家普遍认为，人的心理状况与人格的形成、发展有十分密切的关系。儿童早期是人格形成的关键期，所以，早期的生长环境和家庭教育对人格形成非常重要。早期父爱或母爱缺失的儿童，或被遗弃、虐待的儿童，人格易发生异常，对社会冷漠、易冲动，并具有反社会行为。家庭对儿童过分溺爱、放纵或管教过于严厉都容易使人格发展出现障碍。

（三）社会因素

儿童如果自幼得到社会和家庭的爱护，受到良好的道德情操的培养教育，个性就能得到健康发展。相反，如果在成长期处于不良的环境中，长期受到恶劣因素的影响就容易形成各种道德偏见和畸形的人生价值观，并失去抵制各种消极、腐朽的社会信息和社会心理侵袭的能力，从而使其人格向不健康的方向发展，出现变态特征。

三、人格障碍者犯罪特点

人格障碍者的犯罪与常态人格者的犯罪有许多不同之处，主要表现为[①]：

---

① 罗大华，何为民．犯罪心理学．杭州：浙江教育出版社，2002：432．

1. 犯罪形式的特点，一般带有偶然性，作案前较少预谋或没有预谋，没有明确的目标，随机冲动性强。作案手法一般不甚隐蔽，作案情节离奇怪诞，有的胆大妄为，手段残忍。自我保护性差，害人害己，甚至对自身伤害更大。抓获后不逃避罪责，能供认不讳。犯罪活动一般为单独进行。

2. 犯罪性质的特点，多为攻击型、爆发型。在变态心理和病理性激情支配下，多发生伤害、凶杀等恶性犯罪。由于多疑、记仇，极易进行报复性的毁物、纵火等恶性犯罪。由于性格异常且顽固，行为习惯难改，常进行持续犯罪。

四、人格障碍类型与犯罪

依据 CCMD-3 的标准，人格障碍主要划分为以下类型：偏执性、分裂样、反社会性、冲动性、表演性、强迫性、焦虑性、依赖性等，有些类型的人格障碍极少导致犯罪，如强迫性人格障碍、依赖性人格障碍等，但有些人格障碍如偏执性、反社会性人格障碍与犯罪活动关系较为密切。

（一）偏执性人格障碍

偏执型人格障碍以猜疑和偏执为主要特点，并至少包含下列 3 项，分别是：(1) 对挫折和遭遇过度敏感；(2) 对侮辱和伤害不能宽容，长期耿耿于怀；(3) 多疑，容易将别人的中性或友好行为误解为敌意或轻视；(4) 明显超过实际情况所需的好斗，对个人权利执意追求；(5) 易有病理性嫉妒，过分怀疑恋人有新欢或伴侣不忠，但不是妄想；(6) 过分自负和自我中心的倾向，总感到受压制、被迫害，甚至上告、上访，不达目的不肯罢休；(7) 具有将其周围或外界事件解释为“阴谋”等的非现实性优势观念，因此过分警惕和抱有敌意。

综合以上特征，本症患者容易产生关于被害的、关系的，或嫉妒的超价观念，可能产生报复性或攻击行为与自杀行为，多见于男性。

（二）分裂样人格障碍

分裂样人格障碍以观念、行为和外貌装饰的奇特、情感冷淡，及人际关系明显缺陷为特点，并至少具备下列 3 项：

1. 性格明显内向（孤独、被动、退缩），与家庭和社会疏远，除生活或工作中必须接触的人外，基本不与他人主动交往，缺少知心朋友，过分沉湎于幻想和内省；

2. 表情呆板，情感冷淡，甚至不通人情，不能表达对他人的关心、体贴，以及愤怒等；

3. 对赞扬和批评反应差或无动于衷；

4. 缺乏愉快感；

5. 缺乏亲密、信任的人际关系；

6. 在遵循社会规范方面存在困难，导致行为怪异；

7. 对与他人之间的性活动不感兴趣（考虑年龄）。

本症可成为精神分裂症的病前人格基础，也可在不良境遇或刺激下，产生较短暂时期的“精神病发作”，也可发生违法犯罪行为。但时过境迁之后，又能恢复到原精神活动水平而没有进行性发展病程。

（三）反社会性人格障碍

反社会性人格障碍以行为不符合社会规范，经常违法乱纪，对人冷酷无情为特点，男性多于女性，本症往往在童年或少年期（18 岁前）就出现品行问题，成年后（18 岁后）习性不改，并至少有下列 3 项：1. 严重和长期不负责任，无视社会常规、准则、义务等，如不能维持长久的工作或学习，经常旷工或旷课，多次无计划地变换工作，有违反社会规范的行为，且这些行为已构成拘捕的理由（不管拘捕与否）；2. 行动无计划或有冲动性，如进行事先未计划的旅游；3. 不尊重事实，如经常撒谎、欺骗他人，以获得个人利益；4. 对他人漠不关心，如经常不承担经济义务、拖欠债务、不赡养子女或父母；5. 不能维持与他人长久的关系，如不能维持长久的（1 年以上）夫妻关系；6. 很容易责怪他人，或对其与社会相冲突的行为进行无理辩解；7. 对挫折的耐受性低，微小刺激便可引起冲动，甚至暴力行为；8. 易激惹，并有暴力行为，如反复斗殴或攻击别人，包括无故殴打配偶或子女；9. 危害别人时缺少内疚感，不能从经验，特别是在受到惩罚的危险中获益。

在 18 岁前有品行障碍的证据，至少有下列 3 项：1. 反复违反家规或校规；2. 反复说谎（不是为了躲避体罚）；3. 习惯性吸烟、喝酒；4. 虐待动物或弱小同伴；5. 反复偷窃；6. 经常逃学；7. 至少有两次未向家人说明外出过夜；8. 过早发生性活动；9. 多次参与破坏公共财物活动；10. 反复挑起或参与斗殴；11. 被学校开除过，或因行为不轨而至少停学一次；12. 被拘留或被公安机关管教过。

由于反社会人格障碍具有以上特征，因此他们非常容易触犯社会规范和法律。在违法犯罪人群中具有反社会人格的人的数量较多，可达 30% 以上，远高于一般人群的患病率（1% 以下）。而且，在所有的变态人格中，反社会人格引起的违法犯罪行为最多，以暴力性犯罪最为多见，智能性犯罪较少见，同一性质的屡次犯罪以及罪行特别残酷或情节恶劣的犯罪人中，大约 1/3 至 2/3 的人都属于此类型变态人格。①

---

① 陈和华．论反社会人格与犯罪．犯罪研究，2005（1）．

(四) 冲动性人格障碍

冲动性人格障碍又称为攻击性人格障碍，以情感爆发，伴随明显行为冲动为特征，男性多于女性，并至少有下列3项：1. 易与他人发生争吵和冲突，特别在冲动行为受阻或受到批评时；2. 有突发的愤怒和暴力倾向，对导致的冲动行为不能自控；3. 对事物的计划和预见能力受损；4. 不能坚持任何没有即刻奖励的行为；5. 不稳定的和反复无常的心境；6. 自我形象、目的，及内在偏好（包括性欲望）的紊乱和不确定；7. 容易产生人际关系的紧张和不稳定，时常导致情感危机；8. 经常出现自杀、自伤行为。

攻击性人格的行为自控能力低下，发作前常没有先兆，不考虑后果，容易与人发生冲突，产生不良后果，并具有犯罪倾向。

(五) 表演性（癔症性）人格障碍

表演性人格障碍以过分的感情用事或夸张言行吸引他人注意为特点，并至少有下列3项：1. 富于自我表演性、戏剧性、夸张性的表达情感；2. 肤浅和易变的情感；3. 自我中心，自我放纵和不为他人着想；4. 追求刺激和以自我为注意中心的活动；5. 不断渴望受到赞赏，情感易受伤害；6. 过分关心躯体的性感，以满足自己的需要；7. 暗示性高，易受他人影响。

这种类型的人格障碍患者多导致性犯罪和财产犯罪，且难以矫治。

(六) 强迫性人格障碍

强迫性人格障碍以过分的谨小慎微、严格要求与完美主义，以及内心的不安全感为特征，男性多于女性2倍，并至少有下列3项：1. 因个人内心深处的不安全感导致优柔寡断、怀疑，及过分谨慎；2. 需在很早以前就对所有的活动作出计划并不厌其烦；3. 凡事需反复核对，因对细节的过分注意，以致忽略全局；4. 经常被讨厌的思想或冲动所困扰，但尚未达到强迫症的程度；5. 过分谨慎多虑、过分专注于工作成效而不顾个人消遣及人际关系；6. 刻板和固执，要求别人按其规矩办事；7. 因循守旧、缺乏表达温情的能力。

(七) 焦虑性人格障碍

焦虑性人格障碍以一贯感到紧张、提心吊胆、不安全及自卑为特征，并至少有下列3项：1. 一贯的自我敏感、不安全感，及自卑感；2. 对遭排斥和批评过分敏感；3. 不断追求被人接受和受到欢迎；4 除非得到保证被他人所接受和不会受到批评，否则拒绝与他人建立人际关系；5. 惯于夸大生活中潜在的危险因素，达到回避某种活动的程度，但无恐惧性回避；6. 因“稳定”和“安全”的需要，生活方式受到限制。

（八）依赖性人格障碍

以过分依赖为特征，并至少有下列 3 项：1. 要求或让他人为自己生活的重要方面承担责任；2. 将自己的需要附属于所依赖的人，过分地服从他人的意志；3. 不愿意对所依赖的人提出要求，即使是合理的；4. 感到自己无助、无能，或缺乏精力；5. 沉湎于被遗忘的恐惧中，不断要求别人对此作出保证，独处时感到很难受；6. 当与他人的亲密关系结束时，有被毁灭和无助的体验；7. 经常把责任推给别人，以应对逆境。

（九）其他待分类的人格障碍

包括被动攻击性人格障碍、抑郁性人格障碍和自恋性人格障碍等。

相关案例

1. 王某，男，1978 年出生，9 岁开始逃学，偷拿老师钱包和家里的钱，由于经常受到父亲的打骂，王某就逼父母离婚，随母亲生活。14 岁时，因扰乱公共秩序受到行政拘留。17 岁时，因违反枪支管理规定受到行政拘留，同年，因抢劫被判处有期徒刑9 年，入狱服刑7 年。2003 年，绑架王某，拿到300 万元赎金，并杀死人质，随后在云南购买了前苏联制的手枪、冲锋枪共4 支。2004 年1 月，绑架王某的弟弟，遭反抗，绑架没有得逞。随后准备绑架沈某，但绑错了人，后将人质放了。2004 年 2 月 3 日凌晨，王某冒充警察绑架著名演员吴某，将其与之前绑架的杜某关在一起，并索要210 万元赎金，通过目击证人对犯罪嫌疑人及其作案手段的描述，北京警方判断这起案子与之前发生在北京的几起绑架案是同一伙犯罪人所为，王某具有重大嫌疑。当晚 7 点左右，王某被抓获，刑警从王某身上和车上搜出了一把上了膛的“五四”式手枪和一个手雷。随后从关押人质的窝点将嫌疑犯全部抓获，人质安全获救。据王某交代，这次绑架吴某，只要拿到赎金就杀掉人质。2005 年，审判后执行死刑。至此，可以看出王某的一生几乎是以犯罪为生。①

2. 某女，36 岁，已婚，中专文化，技术员，6 岁时父母离异，随母改嫁。其母性格多疑，常为小事与丈夫争吵。其上小学后表现疑心重、不合群。初中时，多疑敏感更加明显，常向老师告状“某同学说自己坏话”，“某同学联合别人孤立自己”等。老师经调查发现并非如此，向其解释但不能使其解除怀疑，反而更加恨恨不已，认为老师有意偏袒。学习上很用功，成绩亦较好，自称一定

① 李玫瑾. 心理学研究 – 在犯罪防控中的作用. 北京：中国人民公安大学出版社，2010.

要超过同学，比谁都强。参加工作之初，表面上对同事热情，主动接近领导，但不久就疑心同事及领导看不起自己，对分配的工作挑肥拣瘦，总认为别人占了自己的便宜。常为一点小事与同事争辩不休，耿耿于怀。因此与同事的关系日益紧张。别人小声交谈则认为是在议论自己，大声说笑则认为是对自己的嘲弄。为此曾数次向领导哭诉，要求调动工作，未允。从此记恨领导故意刁难自己。结婚后对丈夫管得很严，不许在外逗留，不许与别的女人接触。一次偶然发现丈夫与一女同事走在一起，回家后反复进行盘问"你们是什么关系，都说了些什么"，此后常对丈夫进行跟踪并干涉丈夫的一切活动，使丈夫异常烦恼。他们居住在大杂院里。邻居洗衣服时，水淌到她门前则认为是故意为之，开收音机则是故意吵自己。为此常指桑骂槐，继而发展成对骂。一次终于发展成武斗。结果两败俱伤，该女被送进了医院。

提问：试分析以上案例中个体的心理特点，分别属于何种心理障碍，诊断依据是什么？

第三节 精神病与犯罪

引 例

2004年9月30日，临武县广宜中心小学教师刘某，突然持刀在教室和校园内行凶，共伤害师生16人。其中4名学生死亡，9名学生和3名教师受伤。刘某持刀杀人后，又持刀闯入学校三楼六年级教室，将教室内的65名学生挟持为人质，后经临武县县委书记黄明现场说服归案。据临武县警方侦查，刘某以前有精神病史，他在作案前后也有精神异常的表现。根据《中华人民共和国刑事诉讼法》有关规定，当地警方决定对刘某进行司法精神病鉴定，以便对他是否有精神病，以及作案时的精神状态和责任能力进行鉴定。10月14日，刘某接受了精神病司法鉴定并被送往相关医院进行强制治疗。

一、精神病的概念

精神病（psychosis），亦称为"重性精神病"，属于心理障碍的一种，是指在生物、心理和社会环境因素的不利影响下，精神功能明显异常，以致不能应付日常生活需要，且社会功能受损而不能与现实保持恰当联系。根据病理解剖学基础，可分为功能性精神病和器质性精神病两大类。它不包括精神发育迟滞、神经症、心因性精神障碍和人格障碍。

精神病犯罪人（psychotic offender）是指因精神病发作而进行违法犯罪活动者。具体分三类：（1）在意识障碍下产生违法犯罪行为的精神病患者。意识障碍见于多种精神病，如癫痫性意识朦胧状态，某些药物引起的意识朦胧状态，病理性醉酒状态，反应性意识朦胧状态，癔病性意识朦胧状态及某些病理性激情中的意识障碍等，这些都可能导致患者产生违法犯罪行为。（2）智能缺损状态下产生违法犯罪行为的精神病患者。先天性精神发育迟滞、老年性痴呆、器质性脑疾病的某些阶段，都可导致患者产生危害社会的行为。（3）意识清晰、智能正常状态下进行违法犯罪活动的精神病患者。某些精神分裂症患者在意识清晰、智能正常的情况下，仍可能存在幻想、妄想，特别是言语指示性幻听和被害妄想，支配其作出严重危害性的行为。躁狂症患者虽然意识清晰、智能正常，但因极度兴奋，难以自控，亦会作出伤害行为。

二、精神病的成因

1. 遗传因素：对精神病如精神分裂症的研究显示，家族中精神病的患病率明显高于一般普通人群，而且血缘关系愈近，发病机会愈高。父母一方是精神分裂症患者，其子女的患病可能性是13%，而父母均患病者，其子女患病可能性达到了46%，和普通人群可能的发病率1%～2%差异显著。而同卵双生子精神分裂症的平均一致患病率（46%）是异卵双生子平均一致患病率（14%）的3倍（Gotteswman，1991）。①

2. 神经生物学因素：研究显示，精神分裂症病人的多巴胺（DA）系统有不同形式的紊乱，如中脑边缘系统的DA亢进，与阳性症状有关，而中脑皮质系统到前额叶的通路呈现DA活动降低，这是与阴性症状和认知缺陷密切相关的一个特征。另外大脑异常如孕期病毒感染、产伤、外伤、中毒等也可能是导致发病的原因。

3. 心理社会学因素：环境压力过大、个体与社会环境不适应、家庭的异常交往模式等均可导致精神障碍的发生。

三、精神疾病与犯罪

容易导致违法犯罪的精神疾病主要有以下几类：

（一）精神分裂症（schizophrenia）

本症是一组病因未明的精神病，多起病于青壮年，常缓慢起病，具有思维、

① Gottesman. I. I. Schizophrenia Genesis: The Origin of Madness. New York: Freeman, 1991.

情感、行为等多方面障碍，以精神活动不协调或脱离现实为特征。通常意识清晰，智能尚好，可出现某些认知功能损害。病程迁延，部分患者可发展为精神活动的衰退。患病期自知力基本丧失，缓解期自知力不完全恢复。

与一般犯罪人相比，精神分裂症患者所涉及的案件中以暴力、杀人和放火居多，而风俗、经济类案件较少。由于患者缺乏正常的、可理解的犯罪动机和目的，往往突然发生，多在光天化日之下实施攻击行为，作案手段十分残忍。作案后，患者往往缺乏自我保护表现，也无悔过之心。由这类患者实施的杀人案件中，其被害人与普通案件相比，亲属居多，或是亲戚、朋友，以完全陌生的个体为杀人对象的较少。另外，在杀人案件中，自杀率也较高，这表明，精神分裂症患者对生命的攻击性不但针对他人，也针对自己。①

1. 偏执型精神分裂症。是精神分裂症中最常见的一个亚型，以妄想为主要症状，常伴有幻觉、思维障碍、情感障碍等。发病年龄较其他亚型晚，多于中年发病。起病较慢，起初为敏感多疑，逐渐发展为妄想。妄想内容大多为关系、被害妄想，常有泛化趋势。可伴有幻觉，但整个病程中仍以妄想占多数。幻觉妄想大多离奇、脱离现实，影响其情感行为，可能发生各种严重的危害行为。

相关案例

2000年9月14日22时左右，李某携带电子干粉枪，窜至×国际机场，由候机楼工地翻越围界进入飞行控制区3号工作坪，企图趁×航空公司2611号飞机上客之机混上飞机，被安全监护人员发现。盘查中，李某拔出电子干粉枪威胁监护人员，又窜至9号客机坪，沿机务工作梯登上正在做航后维护的2301号飞机。当两名监护人员追至飞机舱口时被李某用枪逼下飞机。李某将机务人员赶下飞机，声称要劫机去台湾。其随后被干警制伏，并缴获电子干粉枪两支及电子干粉弹两枚，现场提取已发射弹壳一枚。同时李某被刑事拘留。据李某供述，其实施劫机的原因是“先到台湾，再到泰国、美国”，为的是“拿诺贝尔奖文学奖，带有政治性”。而且，1997年和1998年他曾经冲闯×国使馆（属实），“因为冲使馆落后了，就想到了劫机”。李某一再说，就是为了“得诺贝尔奖”，“劫机和闯大使馆一样，反正都带有政治性和轰动性”，又说“被人给点的窍，意在统一全球而来”。李某的母系近亲属中有6人精神不正常，而李某本人自幼脾气古怪，

① （日）稻田村博．精神分裂症与犯罪．薛培珍，译．上海精神医学，1985（3）．

至今仍孤身未娶。[1] 经司法精神病鉴定中心鉴定为偏执型精神分裂症，分裂型人格障碍（病前），无责任能力。

提问：诊断李某为偏执型精神分裂症的依据是什么？

2. 青春型精神分裂症。多在青春期急性或亚急性发病，表现为思维松散或破裂；情感喜怒无常，变化莫测；姿态做作；行为幼稚、愚蠢，兴奋冲动。常伴有本能活动（食欲、性欲）亢进、意向倒错。男性患者易出现猥亵、强奸等违法行为，女性患者则容易被人强奸，但较少出现杀人等严重案例，在情绪激动时也可冲动伤人。

3. 紧张型。大多起病于青年或中年，起病较急，以精神运动性抑制障碍，紧张性木僵和紧张性兴奋交替出现为主。兴奋时，患者行为冲动，不可理解，言语内容单调刻板。思维联系散漫，内容离奇，动作古怪、作态。持续数日或数周。木僵时，言语动作明显抑制，重者终日卧床，不语、不动、不食、不便，并可出现蜡样屈曲、违拗等症状，持续数周或数月，甚至更长时间。患者在两种状态之间转化，容易破坏物品，伤害他人造成危害后果。

4. 单纯型。较少见，常于青少年时期发病，缓慢持续发展，早期常不被人注意。表现为日益加重的孤僻、被动、活动减少、生活懒散；情感逐渐淡漠，对亲人也是如此；行为退缩，日益脱离现实生活。一般无幻觉和妄想。此类精神分裂症较少发生危害社会的行为，但是也有少数涉及偷窃、侮辱妇女、无动机杀人等。

（二）偏执性精神障碍（paranoid mental disorders）

又称为妄想障碍，是一种以系统妄想为突出临床表现的精神性障碍。本病病因不明，起病一般在30岁以后，发展缓慢，女性偏多，未婚者多见。病前人格多具有固执、主观、敏感、猜疑、好强等特征。妄想常有系统化的倾向，内容有一定现实性，并不荒谬，个别可伴有幻觉但历时短暂而不突出。本病患者的意志行为受妄想影响和支配，歪曲现实，失去正常的辨别能力，往往导致伤害、杀人、诬告等各种危害行为。如在被害妄想的支配下，患者会拒食、逃跑、控告或采取“自卫”而攻击伤人；嫉妒妄想者则毫无根据的猜测自己的伴侣对自己背叛，偶尔看到对方与异性在一起，就会坚信他们有不正当关系，因而对其盯梢追踪，或纠缠不休、打骂、限制自由、逼其承认，严重的甚至伤害、杀害对方；自

---

① 纪术茂，高北陵，张小宁. 中国精神障碍者刑事责任能力评定案例集. 北京：法律出版社，2011：233—239.

罪妄想者坚信自己犯有不可饶恕的罪行，应受惩罚，常因此绝食、自杀等，也有的为避免家属受牵连，而发生先杀家人后自杀的“扩大性自杀”，有的甚至主动“自首”，编造犯罪事实，要求处罚；钟情妄想者往往对爱恋的异性进行性骚扰，甚至采取暴力强奸、行凶报复等行为；非血统妄想者则认为自己不是现在父母所生，本是名门之后，此类患者常因此对其父母进行虐待，或四处招摇撞骗，扰乱社会治安。偏执性精神障碍的妄想对象是固定的，采取报复行为之前，常做好各种充分的准备和周密的考虑，被害者往往缺乏防范意识，所以凶杀后果较为严重。

（三）急性短暂性精神病

是指一组起病急骤，以精神病性症状为主的短暂精神障碍，如旅途性精神病，在发病前存在明显的综合性应激因素（如精神刺激、过度疲劳、过分拥挤、慢性缺氧、睡眠缺乏、营养水分缺乏等），在旅行途中急性起病。主要表现为意识障碍，片断妄想、幻觉，或行为紊乱。停止旅行与充分休息后，数小时至一周可自行缓解。在发作时，容易给周围的人造成危险或不良后果。如 2002 年 1 月 6 日凌晨，乘客张某、刘某在上海至成都的 K283 次列车上持两把菜刀、钢管等先后伤害 13 人，被公安机关拘捕。[①] 调查显示，嫌疑人无精神病史，性格内向，均为边远地区农民，文化程度较低，第一次出远门打工，在长途乘车中，列车过分拥挤，又无座位，两人长时间（30 多个小时）站立而过度疲劳，睡眠不足，途中又担心钱财被盗而处于高度警惕和紧张状态。在这种高度紧张，过度疲劳、过分拥挤、慢性缺氧、睡眠缺乏和饮食供应缺乏的状态下，嫌疑人突然出现了精神障碍，发病急，病程短，脱离相关环境后精神异常迅速缓解。

（四）分裂情感性精神病

指一组分裂症状与情感症状同时存在又同样突出，常反复发作的精神病。分裂症状为妄想、幻觉，及思维障碍等阳性精神病症状，情感性症状为躁狂发作或抑郁发作症状。当躁狂症状出现时，患者往往眉飞色舞，内心充满喜悦和自信，思维敏捷、联想迅速、口若悬河、注意力转移快、精力旺盛，由于情感高涨导致自我控制减弱，出现行为轻率，生活奢侈，道德观念薄弱，性欲亢进，容易出现伤人、诈骗、偷窃、妨碍公共安全、性侵犯等行为。当抑郁症状出现时，患者情绪低落，思维迟钝，动作减少，终日愁眉苦脸，心事重重，消极悲观，甚至出现自杀行为。本案的比例较高，有时在罪恶和贫穷的妄想支配下，导致自杀、杀人，而被害人往往是患者最亲近的人。

---

① 纪术茂．中国精神障碍者刑事责任能力评定案例集．北京：法律出版社，2011：648—653.

相关知识链接

我国《刑法》对精神病人刑事责任能力的认定：

1. 完全无刑事责任能力的精神病人

《刑法》第18条第1款规定："精神病人在不能辨认或者控制自己行为的时候造成危害结果，经法定程序鉴定确定的，不负刑事责任，但是应当责令他的家属或者监护人严加看管和医疗；在必要的时候，由政府强制医疗。"由此可以看出：第一，精神病人应否负刑事责任，关键在于行为时是否具有辨认或者控制自己行为的能力；第二，行为时是否有辨认或者控制能力，既不能根据行为人的供述来确定，也不能凭办案人员的主观判断来确定，而是必须经过法定的鉴定程序予以确认；第三，对因不具有刑事责任能力不负刑事责任的精神病人，并不是一概放任不管，而是应当责令他的家属或者监护人严加看管和医疗，必要时也可以由政府强制医疗。

2. 完全有刑事责任能力的精神病人

《刑法》第18条第2款规定："间歇性的精神病人在精神正常的时候犯罪，应当负刑事责任。"间歇性精神病人在精神正常的时候，具有辨认或者控制自己行为的能力，因此，应当对自己的犯罪行为负刑事责任。

3. 限制刑事责任能力的精神病人

《刑法》第18条第3款规定："尚未完全丧失或者控制自己行为的精神病人犯罪的，应当负刑事责任，但是可以从轻或者减轻处罚。"限制刑事责任能力的精神病人，是介于前两种精神病人之间的一部分精神病人。与完全无刑事责任能力精神病人相比，这种人并未完全丧失辨认和控制自己行为的能力，因此，不能像完全无刑事责任能力的精神病人那样，完全不负刑事责任。但是这种人作为精神病人，其刑事责任能力毕竟又有所减弱，因此，我国《刑法》规定对这种人可以从轻或者减轻处罚。

第四节　性变态犯罪心理

引　例

近几年来，关于"禽兽教师"强奸未成年学生的案件不断曝光于媒体。北京通州区某小学教师陈某对近二十名幼女实施奸淫及猥亵；重庆渝北区某学校代课老师王某在教室上课中及在该校寝室内强奸猥亵17名小学女生；沈阳市苏家屯区某镇小学教师程某两年内对6名不满14岁的女学生猥亵强奸；四川省开江县某中心学校教师谢某强奸猥亵十多名未成年女学生。教师，本应是“阳光下最光辉灿烂的事业”，究竟是什么原因使他们在阳光之下进行着最阴暗的勾当？

一、性变态的概念

性变态又称为性心理障碍，是有异常性行为的性心理障碍，其特征是有变换自身性别的强烈欲望（性身份障碍）；采用与常人不同的异常性行为满足欲望（性偏好障碍）；不引起常人性兴奋的人物，对这些人有强烈的性兴奋作用（性指向障碍）。除此之外，与之无关的精神活动均无明显障碍。不包括单纯性欲减退、性欲亢进，及性生理功能障碍。

二、性变态的成因[①]

1. 生物学因素

当前研究未能证实在大脑和神经系统中有任何特别的化学物质与性变态有关，但已经发现某些生物学倾向。比如在某些发育的特定时期，雄激素或雌激素水平的轻微升高会使一个女性胎儿男性化或使一个男性胎儿女性化。在性身份障碍中，已经发现控制男性激素的大脑区域存在某种结构差异，结果其大脑更趋于女性化，但不清楚该现象是性身份障碍的原因还是结果。

临床观察，不少大脑颞叶病变的病人伴有变态的性行为。如轻度颞叶损害的病人，可不表现出智力缺损或精神病性障碍，却呈露阴症、恋物症、性施虐受虐症等表现。[②]

2. 心理因素

精神分析理论认为，性变态是由于个体在性心理发育过程中遭遇挫折，产生内心冲突，应用心理防御机制，导致性心理退行到儿童早期幼稚发展状态。同性恋被看成是为满足对异性双亲认同的一种表现，露阴癖被看作是阉割焦虑的一种逆向反应。

行为主义理论认为，性变态是个体后天习得的行为模式，P. Roper（1966）提出所谓的单个经验学习论点，认为具有易损伤性的人格素质的人对周围环境中某种事物或情境，偶然与高度性、兴奋性相结合的一种反应。

---

① 李心天，岳文浩．医学心理学．北京：人民军医出版社，2009：591—593．

② 翟书涛．颞叶癫痫与性行为障碍（文献综述）．国外医学：精神病学分册，1980（1）．

3. 环境和社会因素

儿童早期家庭环境中的不良因素，如与异性双亲的不适当同睡、同浴，父母对儿童反性别的着装打扮和心理暗示，家庭中的性虐待，以及错误的性角色和性观念教育都容易导致各种性心理障碍的发生。而社会环境中不良性刺激如正常的异性恋活动受挫、重大负性生活事件和社会不良性文化的影响也容易导致儿童出现性心理发育障碍。

三、性变态与犯罪

（一）性变态者的违法犯罪与一般的性犯罪存在明显差异，由于变态心理的驱使，其犯罪行为往往表现出以下特点①：

1. 动机荒谬

性心理障碍者的犯罪行为往往缺乏相称的犯罪动机。如恋物癖者偷窃女性内衣，不是为了变卖，而是为了欣赏或自己穿着以获得性快感。

2. 目的异常

采用离开正常人常规范围的怪异方式或手段，并不是为了达到性交的目的，而是基于一种意向性的满足。

3. 冲动性强

性心理障碍者一般都具有性的异常冲动性，较难控制，一有机遇，极易再犯。

4. 行为模式固定

性心理障碍者的异常行为有一定的行为模式，如奸尸、同性恋、鸡奸幼童等。他们往往以一种固定的行为方式发泄性欲，而且反复使用。

5. 侵害对象一般指向陌生人

性心理障碍者的侵害对象可以指向任何异性（同性恋、乱伦除外），如露阴癖、窥阴癖、秽语症等，很少指向自己的熟人朋友或亲戚。

6. 性格异常

心理障碍者往往性格内向，安静少动、沉默寡言、不善交际，其行为具有隐蔽性和不可预知性。

7. 缺乏罪恶感

性心理障碍者对自己的怪癖的行为毫不感到羞耻，伤害了性伙伴也不觉后悔。

---

① 罗大华，何为民．犯罪心理学．杭州：浙江教育出版社，2002：437—438.

（二）性心理障碍类型与犯罪

性心理障碍类型主要分为三类：第一，性身份障碍，以持续和强烈的因自己是女性（或男性）而感到痛苦，渴望自己是男性（或女性），或坚持自己是男性（或女性）为主要表现；第二，性偏好障碍，主要有恋物癖、异装癖、露阴癖、窥阴癖、摩擦癖、性施虐与性受虐癖、恋童癖及混合型性偏好障碍；第三，性指向障碍，包括同性恋、双性恋。

就性障碍本身的心理倾向不一定导致犯罪，但某些类型的性变态与违法犯罪关系极为密切，主要有以下几类：

1. 同性恋（homosexuality）

同性恋是指以同性个体为性爱和性欲满足对象的一种性心理障碍，其特征为：第一，在正常生活条件下，从少年时期就开始对同性成员持续表现性爱倾向，包括思想、感情，以及性爱行为，同性恋者以抚弄阴部、乳房刺激、身体接触、口淫、相互手淫为常见方式，鸡奸较少见；第二，性行为方式难以改变。同性恋者一般不能从惩罚中吸取教训，改变自己的异常性行为，最多只是隐蔽、压抑其性冲动；第三，性格孤僻，情绪不稳定。成年同性恋者中不少表现为身心幼稚的特点；第四，性伴侣一般不固定。

同性恋的产生极可能有生物遗传学的原因，如有研究显示，同卵双生子中，如果一方是同性恋，另外一方有57%的概率也是同性恋；在异卵双生子中，这个概率是24%；普通的亲兄弟中，如果一人是同性恋，另一人的概率只有13%。另外，同性恋也可能与恋母情结、特殊的家庭和生存环境、不当的教养方式，以及青春期的性经历等因素有关。有调查显示，有些人从青春期就是完全同性恋，属于终生同性恋。有些人则既保持同性间性交往，也保持异性间性交往，则称为两性恋。有些人只是在一生中的某一时期或处于某一特定环境下时才出现同性恋倾向，像远航的海员、服役的士兵或监狱服刑人员，称为境遇性同性恋，一旦环境改变，具有接触异性的条件后，其同性恋行为多自行终止。有些人则因在异性恋中遭受挫折，或婚姻破裂等原因而有过偶尔的同性恋倾向或性行为，为的是要寻求感情的宣泄，说明这些同性恋是后天发生的，它受人际和心理因素的影响。

同性恋者对待同性伴侣之间，如同正常伴侣，渴望建立家庭，但男同性恋更注重性乐的追求，关系较不固定，有时随遇随散。而女同性恋则更为隐蔽，感情比较专一，同性恋关系多能长期维持，如果“伴侣”与异性结婚而中断同性恋关系，就会引起极大的悲伤与痛苦，也会因此而发生攻击伤害行为。因同性恋失恋而发生“情杀”的以女性居多，也有的会杀害对方后自杀殉情。同性恋者实施的犯罪行为较常见的有：对未成年人实施猥亵、鸡奸、拐骗及在“失恋”状态下的杀人、伤害行为、传播性病罪。

2. 恋童癖（pedophilia）

又称为恋童色情狂，多见于年龄较大的男性，是一种对尚未达到性成熟的同性或异性儿童产生性幻想及性活动来达到性满足为惟一方式的性心理变态。其表现特点为：存在着对性对象选择异常的性心理基础，其平均年龄一般在35岁左右，其通常通过猥亵和奸淫儿童获得性欲的满足，常设计奸淫幼女。鸡奸幼童、强迫儿童口淫等流氓犯罪行为；恋童癖者通常都是已婚者，但是在婚姻和性关系方面一般存在某些问题，无法获得和谐和满足；恋童癖者一般不摸弄陌生孩子，而多是亲戚或熟人的孩子。指向近亲儿童，则为乱伦。造成恋童癖的可能因素很多，其中比较明显的主要是性生理、性心理发育不成熟以及性功能障碍等原因，他们通常具有强迫性人格、依附性较重、缺乏自信、拘泥于小节、沉默寡言、不善于交际等，嗜酒和居住条件过分拥挤也可能成为诱发的相关因素。此类性障碍者严重危害儿童身心健康，对社会危害极大。

3. 恋物癖（fetishism）

是指在强烈的性欲望与性兴奋的驱使下，反复收集异性使用的物品，几乎仅见于男性。所恋物品均为直接与异性身体接触的东西，如乳罩、内裤等，抚摸嗅闻这类物品伴以手淫，或在性交时由自己或要求性对象持此物品，可获得性满足。其特点为：

第一，恋物癖者把某种物体作为性爱对象的替代物或象征物，他们只能在所恋物体的帮助或存在的情况下才能获得性满足；

第二，恋物癖者一般在儿童或青少年时期就已显示出明显的恋物迹象；

第三，恋物癖者中多有神经衰弱的表现，一般难以对自己的性欲进行控制，而且存在若干幼稚性幻想，常无端想入非非，自寻苦恼；

第四，恋物癖者为了收集获得所恋之物，经常涉及偷窃及流氓等犯罪行为。有的恋物癖者偷窃女性内衣达数百上千件。恋人体部分癖者也易于导致犯罪行为，如偷剪发辫等。

4. 露阴癖（exhibitionism）

是指反复在陌生异性面前暴露自己的生殖器，以满足引起性兴奋的强烈欲望，几乎仅见于男性。露阴癖者常在公共场所或僻静处向毫无思想准备的陌生异性突然显露自己的生殖器或同时伴有手淫行为，有的还在暴露时口出秽语，一般对受害者没有进一步的侮辱和其他侵害行为。他们从受害者的惊恐、害怕、厌恶等紧张情绪反应中获得性快感和性欲的满足。通常受害者的反应愈强烈，他们愈兴奋。事后或被抓获后，他们往往后悔万分，但以后又有冲动的时候又难以控制。对于露阴癖发生的原因，存在多种观点：患者多来自传统性压抑、禁欲主义观点为特征的家庭；露阴是原始行为的释放；患者多羞怯懦弱且部分存在性功能障碍等。该癖好一旦形成难以矫治。

5. 窥阴癖（voyeurism）

指反复窥视异性下身、裸体，或他人性活动，以满足引起性兴奋的强烈欲望，可当场手淫或事后回忆窥视景象并手淫，以获得性满足。几乎仅见于男性。观看淫秽音像制品，并获得性满足者不属于该症。该症患者为了获得窥视机会，常常不择手段，无视法律，其常见的行为模式是隐藏在公共厕所直接地或间接地窥视女性阴部；有的则窥视女性洗澡；或通过门窗窥视年轻夫妇的性生活。这类人窥视的冲动非常强烈，并伴有强烈的紧张感，通过异常的窥视行为后紧张感消失并获得性满足，但并不寻求与女性有身体的接触。这类患者一般较内向，平时多与人保持良好的人际关系，社会适应良好。有的人还一贯品行端正、工作和生活作风良好，所以，对其异常性行为，周围的人都感到震惊和不可思议。

6. 摩擦癖（frotteurism）

多见于男性，在拥挤场合或乘对方不备之际，伺机以身体某一部分（常为阴茎）摩擦和触摸女性身体的某一部分，以达到性兴奋的目的。他们多在公共汽车内、地下铁道、车站和影剧院等场所与异性进行躯体接触和摩擦，可有射精行为。但通常没有与所摩擦对象性交的要求，也没有暴露自己生殖器的愿望。

7. 性施虐狂（sexual sadism）和性受虐狂（sexual masochism）

这是一组比较严重的性变态，以向性爱对象施加虐待或接受对方虐待，作为性兴奋的主要手段。这类性变态的特点为具有残忍的性欲，对异性性对象施以虐待、折磨、残害，使性对象肉体和精神遭受严重痛苦和羞辱的情况下，以给性伙伴造成极大痛苦中获得最大性满足。提供这种行为者为性施虐症，以接受虐待行为来达到性兴奋者为受虐症。施虐者多为男性，其施虐的方式有咬、抽打、针刺、捆绑、烙烫、割伤肌肤、毁伤面容、切割头发、切割乳房或阴部等，有的甚至残杀、毁尸、食肉，手段十分残忍。此类型是性变态犯罪中发生率较高的一类。通常性施虐的伤害只是为了获得性的兴奋和快感，其意图不是为了真的伤害对方，其暴力行为也只有在从事性活动时才出现，但施虐者变态心理发展到极端时可以成为“色情杀人狂”，他们为了性快感得到最大满足可以惨无人道地杀害对方。

相关案例

1. 2009 年 10 月初到 11 月下旬，长沙多家酒店和招待所连续发生上吊案件。

其中，至少6起有共同发案特征：（1）死者均为外地男子；（2）死者均未留下遗书，存在他杀嫌疑。事件的发展印证了警方的猜测，这一系列连环案件，并不是简单的自杀，背后还存在骇人听人的秘闻。更令他们没有想到的是，这一系列案件，均与一名周姓男子有关，他的面容姣好，举止温柔，行为举止，与淑女无异。然而，就是他，通过邀约男性同好玩SM，也称性虐恋的游戏，诱导受害人通过上吊自杀追求窒息性快感，而他则在旁边观看，然后悄然离去。2011年被告人周某因犯故意杀人罪，判处死刑，剥夺政治权利终身。

2. 据国外媒体报道，2007年11月一晚，30岁的英国女模杰茜卡（Jessica Davies）在巴黎市郊寓所附近一间酒吧，结识了法国24岁失业青年米尼耶（Olivier Mugnier），之后带他返家，两人饮酒抽大麻后，在床上玩性虐游戏。杰茜卡用刀向全身赤裸的米尼耶脖子割去，他血流不止。杰茜卡主动致电报警，报称自己在家杀人了。警方和救护员于凌晨2时半抵达现场，发现杰茜卡正尝试替蜷在床的米尼耶止血，但她因太醉了而无法说话和站起来，米尼耶则失血过多致死。在凡尔赛法庭杰茜卡被判杀人罪成立，入狱15年，另加10年缓刑和心理辅导，并须向死者家属赔偿10万欧元。

提问：试分析以上案例犯罪人的犯罪动机有何不同？

第五节　纵火犯罪心理

纵火，是一种对财产上故意且恶意破坏的放火行为，主要是指特定人故意放火或放任火灾发生而不顾他人安危，亦即行为人置火灾可能造成的严重后果于不顾的偏差行为。

纵火犯罪是一种严重犯罪，由于行为易于实施，在现代社会中具有一定的恐怖性质，社会危害极大。实施纵火犯罪的犯罪人多为内倾性格，心理压抑、沉默寡言、冷酷无情、情绪焦虑而不稳定、报复心理强烈而持久。一般在实施行为前就深知后果，经内心反复斗争后实施犯罪行为。

犯罪人故意纵火的原因有：1. 报复泄愤。犯罪人与被害人之间存在利益纠纷、感情冲突，为发泄私愤和报复对方而纵火；2. 销毁罪证。犯罪人犯罪后，为消灭犯罪证据，逃避法律追究而纵火；3. 嫁祸于人。犯罪人为将自己的罪行嫁祸于人、陷害他人而纵火；4. 挫折——攻击。犯罪人因个人的某些欲望得不到满足，或对领导的批评、处分不满，产生严重的心理挫折，为发泄不满情绪而纵火；5. 获得保险金。犯罪人在企业经营中亏本，或已转匿重要财产后，为获得保险金而纵火；6. 危害国家安全或反社会。犯罪人以制造恶性案件、破坏社会治安为目的而纵火；7. 寻求刺激。少数犯罪人心理变态，以纵火取乐；8. 迷信。为“消灾”而纵火。

在变态心理影响下实施的纵火，称为于病理性纵火，属于习惯与冲动控制障碍，指在过分强烈的欲望驱使下，采取某些不当行为的精神障碍，这些行为系社会规范所不容或给自己造成危害，其行为目的仅仅在于获得自我心理的满足。个别人纵火时还伴有特殊的性快感或伴手淫，称为色情纵火癖。病理性纵火犯有纵火烧物的强烈欲望和浓厚兴趣，并有行动前的紧张感和行动后的轻松感。经常思考或想象纵火行为及其周围情景。纵火并非为了获得经济利益、报复或政治目的，而是为了得到心理满足，他们对火和其他燃烧物有一定的持续专注，对消防队员灭火有异常兴趣，虽然知道后果严重但不能克制纵火冲动。

相关案例

中国法院网讯　曾因放火罪被判八年刑，刑满释放后又放火13起。4月8日，湖北省武汉市中级人民法院一审以放火罪判处吴某死刑，缓期两年执行。

现年33岁的吴某于1987年因犯盗窃罪被判处拘役六个月，1995年5月因犯放火罪被判处有期徒刑八年，2002年10月15日刑满释放。

2003年4月26日凌晨5时许，吴某窜至武汉市桥口区大火路64号门面房铁门处，用一次性打火机点燃门内窗帘后，逃离现场，引起大火路62号至66号一段发生火灾，致使租住在62号的居民程某急性窒息而死亡，租住在62号的居民许某在逃生中从四楼跳下，摔伤腰部及双下肢，其受损伤程度为轻伤（重型），租住在64号的居民胡某被大火烟熏后，受损伤程度为轻微伤。此外，这场大火还造成该路段62号至64号门面房被烧毁，直接经济损失人民币10万余元。

案发后，吴某因形迹可疑，被公安机关询问后，交代了放火的事实。

经查，2003年2月至5月期间，吴某在武汉市桥口区汉正街多福路一带放火13起，其中火灾2起，火险11起，并造成1人死亡、2人轻伤、1人轻微伤，直接经济损失达13万余元。同时，吴某经武汉市司法精神医学鉴定确认，系习惯与冲动控制障碍（病理性纵火），属限定责任能力。

法院审理后认为，吴某多次在公共住宅场所，故意放火焚烧公私财物，危害了公共安全，其行为已构成放火罪，且系累犯，应从重处罚，判处死刑，但鉴于其系限定责任能力，具有从轻处罚的情节，可不必立即执行。

提问：病理性纵火的犯罪特点。

复习思考题

1. 什么是变态心理？变态心理的判断标准是什么？
2. 人格障碍犯罪的基本特点是什么？
3. 性变态犯罪的基本特点是什么？
4. 精神病违法犯罪的特点有哪些？
5. 试分析变态心理犯罪产生的因素。

参考文献

[1] 中华医学会精神科分会. CCMD－3 中国精神障碍分类与诊断标准. 三版. 济南：山东科学技术出版社，2002.
[2] 李心天，岳文浩. 医学心理学. 北京：人民军医出版社，2009.
[3] 郭念锋. 心理咨询师（基础知识）. 北京：民族出版社，2005.
[4] 刘邦惠. 犯罪心理学. 北京：科学出版社，2009.
[5] 罗大华. 犯罪心理学. 北京：中国政法大学出版社，2007.
[6] 罗大华，何为民. 犯罪心理学. 杭州：浙江教育出版社，2002.
[7] 陈和华. 论反社会人格与犯罪. 犯罪研究，2005（1）.
[8] 李玫瑾. 犯罪心理学研究—在犯罪防控中的作用. 北京：中国人民公安大学出版社，2010.
[9]（日）稻田村博. 精神分裂症与犯罪. 薛培珍，译. 上海精神医学，1985（3）.
[10] Gottesman, I. I. Schizophrenia Genesis: The Origin of Madness. New York: Freeman. 1991.
[11] 纪术茂. 中国精神障碍者刑事责任能力评定案例集. 北京：法律出版社，2011.
[12] 翟书涛. 颞叶癫痫与性行为障碍（文献综述）. 国外医学. 精神病学分册. 1980（1）.
[13] 林崇德，杨志良，黄希庭. 心理学大辞典. 上海：上海教育出版社，2003.

第九章

群体犯罪心理

在日常生活中，我们常常发现许多严重危害社会的犯罪并非个人所为，而是由两人或两人以上共同完成的，譬如走私、贩毒、倒卖文物、武装抢劫等等，因为其比一般个人从事的偷盗、诈骗、故意伤害等犯罪具有更大的破坏性和危害性而更值得研究。

犯罪心理学中所研究的群体犯罪，实际上是将由多人参加完成的犯罪行为的主体视为一个群体来对待，这其中既包括《刑法》中以共同故意为基础的共同犯罪、聚众犯罪、黑社会性质组织所实施的犯罪，也包括司法实践中所归纳的团伙犯罪，还包括现实中经常出现的导致犯罪后果的群体事件。①

在本章中，我们将要完成以下几个学习任务。

本章任务

1. 了解群体犯罪中的群体与一般群体的区别
2. 掌握群体犯罪的内涵与外延
3. 掌握不同类型群体犯罪的外部形态和内部过程
4. 掌握不同类型犯罪群体的心理特点和行为特征

第一节　群体犯罪概述

一、群体

社会是人与人关系的共同体，任何个体只要生活在人类社会中就必然要成为某个群体中的一员。正是由于社会中群体的广泛存在，每个具体的个人才会生活

---

① 罗大华．犯罪心理学．北京：中国政法大学出版社，2007：272．

在不同的社会环境中，隶属于多个群体，并在其中扮演不同的社会角色，受制于不同的社会关系与规范，经历不同的社会化过程，实现不同的社会化结果。

一个大学生能历数他身在其中的各个群体，如家庭、社区、班级、学习小组、某个学生社团、学校等。心理学家 McGrath 根据不同群体间人们结合的紧密程度把社会群体分为以下几种：

统计集合（statistical aggregate）：指根据研究目的对人的划分，一个统计集合的成员具备共同的统计特性，他们可能彼此不认识也没有产生互动。如某校的大学生、某市的白领、某监所的盗窃犯等。

观众群（audience）：指视听活动针对共同对象的人，他们可以彼此不认识也无互动。如一起观看某部影片的人、一起听相声的人等。

群众（crowd）：指处于共同情境中，对同一情境做反应，并且在身体上很接近的人。如在街头围观他人打架的一群人、一起赶庙会的人等。

组或队（team）：指为了某个特定的目标而聚集在一起，彼此间有互动的人。如足球队、学习小组等。

家庭（family）：指因血缘、婚姻以及收养关系而共同居住的人。

正式组织（formal organization）：指以完成任务为目标，以清楚而有结构的方式一起工作的人。如工厂、学校等。

日常生活中，上述人的集合都可以称之为群体。但是社会科学中所指的群体是一个含义较窄的学术性名词。社会心理学把群体定义为：一群人在同一目标的指引和同一规范的约束之下，彼此影响、相互作用、协同活动的一个组合。[①]

由此可知我们所要研究的群体具有以下三个特征：第一，群体由二人以上组成；第二，群体成员之间具有直接或间接的接触或交往；第三，群体内部往往存在着一致的价值准则、共同的利害关系、类似的反应方式和共同的目标。

群体的类型比较多，按照不同的标准可以作不同的分类。如按照群体中人数的规模、彼此间有无直接接触与互动，可以将群体分为大型群和小型群；按照群体的成立是否根据正式文件所规定，群体内部是否有成文的规范与准则，成员的地位、角色、权利和义务是否明确，可以将群体分为正式群体和非正式群体；按照群体是否客观存在，可以把群体分为实际群体和假设群体，前文中提到的统计集合就是假设群体；按照群体与其成员的关系，可以把群体分为成员群体与参照群体，如一些青少年群体把黑社会、封建帮会作为自己的参照群体，往往是他们转化为犯罪团伙的重要因素。

---

① 时蓉华．社会心理学．北京：浙江教育出版社，1998：490.

二、犯罪群体与群体犯罪

如果一个犯罪结果由多个人的行为共同导致，即某一客观的危害后果与多个个体的客观行为存在因果关系，则根据我国法律和司法实践，将这些个体当成一个犯罪群体来看待，将这些人的行为视为群体犯罪。

从法律的角度来看，我国《刑法》第二十五条第一款规定："共同犯罪是指两人以上共同故意犯罪。"；第二十六条第二款规定："三人以上共同实施犯罪而组成的较为固定的犯罪组织，是犯罪集团。"由此将群体犯罪分为一般共同犯罪和有组织犯罪两大类。其中两人以上共同故意犯罪是一般共同犯罪；犯罪集团所实施的犯罪是有组织犯罪，即三人以上参加的、具有一定组织形态的共同故意犯罪。

在司法实践中，以及犯罪学和犯罪心理学的研究中，又提出了"犯罪团伙"、"骚乱型群体"、"涉黑性质组织"、"恶势力"、"恐怖组织"等概念。这些概念由于缺乏明确的法律界定，因此在学者中一直存在争议。有学者从"刑事一体化"的要求出发，认为应严格按照刑法界定将上述概念统一于《刑法》中"犯罪集团"的称谓上来。[①] 也有学者从实践和研究的需要出发，努力梳理各不同概念之间的内涵与外延。

为了方便从犯罪心理学的角度进行研究，我们将群体犯罪分为以下五种：一般共同犯罪（合作式共同犯罪）、团伙式共同犯罪、集团式共同犯罪、黑社会式共同犯罪和聚众式犯罪。其中，团伙式共同犯罪、集团式共同犯罪和黑社会式共同犯罪符合三人以上，具有共同犯罪故意，及为共同实施犯罪而组成较为固定的犯罪组织的特征，可共同归于集团犯罪，或称有组织犯罪。有学者认为团伙式共同犯罪属于有组织犯罪的初级形态，而黑社会式共同犯罪属于有组织犯罪的最高形态。聚众式犯罪只在两种情况下可以归为共同犯罪：一是法律规定对聚众活动中的首要分子和其他积极参加者或多次参加者均以犯罪论处，多见于扰乱公共秩序罪，如聚众扰乱社会秩序罪、聚众冲击国家机关罪、聚众斗殴罪、聚众淫乱罪等。二是法律规定只对聚众活动中首要分子按犯罪处理，但首要分子为两人以上。[②]

---

① 梅伟强．犯罪心理学．北京：中国法制出版社，2007：160.

② 刘邦惠．犯罪心理学．北京：科学出版社，2009：275.

名人名言

正是通过结社，群体掌握了一些同他们的利益相关的观念——即使这些利益并不特别正当，却有着十分明确的界限——并终于意识到了自己的力量。

——［古斯塔夫］勒庞

第二节　不同类型群体犯罪的特征

犯罪心理学研究之所以将群体犯罪划分为不同的类型，是因为各类型群体犯罪具有不同的特征。

（一）一般共同犯罪

一般共同犯罪，又叫合作式共同犯罪，是指二人以上，人数较少，没有特殊的组织形式，只是事先或临时纠合起来，实施某一特定的犯罪活动。这种群体犯罪，一般人数在2~3人，并多有女性参加，或以女性为主。犯罪主体之间关系较为简单或平等。

从犯罪活动的次数来看，有事先纠合，为了某种目的反复实施同类犯罪活动的，如夫妇合作开黑店、男女搭档骗婚、拐小孩等；也有临时起意，只为实施某一特定犯罪目的而合作，当此特定犯罪完成之后犯罪自动中止的，如为长期相处而联系情人杀害原配偶等。

（二）团伙式共同犯罪

团伙式共同犯罪，指由三人以上组成，以一种较为松散的形式纠合在一起，共同多次实施一种或几种犯罪活动。这种群体犯罪，一般由相互有一定了解或相互熟悉的，具有某些不良习惯和个性品质的邻里、乡里、同学、伙伴等青少年合伙所为，具有盲目性。他们之间缺乏严密的组织，没有领导关系和明确的分工，往往在某种情境因素的刺激下，犯罪前临时纠集，犯罪时一哄而起、一拥而上，犯罪后各自分散。

（三）集团式共同犯罪

集团式共同犯罪，指三人以上个体，为了经常实施某种犯罪活动而建立起一定的组织，通过有计划、有目的的分工合作进行犯罪活动。这种群体犯罪，组织层次清楚、纪律严明，成员多以成年人为主，尤其是首领和骨干大多为成年人，犯罪活动有预谋、有计划、有分工，并具有反侦查的特征。常见的集团式共同犯罪有运贩毒品、走私、盗卖文物、制售假币或其他商品、拐卖妇女儿童、强迫妇女卖淫以及制造贩卖淫秽书刊、视频制品和非法出版物等。

（四）黑社会式共同犯罪

这类犯罪在新中国建立之前曾嚣张一时，如旧上海的“青红帮”等。建国后三十余年的时间内在祖国大陆几乎绝迹。从20世纪90年代初起，又有死灰复燃之势，目前，称其为“带有黑社会性质”的犯罪。根据我国《刑法》的规定，参加人数较多，以暴力、威胁或者其他手段，有组织地进行违法犯罪活动，称霸一方，为非作恶，欺压、残害群众，严重破坏经济、社会生活秩序的为黑社会性质的组织。

黑社会式共同犯罪是有组织犯罪的最高形式。团伙式共同犯罪、集团式共同犯罪、黑社会式共同犯罪均属于“有组织的犯罪”，并且表现出组织程度“由低向高”递进的特点。黑社会式共同犯罪形式中包含团伙式共同犯罪和集团式共同犯罪的某些特点，如其成员具有地域性或行业性的特点，通常在亲缘、地缘和业缘基础上组织起来，同时内部具有非常严密的组织性，成员之间有层次、有结构，并用规章制度加以约束。

黑社会式共同犯罪还具有团伙式共同犯罪或集团式共同犯罪所不具有的独特之处：一是具有用于再犯罪的经济基础。犯罪的主要收益不再是分配给个人并主要用于消费和挥霍，而是大部分集中在犯罪组织者手中，作为犯罪组织活动及再次犯罪的经济基础。如：养打手、购买武器、添置犯罪的工具、建立一定的活动据点、用于向社会权力部门进行贿赂等等。借助这种犯罪的经济基础，他们可在一个行业、一个地区称霸一方，进行更为严重的掠夺性犯罪。如：收取保护费、行业垄断等，形成“犯罪的循环圈”。二是拥有或左右一定的政治势力。政治势力是指建立在一定的经济基础之上，对社会或一个地区的政治活动发生影响的力量。这股力量有时构成一股“社会关系网”，能够左右一个地区的政治和经济活动，甚至左右司法活动，从而形成它们自我保护的政治机制。当黑社会形成一定的经济实力后，就通过贿赂、拉拢、恐吓，甚至暗杀、谋杀等手段，“一手软、一手硬”地向社会上层渗透，寻找他们的保护伞和代理人。这一特点使黑社会生存的方式如同人体内部的癌组织，其癌细胞渗透在健康组织内，“盘根错节”、界限不清。严重者可使当地基层组织瘫痪，公、检、法机构不能行使正常的执法活动。正是这一特点使它具有其他任何犯罪形式都不具有的政治抗衡性，使它成为对社会、对国家最为危险的一种犯罪形式。①

（五）聚众式犯罪

聚众式犯罪，指在明显的外界刺激条件下自发产生，无明确的领导与目的，

① 李玫瑾．犯罪心理学．北京：中国人民公安大学出版社，1999：138—139.

不受正常社会规范约束，由迅速聚集起来并激烈互动的众人的狂热行为导致的犯罪。这种群体犯罪中首要分子和积极参加或多次参加者之间或许有一定的联系，其他大多数参加者可能并不认识彼此，仅偶然聚在一起，事先缺乏沟通、交往与联系，因此没有组织与预谋，行为方向不可预测，往往在共同情境范围内自然哄起，参与者情绪异常激动，行为狂热，相互刺激、盲目行动，完全不考虑行为后果，因此常常突破社会规范的制约，一般在发泄完内心积怨、减轻了心理紧张后行动即告结束。典型的聚众式犯罪如球迷骚乱、哄抢物资、聚众斗殴、社会动乱等，常表现出暴力攻击性而导致公众恐慌，产生极大的社会危害性。由于大多数参加者并没有主观上的故意，我国法律规定仅对聚众活动中的首要分子或其他积极参加者或多次参加者以犯罪论处。

不同类型群体犯罪特征一览表

	合作式的共同犯罪	团伙式共同犯罪	集团式共同犯罪	黑社会式的共同犯罪	聚众犯罪
人员特征	二人以上，一般 2～3 人，多有女性参加	二人以上，地区相近、年龄相仿，多见于少年异常群体	三人以上，一定区域或者行业范围内	人数众多，具有亲缘、地缘、业缘基础	参加人数众多
组织特征	事先或临时纠合起来，没有特殊的组织形式，犯罪主体之间关系较为简单或平等	自发地纠合在一起，没有严密的组织形式，成员不固定，合作分工比较简单	建立起一定组织，层级清楚、纪律严明、分工明确，有预谋与计划	具有严密的组织性，组织结构比较紧密，有比较明确的组织者、领导者，骨干成员基本稳定；分工明确、职责分明；组织目标明确，有长远计划、目的；有较严格的组织纪律和基本完整的帮规戒律，对违反者严惩不贷；具有一定的文化制度（价值标准和道德观念）	在激烈互动中自发产生，无指导、无明确目的，不受正常社会规范约束
活动特征	只为了实施某一特定的犯罪活动	盲目地实施各种犯罪活动	通过有计划、有目的的分工合作经常实施某种犯罪活动	通过违法犯罪活动或其他手段获取经济利益，具有用于再犯罪的经济基础；借助这种经济实力，在 个行业或 个地区称霸，进行更为严重的掠夺性犯罪；染指一定地区的政治、经济活动，甚至左右司法活动，从而形成自我保护的政治机制	有明显外来刺激，迅速聚集起来，行为狂热，具有较大破坏性

第三节　群体犯罪的心理分析

前面我们谈到过，任何个体只要生活在人类社会中就必然要成为某个群体中的一员。但是违法犯罪活动是具有法律风险的行为，一般犯罪人都努力避免犯罪行为被更多的人知道。群体犯罪的内部公开性与单独犯罪的隐匿性之间是有差异的。这种情况下，为何会有人选择与他人共同实施犯罪活动？与他人一起犯罪是否容易暴露？与他人共同犯罪能得到哪些单独犯罪得不到的满足？对这些问题的回答需要我们对犯罪群体心理及群体犯罪心理进行深入的分析。

一、犯罪群体的一般心理基础

（一）犯罪群体目的一致性

虽然犯罪群体内每个成员的心理活动并不完全一致，甚至其犯罪动机也可能并不一致，但是犯罪群体成员却有着共同的犯罪目的。在群体犯罪活动中，虽然群体成员之间存在着分工，但这种分工是以群体目的的达成为基础的。有些群体犯罪形式单一，成员间分工简单，如盗窃团伙在犯罪时有人望风、有人行窃、有人销赃，犯罪目的一致，触犯的罪名也一致。有些群体犯罪环节多、层次多、涉及面广、持续时间长，因而分工也复杂，如组织偷渡的"人蛇"集团中有的人负责招募偷渡者，有的人负责搞交通运输工具，有的人负责运输，有的人负责伪造护照证件，触犯的罪名可能不同，但犯罪目的是一致的。①

（二）犯罪群体心理趋同性

犯罪群体的成员之间通过相互交往，在行为上相互模仿、情绪上相互感染、认知上相互影响，会逐步形成共同的思想、信念、行为准则和以群体凝聚力为核心的心理联系，并表现出不同水平的心理相容性。同时，群体成员之间的互助关系会在群体中产生一种为个体所喜好的情感氛围，从而使群体成员出现心理反应的类化。在相同刺激的作用下，他们极易产生相同或相似的情感、动机、意志行为等反应。

（三）犯罪群体一般心理功能

隶属于某个群体并在该群体中活动，对每一个人都是非常重要的，因为群体给人提供了重要的心理保障。相对于每个参与群体犯罪的个体来说，犯罪群体也具有类似的心理功能。首先，犯罪群体为其成员提供归属感，这是一种群体成员

---

① 张保平，等．犯罪心理学．北京：中国人民公安大学出版社，2006：241—242．

所具有的属于自己群体的感觉。有些犯罪人不为社会其他群体所接纳，只有获得对所属犯罪群体的归属感才不感到孤独与寂寞。其次，犯罪群体为其成员提供认同感，群体成员对一些重大事件与原则问题的认识与群体的要求相一致时便会感到心安理得。特别是当情境不明确时，参照并保持与群体价值准则的一致性显得更为重要，它可以帮助个体消除焦虑。第三，犯罪群体为其成员提供社会支持，当某个成员的思想、行为符合群体的要求时，群体往往会加以赞许与鼓励，从而强化这种思想与行为，所以加入犯罪群体可以满足犯罪个体的社会与情绪需求。

（四）犯罪群体规范

为了保证群体目标的实现，群体本身必须有制约其成员思想、信念与行为的准则，这种要求群体成员必须严格遵守的准则就是群体规范。有的规范是用正式文件明确规定的，并由上级或群体中其他成员监督执行，被称之为正式规范。有的规范仅是成员间约定俗成、无明文规定的行为标准，被称之为非正式规范。就罪犯群体而言，一些组织程度高的犯罪群体可能拥有严格的正式规范，并通过所谓“帮规戒律”来保证群体成员在思想、信念及言行上的一致性，并增加成员“反水”、自首等背叛行为的心理阻力。同时非正式规范也是成员之间相互认同、模仿并相互监督的主要依据。

（五）犯罪群体气氛

犯罪群体气氛是犯罪群体在各种活动中特有的情境和氛围。这种氛围是人为的、具有情绪性的烘托和感染的特点。如某些犯罪活动本身给人一种刺激，使得犯罪的参与者情绪格外兴奋或紧张。这种紧张和兴奋可以烘托出一种特殊的气氛，使一些犯罪参与者做出平时极少有的残忍、疯狂的行为。某青少年团伙在抢劫遇到顽强抵抗后，恐吓威胁演变为行凶杀人，并且在被害人已经死亡的情况下还每人砍了五六刀，现场惨不忍睹。

（六）犯罪群体的凝聚力

犯罪群体的凝聚力是指能使犯罪群体团结一致的力量，它往往受犯罪群体对成员的吸引力、成员之间彼此的吸引力、犯罪组织者的人格特征、犯罪群体规范和犯罪亚文化的约束、犯罪所得“利益均沾”和犯罪后果“责任共担”等内部因素，以及其他犯罪群体间的竞争和警方的打击等外部因素的影响。

（七）犯罪群体内的暗示与模仿

犯罪群体内成员间通常会有暗示与模仿。暗示可以通过言语的方式进行，也可以通过行为的、表情的、符号的、情境的方式进行。一般来说犯罪群体中地位较高者的行为和多数人的行为极易对其他人产生暗示作用。有时一个暗语或手势就能迅速诱发犯罪行为，其作用甚至比直接指令的作用还要大。模仿既有对不良社会现象的模仿，也有对文艺影视作品中某些现象的模仿，更多是群体成员间的相互模仿，从而习得某种犯罪技能和行为方式、犯罪群体的组成方式、入会条件、仪式规则和反侦查手段等。有时某一成员出现新的犯罪行为，其他人会竞相模仿，从而扩大群体犯罪的危害性。有时群体成员的一些举动、打扮，特别是一些怪癖、嗜好、低级情趣、下流动作、污言秽语等更容易被模仿。

（八）犯罪群体内的权威与服从

权威是群体内人际影响的一个重要形式。在犯罪群体中，有的成员在长期接触与共同犯罪过程中表现出让其他成员佩服或畏惧的犯罪技能高超、犯罪意志坚定、讲江湖义气、凶狠毒辣、阴险奸诈等个性特征，形成一定的影响力，并进一步通过群体意志奠定其权威地位，从而拥有指挥、命令他人的权力。在群体犯罪中，这些人往往成为群体的领导者或骨干成员，并要求其他成员服从他们的指示。

相关知识链接

1963年，美国心理学家斯坦利·米尔格莱姆（Stanley Milgram，1933—1984）通过实验研究了人们的服从倾向。40名来自纽黑文地区的20~50岁的男性成人（涉及多个职业领域，其中蓝领40%，白领、售货员和商人40%，专业技术人员20%）被试被告知他，他将与另一些志愿者（实验助手）一起参加一项关于处罚对字词学习的影响的研究，被试扮演“老师”，另外的志愿者扮演“学生”。被试（“老师”）的任务是当“学生”对字词配对错误的时候对其实施电击，电压范围是15~450伏。“学生”每犯一次错误，惩罚的电压就增加15伏。实验中，“学生”故意犯了许多错误，当电压升到150伏时，“学生”开始求饶，随着电压的进一步上升，“学生”大喊大叫，哭着求“老师”放过自己。“老师”有时候也有迟疑，但每次在他犹豫不决时，实验者会告诉他“继续下去”、“实验要求你必须继续”以及“你毫无选择，必须继续下去”等。在实验之前，精神病学家预测会有10%的人服从实验者的命令而坚持到用450伏的电压电击“学生”，而实际上这个比例达到了65%。许多其他国家的研究者也证明了这一点，在澳大利亚这个比例是68%，约旦是63%，德国达到了85%。

（九）其他群体效应

1. 群体力量效应

所谓“人多力量大”，犯罪人个体从犯罪群体中所感受到的力量感会对其心理产生支持作用，从而形成“无所不能”的心理体验，甚至敢于公然与国家法制力量对抗，这也是群体犯罪通常社会危害性较大的原因之一。

2. 责任扩散效应

犯罪群体中通常因为存在分工或多人共同实施犯罪，而使群体成员内心产生一种后果是由多人共同造成的印象和罪责扩散的主观假设，从而降低主观预知的风险，提高侥幸心理的阈值，并降低对犯罪行为的罪责感。这种心理常被群体犯罪的组织者所操纵和利用。

3. 情绪交感效应

在群体犯罪中普遍存在着情绪的交感效应，即通过情绪的传递和相互感染、相互影响而改变行为的性质。在大量群体犯罪中，情绪的交感效应起到了重要的动力作用，特别是在一些情境性的群体犯罪中，可以更明显地看到情绪的交互传递和相互感染的作用。

4. 群体助长效应

某些犯罪人并没有单独作案的胆量，或原来主观恶性不大，但是在犯罪群体中，由于群体助长效应的作用，与其他成员比强逞能、好勇斗狠，在犯罪手段和犯罪数量，甚至是犯罪凶残程度方面相互攀比，常常作出一些社会危害性极强的事情来，从而导致犯罪心理的恶性发展。

5. 群体极化效应

群体极化是指群体讨论使得成员的决策更趋极端的现象。心理学研究表明，群体讨论之后的结果比个人决策更具有冒险性。这种群体决策比个人决策更具有冒险性的现象，也叫做“冒险转移”。在一项研究中，假设某人得了心脏病，做手术有可能改进他的身体状况，但也有可能造成更严重的后果。研究人员请被试们在如下的手术成功率中做选择：10%、30%、50%、70%、90%。被试在个人作出选择时，平均选择成功率达到50%时接受手术，而当决策情境变为7个人一起讨论再做决定时30%的成功率就被接受了。这意味着手术风险从50%增加到了70%，集体冒险现象出现了。

6. 去个性化效应

群体中的个人，有时会为了与大家保持一致，难于估计自身的活动，逐渐失去对自己行为的控制，从而使自我控制系统的作用减弱或消失，一旦个体的控制系统减弱，暴力与反道德行为就会出现，社会学家津巴度把群众的上述现象称为去个体化。去个体化现象常常用于解释某些团伙犯罪，例如打架斗殴、流氓滋事以及类似种族屠杀般的社会骚乱暴行等。影响去个体化现象产生的条件有两个，分别是匿名性和自我意识的降低。例如，伪装面具、与他人穿同样的衣服、只身出现在夜色中，或者以网名的形式出现等，都能掩盖个人的身份，从而使个体在群体活动中出现虐待性、攻击性以及暴力性等非正常性的行为方式。例如，以前的三 K 党成员，在白天以正人君子的面貌示人，到了晚上穿上统一的白布做的面具，却成了杀人不眨眼的恐怖分子。当群体成员穿上制服，带上道具，在从事一种带有典型的心理压迫性的活动时，例如电击或者鞭打乃至杀人等，“不论他们原来的道德感、种族、价值观、态度、信仰乃至个人的信念如何，他们都可能做出任何令人意想不到的事情”。[①] 值得注意的是，我们在强调外部因素对群体中的个体行为产生影响的同时，也要注意内在人格特质和其他相关因素对去个体化的影响。

名人名言

人们从来不是按纯粹理性的教导来采取行动的。

——［古斯塔夫］勒庞

二、不同类型群体犯罪的心理

（一）一般共同犯罪的心理

一般共同犯罪（合作式共同犯罪）是群体犯罪中组织形式最弱的一种，成员间主要的心理联系在于共同的利益。在此基础上结成的共同犯罪关系，可能出于应对共同的情境而产生共同犯罪的故意，也可能一人提议后得到认同从而形成共同故意。在实施过程中，成员之间的分工是简单分工，仅为共同完成某一犯罪行为，相互之间关系较为平等。一般共同犯罪的主要特点是合作。这种合作关系主要出于成员间需要的互补，并以男女合作为多见，弥补了单独个体能力或胆量的不足，有利于达成双方共同的犯罪目的。合作中双方可能有一定的约定，但并无系统化的规范。

相关案例

2002 年 10 月，广东警方破获的一起特大跨省贩卖婴儿案，主要案犯就是一对夫妻申某和邱某。1998 年中秋节，申某在街上遇到熟人何某，得知谢某处有小孩可以转卖挣钱。申某回家后与丈夫商量，邱某说：“有这样的门路可以试一下。”于是夫妇二人由何某带路从谢某处以 7 500 元买了一名男婴，仅三四天时

① ［美］Curt R. Bartol，Anne M. Bartol. 犯罪心理学. 杨波，李林，等，译. 北京：中国轻工业出版社，2009：143.

间就通过中间人以9 100元出手。夫妇俩觉得这钱来得容易，从此踏上一条贩卖婴儿的不归路。[1]

（二）团伙式共同犯罪心理

团伙式共同犯罪目的比较模糊，经常变换并与情境刺激有关，成员具有以年龄、地域、经历相似或相近而聚合、吸引在一起的特征，并多在犯罪前就存在一定的人际交往，但犯罪团伙一般组织松散，犯罪中角色、分工具有随意性。犯罪团伙成员普遍具有合群性、不合理的个人需要、病态的友谊、错误的忠义观、为所欲为的个性等心理特征，加上成员之情感的相互感染、言行的相互暗示与模仿，他们的罪犯通常表现出盲目性和冒险性、野蛮性和残忍性、腐蚀性和传染性。[2]

（三）集团式共同犯罪心理

集团式共同犯罪目的一般明确而确定，犯罪集团也因此犯罪目的而组成，其组织严密、角色固定、分工明确、犯罪活动计划周密、事先有通谋，并要求成员严格按计划行事。集团式共同犯罪过程既是一个整体，又被分成各个相对独立的环节，每一环节都有一名成员负责，他们之间可以相识，也可以不相识，即使相识，有的也互不知底细。正是这种分工使犯罪行为有机地结合在一起，其共同犯罪的心理基础是犯罪目的和志向的一致性。如盗卖、走私文物犯罪集团中，偷盗文物者、境内买卖文物者、将文物转移出境者之间由一条经济链条相联系，各环节只负责本环节以及与上下环节之间的"业务"联系，相互之间并无个人情感方面的联系，甚至彼此不知真实姓名和底细，惟有通过倒卖文物发财这一共同点。

（四）黑社会式共同犯罪心理

每当一个地方政治腐败、社会失序、经济动荡、人民生活困难时，民众中的不满情绪就会上升，一部分贫穷者、竞争失败者和别有用心者便产生了依赖违法犯罪手段取得财富和势力的共同需要。黑社会式共同犯罪正是在这片土壤上形成的。犯罪的经济基础一旦形成，占有财产的多少往往决定这股黑势力在社会上的地位，金钱成为他们扩大影响、扩张势力范围的工具，因此快速攫取大量社会财富成为他们迫切的需要，为此完全不顾手段的违法性。而其腐蚀、拉拢和掌握的政治势力成为其违法犯罪的"保护伞"，使这股恶势力体验到一种随心所欲的威

---

① 刘邦惠．犯罪心理学．北京：科学出版社，2009：269.

② 罗大华．犯罪心理学．北京：中国政法大学出版社，2007：288—289.

风感、令人惧怕的满足感、令人巴结的得意感和有依有靠的安全感。钱与势的双重满足使得这类犯罪迅速滋生。

（五）聚众犯罪心理

聚众式犯罪大多起因于外来刺激，当人们皆怀有某种情绪时，他们可以彼此影响、互为刺激源，使情绪相互感染、升温并最终爆发，陷于狂热之中的人群完全被激情所支配，行为不受理性控制，凭个人一时心血来潮作出各种违反常规的行为，扰乱社会秩序。由于没有明确目的、计划、组织与领导，他们的行为趋势难以预料，又由于行为建立在激情的基础上，持续时间通常也较短，一般大家发泄了内心的不满、减轻了心理的紧张后行为便自行结束。与上述其他群体犯罪不同的是，聚众犯罪中大多数参与者都没有犯罪故意，甚至在行为中意识不到违法性，但他们在特定情绪环境下受暗示性较高。

相关知识链接

根据2005年的《社会蓝皮书》披露，从1993年到2003年间，中国群体性事件数量已由1万起增加到6万起，参与人数也由约73万增加到约307万。据官方统计说，2005年上升为8.7万起，2006年中国爆发的群体性事件超过9万起，“并一直保持上升势头”。2007年已经超过8万起，2008年同样也发生了诸如出租车罢运事件、贵州瓮安“6·28”事件、陕西府谷“7·3”事件、云南孟连“7·19”事件、江西铜鼓“10·24”群体事件、深圳宝安“11·7”事件、甘肃陇南“11·17”事件等受到媒体舆论密切关注的群体性事件。

对群体性事件中群体行为的理论解释，主要有以下六种：（1）模仿理论。该理论认为，当人们面临突发事件时，多数人将处于丧失理智状态，失去自我控制能力，行为出现还原现象，彼此模仿，出现与多数人行为一致的现象，从而导致群体性事件的发生。（2）感染理论。该理论认为群体性事件是人们情绪感染的结果，参与群体性事件的人，已经丧失了自我意识。群体的情绪相互感染，以及暗示的影响，使得人们的心理朝着某一方向发展并具有将暗示的观念立即转变为行动的倾向。（3）紧急规范理论。该理论认为，在群体性事件中虽然没有群体规范，但面临突发事件时，人们之间通过互动会产生一种紧急规范。这种紧急规范一般表现为群体性事件中最先出现而又迅速得到其他人效法的某种行为方式。紧急规范产生以后，就会对群体形成规范压力，使群体仿效他人和遵从规范，从而演化为群体性事件。（4）匿名理论。该理论认为，一些破坏性群体性事件的产生，是由于参与群体性事件的人没有明显的群体或个人标志，从而产生责任分散的心理，并降低了对社会规范的遵从性，由此作出平时很少甚至没有做过的举动。(5) 信息传播理论。有些群体性事件受到相互传播的关于人或事不确切的信息传播的影响，特别是在社会突发事变或面临某种危机状态时流言和谣言的迅速传播，引导了一致认识和共同情绪的产生，从而导致群体性事件。(6) 控制转让理论。该理论认为，在正常情况下，每个人都控制着自己的行动，而在群体性事件中，人们已经把对自身行动的控制权转让给他人。当人们认为保持自主地位所付出的代价超过所获利益时，他们就可能将控制权转让给他人，目的是为了最大限度地获取效益。转让行动的控制权并不必然导致混乱，但如果转让者控制不了形势，就可能会发生群体性事件。

三、群体犯罪中角色心理分析

引　例

张某手下的这支人马，不断变化，反复重组，剪除“不听话”者，接纳新成员。最后的这一伙人，多是他的亲戚，这些人在加入张某团伙共同犯罪前，均无劣迹，有的甚至还有不错的口碑。但他们都经历了人生的各种失败，充分品尝了失败的痛苦，他们都不甘心于自己的失败。对“成功”生活的渴望，因为挫折更加强烈，也因为挫折更加“清醒”，他们更清楚自己和成功之间的差距，以自己的知识和技能，显然永远无法达到心目中的成功，但也不愿意轻言放弃，路在何方？在他们困惑又不知所措时，张某以一个混得不错的“成功者”乘虚而入，立即成为他们心目中的英雄。张某给迷茫中的他们树立了一个榜样，指出了一条尽管危险，但还是有可能达到“成功”的道路。他们之间，迅速达成了“心有灵犀一点通”的那种共识，走到一起，是双方的无悔选择。

毫无疑问，在这个团伙中，张某是他们心目中当然的领袖，他们是张某心甘情愿的奴仆。张某决定着团伙的一切，操纵着所有人的生家性命。抢劫来的钱财，张某只象征性地给他们一点，绝对不允许他们过问钱的去处；违反了张某的意思，打、骂、动刑，甚至剁去手指脚趾也不罕见。为了控制团伙的人不揭发他，“让每一个人手上沾血”是最恶毒的一招。用活人当靶子练枪，极其残忍地杀害无辜的生命，练枪又练了人，见了血，壮了胆子，死了“揭发反水”的心。和他一起作案的刘某，在作案时被张某射出的跳弹打伤，为了摆脱逃窜时的包袱，又一枪击毙了他。“我不杀他，两人都死，我得活，他就得死。”这就是张某的“哲学”。

为了让案件作得更漂亮，张某买来军事读物和侦察小说，研究战略战术和反侦察手段，他们经常身着迷彩服，在大山中练枪，练瞄准，据说，李某因此练就了十只麻雀八只击中头部的好枪法。练习体能是每天的必修课，一天200个俯卧撑，一个也不能少，使自己始终保持良好的竞技状态。每次作案之前，他们还会利用沙盘、玩具车、木棍，反复演练，直到万无一失。

张某还有一支娘子军，一支由老大姐和小妹妹们组织起来的“情妇”战斗队伍。这支娘子军，分布在张某多次作案的几个城市里，满足张某的生理需求和支配欲望，心甘情愿作张某的保护神，作案之后，张某总是躲在情妇家里避难。这一招真的很厉害，张某十分安全地躲过了警察的数次围追堵截，在情妇家里，心安理得地养精蓄锐，享受生活。不仅如此，情妇们还是他作案的好帮手，传递信息，运送武器，甚至参与作案。“大妈”情人秦某，直接和张某一起抢劫重庆沙坪坝金店，除了个子矮一些，其他都和男人一样，凶狠、快捷。情妇们也得和手下其他的团伙成员一样，用活人当靶子练枪，满手沾血，因而死心塌地，退路全无，直至成为张某的殉葬品。张某直言不讳地说：“我不会去爱谁，仅仅是利用。”

（一）群体犯罪中主犯心理

主犯，是指在犯罪活动中起主要作用，即策划、领导、组织和支配别人进行犯罪活动的犯罪分子。根据社会心理学与组织行为学的研究，在人群中并非所有人都能胜任领导或组织工作。由于个体差异的存在，只有具备如下心理特征的人才具有组织和领导者的素质：主动性强、智力水平较高；具有一定的人际交往能力；善于识别人、支配人；在某些方面具有成就和经验；果敢、外向、有主见等。

根据国内学者对群体犯罪中角色心理的分析，在不同类型群体犯罪中主犯通常具有如下心理特征：

（1）主动性强

这种主动性不仅表现在对人的组织上，还表现在对犯罪行为的组织中。在一般共同犯罪中，主犯的主动性体现在具有更强的犯罪动机，在共同犯罪行为中更善于说服和支配身边人共同实施违法行为；在团伙式共同犯罪中，主犯通常外向，具有“草莽英雄”的气势，胆大敢为，以受过刑罚为荣，有帮派思想，讲义气，从而自发成为团伙首领；集团式共同犯罪和黑社会式共同犯罪属于组织程度较高的犯罪形式，其主犯多起组织、策划的作用，支配他人实施具体的违法行为；聚众式犯罪中的主犯大多富有鼓动或煽动性，能言善辩，爱在人前表现，好出主意、使“鬼点子”。

相关案例

1. 湖北某县以“西虎”为名的犯罪集团，其主犯秦某从十岁起就和母亲对打，从小蛮横，并自称“西虎”，为了显示自己的虎威，他仿效港台片中的黑老大进行“纹身”，胸前是饿鹰扑食，腹部是恶犬狂吠，双臂是两条巨龙盘旋，在当地可谓“臭名昭著”。并因多次违法犯罪被公安机关处理过。恰恰这种犯罪的经历竟使其网罗了一批走卒，追随左右，无恶不作。

2. 杨某杀人犯罪集团共8人，主要是由两部分人纠集起来的，老乡和同学。杨某是自然的首领，不仅胆大，而且善于思索，诡计多端，又有很好的铁路在职警察的掩护身份。他全面负责策划活动，筹集资金，购置作案用的器材、服装、抢劫枪支，负责团伙人员的技术培训，进行团伙间的心理疏导，决定赃款分配，选拔考核“新人”等，总之，一切大事，杨某说了算。杨某还亲自向参加团伙的新人示范杀人、分尸，新人在秘密据点的一次次杀戮中，练习胆量，学习杀人分尸的方法。一些新人，在第一次杀人之后，感到“精神恍惚，心里很乱”，心理压力骤增，杨某特意从犯罪所得的款项之中，抽出一部分，让他们去风景区放松、散心。他还专门组织团伙的人，去昆明市殡仪馆“实习”，看尸体，尤其去看那些因车祸、凶杀而面目全非的尸体，看火化，“以增强他们的心理承受能力”，适应继续犯罪的需要。

（2）凶狠残暴

这种凶残性格不仅表现在犯罪行为上，还表现在对内部的组织与控制中。一般共同犯罪中，主犯的凶残程度直接决定了犯罪动机的恶性程度；在团伙式共同犯罪中，主犯多是一些凶残之徒，打架拼命，崇尚暴力，讲求有难同当、同生共死；集团式共同犯罪和黑社会式共同犯罪中的主犯心更黑手更毒，欲望贪婪，惟我独尊，对阻碍其犯罪目的达成的人以及违反其意愿者从不留情；聚众式犯罪中的主犯具有情绪化性格，情绪激动时常常放纵自己的行为，并表现出暴力性，但他们往往又善于见风使舵。

相关案例

山西某犯罪集团的一个成员因恐惧他们同伙的所为，意欲脱离这一犯罪集团，便被主犯指使他人将其活活打死。山西侯马市带黑性质的犯罪组织“第三刑警队”中的主犯“侯百万”只因与他的保镖孙某（绰号“虎爷”）因分赃不均闹翻，便纠集手下人携带枪支、绳索、手铐将其抓获带至他们的“据点”毒打，然后，还扬言用20万元买“虎爷”的人头（即将犯罪的责任推至他一人头上，然后买通法院判其死刑），真可谓“顺者昌、逆者亡”。

再次是拥有较高的犯罪能力，这种能力不仅表现在较高的智力水平、一定的专业知识和技能上，还表现在较高的组织领导能力、犯罪经验和反侦查能力上。这一特征更突出表现在集团式共同犯罪和黑社会式共同犯罪中的主犯身上，也可看作是其能力资本。有些群体犯罪不是仅靠暴力就可以完成的，如盗买文物、走私、制贩毒等，在这些犯罪群体中主犯的犯罪手段往往成为他们服众的主要资本。为了掌握这些犯罪手段，有的主犯会潜心钻研相关学科，有的主犯是在多次犯罪过程中善于总结，也有的主犯会向更有经验的犯罪人甚至国外某些犯罪势力请教和借鉴。为了逃避罪责，在犯罪策划中主犯会对反侦查进行研究，这往往与他们的犯罪经验和受过的刑罚经历有关，在与国家法制力量的对抗中他们的反侦查能力也不断提高。此外，笼络和控制成员也是他们的重要能力。除了设计和延习了利益均沾的犯罪所得分配模式外，他们还精通甚至影响着以“情义”和“规矩”为主要体现的犯罪群体亚文化。最特殊的是黑社会式共同犯罪的主犯，由于染指于某地政治，他们有的还具有在公众场合的表演能力，其伪装和欺骗性较强。

相关案例

河南洛阳破获的文物盗窃案的首犯刘某，曾考入警察学校，尽管因品德问题被校方开除，但他非常注重反侦查的研究。为了获取巨额钱款，他将犯罪目标盯上了国家重点保护的文物，为此他潜心研究文物资料，以至他设计的整个犯罪过程相当诡秘。

（二）群体犯罪中从犯心理

从犯，是指在群体犯罪中起次要作用的犯罪人。在共同犯罪中，一旦核心人物（或权威人物）已经形成，其他成员便在群体意识的支配下，自觉或不自觉地放弃自己的独立意识，按照所担负的角色行事，因而成为群体犯罪中的从犯。依据从犯在群体犯罪中的积极程度可以将之分为协从、顺从、盲从和胁从。

协从，是指心甘情愿地、积极主动地协助配合主犯从事犯罪活动。如：合作式中的配合角色，集团、团伙中的骨干分子，他们一般都与主犯有直接的利害关系，有共同的利益，有较密切的情感联系。如奸情杀人案中通奸女子，由于情投意合而协助奸夫杀害亲夫；又如故意伤害案件中的犯罪人，出于哥们义气而协助他人实施报复犯罪等。这种从犯虽然在群体中的地位次于主犯，但由于其心甘情愿地协助主犯为非作歹，主动性较明显，主观恶性较大，一般也是我们打击的重点。

相关案例

1995年4月29日，《法制日报》报道：湖北随州市“罗氏三兄弟”，在当地无恶不作，臭名昭著，人们对其惧怕三分。有一个体经营者，不善经营，生意亏本，当他看到相邻的个体户经营红火，他不思如何学习，却备了礼品去巴结罗氏三兄弟，于是罗家派人将那家个体摊点砸烂，还限期“滚蛋”。于是那位不善经营者便得意忘形，更加追随罗氏三兄弟，成为其恶势力的一员。

顺从，是指并非完全自觉自愿，由于某种原因跟随犯罪组织者或犯罪群体实施犯罪活动。这种从犯对犯罪活动的危害有一定的认识，但又不愿或不敢得罪犯罪头子或骨干、不敢违背众人的意愿，或不愿被群体看不起，同时也想找靠山、捞好处，于是在共同犯罪的活动中以顺从的态度参与犯罪活动。这类人大多缺乏自信和独立性，胆小怯懦，属于犯罪群体中的一般成员，但人数较多，某种意义上影响着犯罪群体的“势力”。

盲从，是指被人利用，在不明真相的情况下参与犯罪活动的人。这种从犯一般认识水平较低，头脑简单，易受外界不良的影响，容易被人支配、被人利用，或是被某种暗示所左右。这些人容易被人利用，也容易被人抛弃，常是“丢卒保车”现象中的“卒子”。然而，尽管他们大多处于共同犯罪群体中的底层，但其行为仍具有较大的破坏性。

胁从，是指受到威胁、胁迫、要挟情况下，不得已参与某种犯罪活动。这种从犯了解自己行为的性质，而且犯罪行为是违背其意愿的，但由于受到胁迫、要挟，出于保护自己或他人的利益和人身安全的需要，被动服从，行为受到首要分子或骨干分子的控制。这些人原本并不是犯罪群体成员，对犯罪群体也心存不满，其行为可按照情节减轻处罚或者免除处罚，这就为办案实践中争取他们、寻找突破提供了机会。

相关案例

甘肃兰州曾破获一起自称“丐帮”的犯罪组织。这一组织内部等级分明，一般成员服从首要成员，老大即帮主，成员不论是行凶作案，还是日常生活，都必须按老大的意愿去做，并受老二、老三、老四的监督。为了维护犯罪的组织活动，该组织制定了严格而残酷的帮规，有下列情形之一者，就会按帮规残酷地处罚：

1. 卖水，指向公安机关揭发检举该团伙的罪行；
2. 企图逃离团伙；
3. 找不上“光阴”（即抢不来钱）；
4. 独吞，将攫取的财物隐瞒不交或少交；
5. 犯上，指不按老大的意思行事。

群体犯罪中的成员，由于角色不同，在群体犯罪中所处地位和所起作用不同，因而在打击群体犯罪时应针对他们的不同心理特点，区别对待。

复习思考题

1. 解释下列概念：

   犯罪群体　群体犯罪　主犯心理　从犯心理
2. 简述犯罪群体的类型与特征。
3. 简述犯罪群体的一般心理基础。
4. 论述群体犯罪心理。

参考文献

[1] 罗大华．犯罪心理学．北京：中国政法大学出版社，2007.
[2] 梅伟强．犯罪心理学．北京：中国法制出版社，2007.
[3] 刘邦惠．犯罪心理学．北京：科学出版社，2009.
[4] 李玫瑾．犯罪心理学．北京：中国人民公安大学出版社，1999.
[5] 张保平，李世虎．犯罪心理学．北京：中国人民公安大学出版社，2006.
[6] 侯玉波．社会心理学．北京：北京大学出版社，2007.
[7] 时蓉华．社会心理学．北京：浙江教育出版社，1998.
[8] [法] 古斯塔夫·勒庞．乌合之众．冯克利，译．桂林：广西师范大学出版社，2011.

第十章

犯罪的心理侦查

随着社会的发展，文明的进步，惩治犯罪成了政府的权力与义务。为了依法惩治犯罪，政府开始成立机构、雇佣人员专职从事证据收集和犯人缉捕工作。相关人员称作侦查人员，相关机构称作侦查机构，相应工作便是侦查工作。侦查工作需要依赖多种知识，借助各种技术。为了区分侦查所借助的学科背景，侦查人员往往用学科名称修饰侦查工作，称之为某某侦查。本章阐述的是以心理学为手段背景的侦查，故称之为心理侦查。侦查属于系统性工作，心理学在其中许多子系统中都发挥这样或那样的作用。因此，我们在本章中要完成以下几个学习任务。

本章任务

1. 掌握催眠询问的涵义、德国版认知询问技术、犯罪心理画像的涵义与犯罪心理测试的构成

2. 理解美国版认知询问技术、催眠询问的过程、犯罪心理画像的方法与犯罪心理测试的基本格式

3. 了解认知询问技术的演进过程

第一节　被害人的催眠询问

引　例

2003 年 6 月 20 日 6 点左右，杜某（女，23 岁）到派出所报案称自己被一名男子在野外强奸。派出所民警马上开始工作，仔细询问作案人的体貌特征以及作案过程。由于被害人初次遭遇此类暴力性侵害，不能回忆犯罪人的体貌特征，对犯罪细节也不是十分清楚。为了了解犯罪人体貌特征，尽快破案，经公安局领导批准，派出所邀请催眠询问专家对被害人进行催眠询问。

提问：什么是催眠询问？

一、催眠询问的涵义

催眠询问是一类特殊的询问技术。在欧美国家，催眠询问技术是一种比较普及的调查询问技术，也是一种颇具神秘色彩的调查询问技术。在我国，一些刑事侦查人员偶尔借助催眠询问技术收集一些难以收集的案件信息，也有些人将其视为高科技，并将其神化。那么，催眠询问究竟是什么？

（一）催眠询问的概念

催眠询问指的是，询问人员借助催眠技术致使被询问人员处于催眠状态。然后，询问人员询问处于催眠状态的询问对象。记录询问对象对案件的描述，形成询问笔录。使用催眠询问的目的在于提取一般询问难以提取的、被压抑的情境记忆。

（二）诱发催眠的方法

催眠方法多种多样，各具特色。有的相互联系，有的大相径庭。作为一个训练有素的催眠询问人员，应该了解和掌握这些方法。

1. 手势催眠法。利用手的动作变换诱发催眠是一种古老的方法。这种方法相当浪费时间，而且常常不能成功。使用手势变换法诱发催眠可以接近被催眠人员，甚至直接接触被催眠人员的身体。

2. 按摩催眠法。使用身体按摩法诱发催眠包括把手放在被试者身上和按摩两个阶段。开始时，催眠人员把手放到被催眠人员的胳膊上，然后向下朝指头移动。这样重复多次。有时催眠人员一只手放在胸口上，另一只手用来抚摩被催眠者的前额。

3. 感觉刺激法。刺激或过度刺激任何一种感觉器官常常会诱发催眠。最常用的方法是让被催眠人员盯着一个光亮的物体，使被催眠人员产生视觉疲劳。在让被试者注视光亮物体的同时，告诉他不要思考任何事情。由于视觉疲劳，被催眠人员闭上眼睛。此时，催眠人员应该及时告诉被催眠人员已经进入轻度催眠状态。

小镜子、硬币、小勺子等任何发亮的物体都可以作为诱发催眠的工具。被照亮的节奏器是特别有效的催眠道具。这些道具可以同时刺激两种感觉，即听觉和视觉。最常用的听觉刺激是钟表的滴答声，轻音乐和单调乏味的诗篇也是十分有效的催眠道具。

4. 睡眠催眠法。最常用的催眠方法是睡眠法。睡眠方法要求被催眠人员躺在舒适的吊床或睡椅上，并要求其尽量放松自己。然后，催眠人员要求被催眠人员聚精会神地想着睡觉和休息，并轻声细语地告诉他会很快变得疲惫不堪，马上会进入梦乡。随着时间的消逝，催眠人员还要告诉被催眠人员正在逐渐进入睡眠状态。反复重复这样的暗示，一般都可以将被催眠人员带入被催眠状态。

睡眠催眠法的另一个变式是在入睡时进行催眠，将睡眠转换成催眠。催眠人员坐在准备入睡的被催眠人员身边，用温和的语气要求被催眠人员继续睡下去，并像清醒时一样听催眠人员说话。然后，催眠人员开始提高说话的音量。如果被催眠人员出现如期反应，那就表明被催眠人员进入了催眠状态。

5. 觉醒催眠法。虽然这种催眠方法出现的很早，但最早将其加以详细阐述的人是韦尔斯。他发现，觉醒催眠比睡眠催眠更容易掌握，更节省时间，而且适用于大多数人。

觉醒催眠法通过精神放松、注意集中等具体方法将被催眠人员带入“分裂状态”。先让被催眠人将注意集中到铅笔、光源和钢笔等物品之上，然后要求他们排除其他思想，强化注意集中。在集中注意几分钟后，要求被催眠人员闭上眼睛，重复几次直至进入深度催眠状态。

二、催眠询问的过程

催眠询问可以大致分为三个阶段，即询问准备阶段、正式询问实施阶段和询问结束阶段。

（一）询问准备阶段

催眠成功与否不仅取决于催眠技术、被催眠人员，而且取决于催眠环境。为了做好催眠询问工作，有必要做好充分准备，与被催眠人员建立相互信赖的合作关系，营造一个适合催眠询问的工作环境。

1. 营造适宜的工作气氛。最好避开白天，但又不能太晚。催眠询问的场所应该没有外人打扰，没有生活噪音，保证被催眠人员能够注意集中。催眠房间以10平方米左右为宜，不能产生空旷感，也不能产生幽闭感。房间内应该陈放一些简单的家具和日常生活用品，显出适当的生活气息。房间内灯光适中，既不能过强，又不能过暗。

旁观的不能太多，以2、3名被询问人员认识的人员为宜。如果旁观者是关系密切的人，被催眠人员会感到不好意思，以至于影响注意力；如果旁观者是完全不认识的，被催眠人员会担心自己的安全，以至于警戒心过强，难以接受催眠。

催眠人员和被催眠人员都要衣着齐整，禁忌奇装异服。催眠人员应该穿着素雅的衣饰，千万不能看起来吊儿郎当。穿件干净利落的运动衫或者开身毛衣等休闲衣服也可以。对女性被催眠人员，催眠人员的衣着更应该整洁。不能出现袜子上的洞暴露无遗，内衣袖子伸出外衣袖子的情况。

2. 引导被催眠人员心身放松。为了让被催眠人员精神放松，催眠人员可以使用言语牵住对方，也就是通过交谈与对方交心。但应该注意，催眠人员不能滔滔不绝地说个不停，而是应该做一个善于叫对方敞开心扉讲话的人。谈论的主体不能过于严肃，也不能过于艰涩，应该是一些无关紧要的家常话。催眠人员要随声附和被催眠人员的观点和爱好，故意使对方接近自己。

精神放松之后，还要放松身体。放松被催眠人员的身体应该循序渐进，不能一开始就过分要求。先让被催眠人员坐在椅子上做几次深呼吸，接着让他脚尖着地站立起来，并轻轻地闭上眼睛。然后，让被催眠人员将双臂沿耳边正直上举，同时持续脚尖站立。为了检查身体放松情况，可以通过摆动身体等方法若无其事地检查身体放松程度。

3. 进入催眠试验。感觉到被催眠人员身体放松之后，就可以进入催眠试验阶段了。在这一阶段，首先暗示被催眠人员，“要进行催眠了，对催眠实施反抗是徒劳无益的。”接着告诉被催眠人员，“好吧！现在开始进行催眠啦，”将被催眠人员引进催眠状态的大门。

通过这样的准备，明确催眠人员和被催眠人员的角色。随后，催眠人员成了值得信赖的导演，被催眠人员成了最顺从的演员。

（二）正式询问阶段

在被催眠人员进入催眠状态之后，催眠人员就应该转化成询问人员。但是，选择这种转化的具体时机则是一个技术性很强的工作。过早，事与愿违；过晚，耗费时间。

研究表明，催眠状态有三个水平，即运动支配阶段、感觉支配阶段和记忆支配阶段。在记忆支配阶段，被催眠人员的表面意识几乎完全丧失，催眠人员可以直接对潜在意识讲话，就连被催眠人员平时想不起来的，甚至完全忘却的记忆也可以被引导出来。因此，只有被催眠人员达到这一水平的催眠状态时，询问人员才能开始询问。

（三）询问结束阶段

催眠询问的结束阶段主要完成两项工作。其一是将被催眠人员从催眠状态中唤醒，其二是整理催眠询问结果，完成催眠询问笔录。

1. 催眠状态的解除。唤醒催眠状态的方法不同，其针对性也不一样。为了安全唤醒被催眠人员，应该因人而异地选择使用不同的唤醒方法。第一类可选择的方法是物理方法。最常用的物理方法有前额喷气法、眼睑及眼球按摩法、脸部拍打法、声音唤醒法、冰冷刺激法、强迫睁眼法等。

第二类方法是心理学方法。言语暗示是最有效、最常用的方法。在催眠状态，催眠人员告诉被催眠人员接受到什么信号后就应该清醒过来。当需要唤醒被催眠人员时，便发出约定的信号，唤醒被催眠人员。

第三类方法是自然清醒法。催眠人员离开被催眠人员，被催眠人员很容易在短时间内清醒过来。

2. 催眠询问的总结。整理催眠询问笔录，回顾催眠询问过程，撰写催眠询问报告。这些工作都是常规性工作，没有多少特殊性。

相关知识链接

催眠术几乎像人类文明一样古老，原始部落的医生们都知道它。在古代文化中，催眠术被用于宗教和治疗活动。在欧洲的中世纪，由于魔术师和巫术士的活动，催眠术大放光彩。

1772 年，德国医生麦斯迈建立了动物磁学理论，并使用催眠术为病人治病。19 世纪中叶，布雷德医生发现催眠属于心理现象。经过长期争论，人们开始使用暗示来解释催眠。

到了 20 世纪，催眠术的麻醉功能已经被药物取代。保留下来的只有心理治疗功能。随着实验心理学的研究，对催眠的认识日益接近真理。同时，临床心理学家也发现了催眠术在恢复记忆中的作用，催眠询问技术也开始成为重要的调查询问技术。

第二节 证人的认知询问

引 例

2003 年 11 月 16 日，王某在家中被杀害。王某 15 岁的女儿目睹了整个过程。为了了解杀人过程，获取真实、完整的证据，侦查人员调查询问了王某的女儿。为了做好这次询问工作，侦查人员在心理学专家的指导下使用了认知询问技术，取得了很好的效果。

提问：什么是认知询问技术？

认知询问技术（cognitive interview）是现代认知心理学家提出的一种调查询问技术，是一种可以提高调查询问水平，保证调查询问质量的心理技术。认知询问技术“是认知心理学家对社会所作的最成功的贡献之一”。[①]

一、认知询问技术的演进

调查询问技术是随着刑事侦查工作的出现而出现的一种专业询问技术。尽管历史悠久，但对它的专门研究却是新近才出现的事情。

（一）传统询问技术时期

20世纪80年代之前，广泛应用在刑事领域的询问技术是那些世代相传、与一般询问技术没有多大区别的传统的询问技术，也就是所谓的标准询问程序（standard interview procedure）。随着现代认知心理学的发展，记忆研究的深入，对日常记忆现象的研究日益深入，心理学家开始为刑事领域的工作人员开发设计有效的询问技术。

（二）认知询问技术的形成

20世纪80年代中期，高斯曼（Geislman）和费舍尔（Fisher）创立了一种新的询问技术，一种意在提高询问有效性的技术。[②] 鉴于这一技术是建立在现代认知心理学研究的基础之上的，他们便将其称作认知询问技术。1987年，费舍尔等人又在认知询问技术的基础上设计出强化认知询问技术（enhanced cognitive interview）。[③] 于是，高斯曼和费舍尔创立的认知询问技术便被称作基本认知询问技术（basic cognitive interview）。

（三）认知询问技术的扩散

虽然认知询问技术诞生在美国，但将其发扬光大的是欧洲。近年来，英国成了欧洲研究认知询问技术的中心。比如，瑞·布尔（Ray Bull）领导的跨国研究小组对儿童证人询问技术、有心理缺陷的证人询问技术、一般认知询问技术进行了广泛的研究，发表、出版了具有一定指导意义的论文和著作。[④]

德国的珲特·考恩肯（Günter K. hnken）也对认知询问技术进行了深入研究，并设计开发了德国版的认知询问技术。

二、美国版认知询问技术

认知询问技术的美国版本是认知询问技术的最早版本，也是其他版本扬弃的

---

① ［英］艾森克，基恩. 认知心理学. 高定国，肖晓云，译. 上海：华东师范大学出版社，2003：347.

② 张振声. 警察访谈技术. 北京：警官教育出版社，1999：9.

③ Ronald P. Fisher & R. Edward Geislman, *Memory-enhancing techniques for investigative interviewing*. Springfield: Charles C Thomas? Publisher, 1992.

④ 张振声. 警察访谈技术. 北京：警官教育出版社，1999：10.

基础。要全面深入了解认知询问技术，有必要对美国版认知询问技术有一个基本的了解。

(一) 认知询问的基础

根据费舍尔等人的观点，认知询问技术应该基于以下观点：

首先，被询问人员大脑中的记忆痕迹非常复杂，而且包含了各种各样的信息。

其次，一条记忆提取线索的有效性依赖于其与记忆痕迹中所贮存的信息的交叉程度，也就是所谓的编码特异性原则。

最后，各种记忆提取线索都可以介入任何具体的记忆痕迹。如果一条提取线索无效，可以再寻找另一条线索。

(二) 基本认知询问技术

根据基本认知询问技术的要求，询问人员应该坚持以下四项基本原则：

首先，鼓励被询问人员尽可能地讲述自己所知道的情况。无论被询问人员讲述的是否完整、是否合乎询问人员的要求，都不能打断、干扰，应该让他们无拘无束地讲述。

其次，鼓励被询问人员再临其境地回忆当时的情况。既要回想当时的情境，又要追溯当时的感受。

再次，鼓励被询问人员采用各种时间顺序回忆当时的情况，既要按照自然顺序回忆，也要按照倒叙顺序回忆。

最后，鼓励被询问人员从各个角度回忆当时的情况，既可以站在自己的角度，也可以借助其他知情人的回忆作为线索，回忆各种可能回忆不了的信息，纠正各种可能错误回忆的信息。

(三) 强化认知询问技术

强化认知询问技术整合了基本认知询问的关键特征，增加了这样的建议："调查人员应该使干扰减少到最小，引导目击者说话缓慢一些，在回答与下一个问题之间有停顿，使用适合于个体的语言，给出一些解释性评论，尽量减少目击者的焦虑，避免做出判断性和个人色彩的评论，以及经常整理目击者对事件或人的描述。"①

---

① [英] 艾森克，基恩. 认知心理学. 高定国，肖晓云，译. 上海：华东师范大学出版社，2003：346.

人用利器刺死。为了找到犯罪人，消除生命安全隐患，公安部门成立专案组，全力破案。由于此案属于典型的无动机犯罪，传统的破案思路一直未有奏效。后来，侦查人员转换思路，邀请犯罪人心理画像技术专家和心理测试专家参与办案。在各方共同努力下，终于把杀人犯杨某绳之以法。

提问：什么是犯罪心理画像技术？

相对于物证，行为证据难以清理，而且更为微妙，可以揭示犯罪人特有的一些性状、特征。因此，犯罪心理画像（criminal psychological profiling）应运而生，刑警队伍中出现了一类新的技术人员——心理画像人员（criminal psychological profiler）。

一、犯罪心理画像的涵义

犯罪心理画像是一种应用性侦查心理技术，学理解释往往距离实际太远，难以正确确定其涵义。为了使人对其有一个基本了解，这里在综合前人观点的基础上阐述犯罪心理画像的涵义。

（一）犯罪心理画像的概念

分析不同专家学者对犯罪心理画像的定义可以发现，犯罪心理画像强调的是分析方法的心理学性质，而不是分析结果的心理学性质。也就是说，犯罪心理画像的心理是方法论意义上的心理，而不是研究对象意义上的心理。同时强调，犯罪心理画像既包括心理分析的过程，又包括心理分析的结果。因此，本文认为，犯罪心理画像指的是对刑事案件的行为证据进行心理分析、刻画犯罪人性状与特征的过程及其刻画结果。也就是说，犯罪心理画像是过程和结果的统一，即心理分析的过程及其结果。

（二）犯罪心理画像的内容

犯罪心理画像的内容指的是通过心理分析所描绘出的犯罪人性状和特征，是犯罪心理画像的目标。具体说来，犯罪心理画像意在描绘犯罪人五方面的性状。

1. 犯罪人的生物学性状。这些性状体现犯罪人作为生物体的性质和形状。具体说来，犯罪心理画像着意描绘刑事侦查需要的犯罪人的身高范围、体重范围、体型状况、肤色深浅、头发颜色等性状。

2. 犯罪人的人口学性状。人口学性状又称作人口统计学资料，是犯罪人落实到人口统计学方面的信息。根据可以利用信息的详尽程度，犯罪心理画像人员可以推测出犯罪人的年龄范围、种族状况、婚姻状况等内容中的一种或数种。

3. 犯罪人的社会学性状。社会学性状又称社会经济性状，是那些可以反映社会身份、地位的性状，具体包括职业类型、受教育程度、居住场所、家庭特征、服役状况、社会兴趣、生活方式等等。

4. 犯罪人的心理学性状。心理学性状是反映犯罪人个性心理特征，或者人格特点的性质和状态。刑事行为证据可以反映犯罪人的智力水平、气质类型、性格特点、精神状态、心理健康水平、行为习惯等心理特征。

5. 犯罪人的犯罪学性状。犯罪学性状是反映犯罪人的犯罪水平、反侦查能力的性质和状态。通过心理分析，犯罪心理画像人员可以确定犯罪人是否有过前科、是否为职业犯罪人、是否具有犯罪经历、具有何类犯罪经历等内容。

当然，这只是犯罪心理画像的奋斗目标，并非每次刻画都可能实现的目标。心理画像人员应该具体情况具体分析，根据现实条件，尽可能地实现这些目标。同时还应该指出，这些描绘内容只是一种可能性，只是一般规律的反映。

二、犯罪心理画像的方法

正如前述，犯罪心理画像是一个心理分析过程，是一个描绘犯罪人性状的过程。为了刻画犯罪人，必须采取适当的手段，选择适当的途径，即使用适当的犯罪心理画像方法。为了深入了解犯罪心理画像，下面将阐述犯罪心理画像的方法。

（一）犯罪心理画像的方式

尽管犯罪心理画像已经流行了几十年，而且犯罪心理画像人员使用的方法也比较丰富、实用，但有关犯罪心理画像方法的出版物却寥寥无几。不过，透过各种相关出版物的蛛丝马迹也可以概括总结出犯罪心理画像的基本方式。

采用适当标准进行类型学分析是类型学研究的核心和基础。对犯罪心理画像方式进行类型学分析可以依据两个标准，围绕两个维度，即刻画路径和推理方式的分类。

1. 犯罪心理画像的刻画路径。犯罪心理画像的刻画路径指的是犯罪心理画像的出发点、终结点及其连接两点的路线。根据刻画犯罪人的路径不同，犯罪心理画像可以区分为自上而下方法（top-down approach）和自下而上方法（down-top approach）两种方式。①

所谓自上而下路径是由美国联邦调查局开发出来的犯罪心理画像路径，又被称作犯罪现场分析（crime scene analysis）。其基本过程是将刑事案件的相关信息与先前的犯罪模式进行比较，据此预测何时何地可能发生类似的犯罪。

---

① David Putwain & Aidan Sammons. *Psychology and crime* [M]. Hove: Routledge, 2002, 81~94.

自下而上路径是英国人使用的一种犯罪心理画像方法，基本是坎特教授研究开发出来的。为了强调这种方法的心理学性质，坎特教授将其称作侦查心理学（investigative psychology），后来又将其视为侦查心理学的一部分。自下而上路径的基本程序是用犯罪行为方式预测犯罪人的日常行为方式。

2. 犯罪心理画像的推理方式。犯罪心理画像是一个推理过程，是一个从已知命题推导未知命题的过程。根据犯罪心理画像的推理方式，可以将犯罪心理画像区分为归纳式犯罪心理画像（inductive criminal profiling）和演绎式犯罪心理画像（deductive criminal profiling）两种。

归纳式犯罪心理画像普遍使用归纳概括方式将个别案件或少数案件的犯罪人性状归纳成普遍规律，并作为今后画像的基础和根据，或者将刑事案件的统计结论作为画像的基础。① 演绎式犯罪心理画像综合同一案件或同一系列案件的物证和行为证据模式进行推理。从犯罪行为模式、被害人描述和犯罪现场特征出发，并以这些信息为基础刻画犯罪人性状。②

俗话说，尺有所短，寸有所长。两种犯罪心理画像方式也各有所长。归纳式犯罪心理画像快捷、省事，不需要综合社会学、心理学、犯罪学和精神病学知识，但其准确性有待提高。演绎式犯罪心理画像则恰恰相反。因此，理想的状态是综合使用两个路径的长处，避免各自的短处，将犯罪心理画像的功能发挥到极致。③

（二）犯罪心理画像的手段

犯罪心理画像是一个心理分析过程，是一个刻画犯罪人性状的过程。为了刻画犯罪人性状，犯罪心理画像人员必然借助一定的手段。这些手段便是犯罪心理画像的手段。具体说来，犯罪心理画像人员至少需要借助以下手段：④

1. 刑事案件评估。无论处置哪类刑事案件，犯罪心理画像人员都要面临大量的案卷和信息。为了理解案件的性质和严重程度，犯罪心理画像人员有必要使用可行有效的分类方法对材料进行分类，确定哪些材料需要进一步处理，以及如

---

① Brent E. Turvey. *Criminal profiling: An introduction to behavioral evidence analysis* [M]. London: Academic Press, 1999. p. 17.

② Brent E. Turvey. *Criminal profiling: An introduction to behavioral evidence analysis* [M]. London: Academic Press, 1999. p. 18.

③ Ronald M. Holmes & Stephen T. Holmes. *Profiling violent crimes: A multidisciplinary approach* (2nd ed.) [M]. Thousand Oaks: Sage Publications, 2002, 5 ~ 6.

④ Brent E. Turvey. *Criminal profiling: An introduction to behavioral evidence analysis* [M]. London: Academic Press, 1999.

何处理。并根据这些分析制定工作计划。

刑事案件评估（criminal case assessment）应该涉及整个侦查过程，综合来自侦查人员和刑事技术人员的判断。只有这样才能做好刑事案件评估，有效推进侦查决策，发挥犯罪心理画像的优势。

2. 犯罪过程重建。刑事侦查人员多将犯罪过程重建（crime reconstruction）称作犯罪现场再现（crime-scene reconstruction），这是指根据嫌疑人口供、证人证言、被害人陈述和物证检验及阐释确定与犯罪事实相关的行动的过程。

通过犯罪过程重建，犯罪心理画像人员可以清理自己的思路，明确犯罪人刻画的基础，还可以以一种非专业人员可以理解的方式进行心理分析，并且获得犯罪心理画像确实可靠、画像的内容显而易见以至于普通人都可以明白其根据的效果。

3. 犯罪技巧理解。犯罪技巧（criminal modus operandi）指的是犯罪人为成功实现犯罪目的而实施的行为。犯罪技巧是一种通过学习获得的行为，是一种随着生活阅历、犯罪经验的丰富而发展的行为。犯罪技巧是各种因素综合作用的结果，分析犯罪技巧，理解犯罪技巧，可以为有效刻画犯罪人奠定坚实的基础。

4. 犯罪签名理解。犯罪签名（offender signature）是美国犯罪心理画像人员提出的一个术语，是指具有或者满足情绪和心理需要的典型行为模式。从理论上讲，犯罪签名是犯罪人服务于其心理和情绪需要的行为。分析、理解犯罪签名有助于理解犯罪动机，进而有助于有效刻画犯罪人性状。

借助以上犯罪心理画像手段，遵循科学的思维方式，犯罪心理画像人员可以透视犯罪人的心理，理解犯罪人的犯罪动机，正确地刻画出犯罪人的诸种性状。

相关知识链接

在 1888 年 8 月到 11 月，一名被称作“开膛手 JACK”的犯罪人在伦敦白教堂地区切开 5 名妓女的咽喉。法医 Thomas Bond 向伦敦刑事侦查分局提供犯罪人的心理学推测。

警察首次邀请犯罪人刻画专家协助破案的事发生于 1956 年。其标志性事件是警方邀请 James A. Brussel 为疯狂炸弹手案件提供专业咨询。Brussel 创作出那名未知炸弹手的心理画像。

根据对犯罪现场证据和犯罪人之间关系的观察，Teten 认为可以据此确定一些关系模式。将这些模式与其他案件相比较可以缩小嫌疑范围。Teten 的早期合作伙伴是 Patrick Mullany。1974 年，Robert Ressler 加入进去；3 年后，John Douglas 加入进去。

与 Ann Burgess 合作，Ressler 与 Douglas 开始为尝试创造性犯罪人的类型学而进行询问。这一研究称作犯罪人人格研究项目（CPRP）。收集的资料汇集成性杀人犯特征手册，编撰出版《性谋杀的模式与动机》。随后，Ressler 与 Douglas 又与 Burgess（再加上 Allen Burgess）合作出版了《犯罪分类手册》。

早在 1981 年，Ressler 就提出建立一个涵盖 CPRP、警察入警训练、在诸如讯问、传票使用等执法任务中应用研究成果的研究和培训的国家暴力犯罪分析中心（NCAVC）。最终，NCAVC 涵盖 FBI 的大部分行为科学项目。

在 Douglas 与 Ressler 开始询问在押犯罪人不久，英国心理学家 David Canter 开始为英国的心理学刻画作贡献。伦敦警方请 Canter 为 20 世纪 80 年代中期肆虐伦敦的系列强奸和杀人案件提供咨询。通过整理目击证人描述，根据其早期心理学刻画理论分析案件证据，Canter 协助警方逮捕了铁路强奸犯。

第四节　犯罪人的心理测试

引　例

2003 年 8 月 9 日，参加某村十组村民周某家寿材完工喜筵的 20 人中毒（其中 1 人死亡）。致死毒品为毒鼠强。经查，当天 9 点早饭没出现问题，下午 3 时开始的中饭出现此现象。早饭也使用过包括食盐在内的佐料。热菜是头天做好的，食用时加些调汁。投毒场所为厨房内的食盐袋，时间为 9 点到下午 3 点。为了确定犯罪嫌疑人，当地警方邀请心理测试技术专家协助破案。结果，犯罪人被绳之以法。

提问：什么是犯罪心理测试技术？

犯罪心理测试是我们对英语 criminal polygraph test 的意译。它指的是以下含义：向刑事案件相关人员呈现言语或视觉刺激，诱发刑事案件相关人员产生一定心理反应，导致刑事案件相关人员生理活动的变化；使用生理检测仪记录刑事案件相关人员的生理反应，并根据一定原则测量分析这些生理反应，确定生理反应的特异性；根据心理生理学原理，刑事案件的相关人员是否具有犯罪记忆。

一、犯罪心理测试技术的构成

对犯罪心理测试进行结构性分析，我们可以发现，犯罪心理测试由测试反应的诱导、记录与识别等部分构成。

（一）测试反应的诱导

人体的生理活动是生命的基础，是人体活动的一部分。这些生理活动属于自发性生理反应，被称作非特异性反应。给人一定的心理刺激，人体的生理活动会发生一些变化。这些变化与特定的心理刺激联系在一起，属于特异性反应，又称作事件相关反应。犯罪心理生理反应是特异性生理反应，或者事件相关反应。

在犯罪心理测试中，主测人员的首要任务就是诱导测试反应。

1. 心理刺激的测试功能。不同的心理刺激诱导不同的心理生理反应。诱导犯罪心理生理反应的心理刺激是与犯罪相关的心理刺激，可以称作犯罪心理刺激。为了有效地区分犯罪心理生理反应与其他心理生理反应，犯罪心理测试中还要使用其他有效的心理刺激以诱导参照性心理生理反应。意在诱导参照性心理生理反应的心理刺激可以称作参照心理刺激。

2. 心理刺激的物质属性。理论上说，犯罪心理测试可以使用各种心理刺激。但在实际测试中，主测人员一般使用视觉刺激和听觉刺激两类心理刺激。常用的视觉刺激物包括与测试主题相关的实物、照片、录像等。

在实际测试中，使用的更多的是听觉刺激，主要是言语刺激。原因在于，听觉刺激可以规避视觉刺激的麻烦。只要刑事案件相关人员没有耳聋，自然会听到主测人员的言语刺激。即使刑事案件相关人员想方设法逃避主测人员的言语，也不是那么轻而易举。

（二）测试反应的记录

诱发刑事案件相关人员产生犯罪心理生理反应之后，还要借助生理检测仪测量犯罪心理生理反应，即犯罪心理生理反应的测量。心理生理测量需要信号采集器和信号记录器两类主要设备。

1. 信号采集器：根据生理现象的性质，心理生理测量使用两类信号采集器。一类是电极，用于直接采集电子信号；一类是传感器，用于采集生理信号并将其转换成电子信号。

心理生理测量使用的电极连接来自电线中的外在电流和人的皮肤或其他组织中的离子之间的电流。压力或温度可以借助适当的传感器转化成电子信号。使用类似的技术，也可以将压力等生理现象转换成电子信号。有些不能直接产生信号电压的心理生理现象可以通过使用外来电流来实现电子化。

2. 信号记录器：采集到的电子信号只有永久地储存下来才能进行事后回顾和分析。信号记录器的功能便是将采集到的电子信号永久地保存下来。

（三）测试反应的识别

犯罪心理测试根据犯罪心理生理反应的不同水平来评估心理刺激与其记忆中

的犯罪信息的吻合程度。如果刑事案件的相关人员对犯罪心理刺激的反应比对参照心里刺激的强烈，犯罪心理刺激诱导的反应便是犯罪心理生理反应。犯罪心理生理反应的出现表明，犯罪心理刺激对被测人员具有重要意义，反映相应人员的头脑中具有相关犯罪记忆。

识别犯罪心理生理反应是通过比较刑事案件相关人员对犯罪心理刺激与对参照心理刺激的反应水平做出的，而不是根据刑事案件相关人员与相应人群的反应水平常模之间的比较做出的。也就是说，犯罪心理测试比较的是同一个刑事案件相关人员对不同心理刺激的反应，而不是不同刑事案件相关人员对同一心理刺激的反应。

1. 解释的原理。识别犯罪心理生理反应是根据心理生理反应水平推理心理反应水平，进而推测心理刺激意义的过程。这是一个由结果反推原因的过程，而且是一个连续推理过程。生理反应水平高，反映心理反应水平高，表征外来刺激重要，表示外来刺激具有重要的心理学意义。

2. 反应的常模。不同的心理生理反应之间的差异达到什么水平才是有效差异？这是一个理论问题，也是一个实践问题，更是一个统计学问题。要正确回答这个问题，必须建立犯罪心理测试常模。

二、犯罪心理测试的基本格式

对犯罪心理测试进行结构性分析，我们可以发现，犯罪心理测试由测试反应的诱导、记录与识别等部分构成。

(一) 对照问题测试 (CQT)

对照问题测试（comparison question test，CQT）是司法“测谎”的传统测试格式，也是北美国家使用最为广泛的测试格式。① 甚至有人认为，司法“测谎”就是 CQT 测试。②

相当长一段时间，测试人员心目中的准绳问题（control question）就是或许欺骗问题（probable-lie question）。后来，这种状况发生了变化。1999 年，美国心理生理检测学会（American Polygraph Association）投票决定，从 2000 年开始，

---

① J. A. Matte：*Forensic psychophysiology using the polygraph. Scientific truth verification-lie detection.* Williamsville，New York：Matte Polygraph Service，1997，P. 23 ~ 48.

② David C. Raskin：Polygraph techniques for the detection of deception. In David C. Raskin（ed.）：*Psychological Methods in Criminal Investigation and Evidence*，New York：Springer，1989，P. 247 ~ 296.

在出版物中废止原来的术语启用 comparative question 术语。[①]

CQT 的测试刺激可以是单一主题的，也可以是多重主题的。根据一个单元测试（即一组测试刺激的测试）涵盖主题数目的多寡，CQT 测试刺激的组合方式有两类，即单主题测试和多主题测试。

1. 单主题测试。经常使用的 CQT 主要是或许欺骗测试和指导欺骗测试。它们的单主题测试通常涵盖下述测试刺激，并按照以下方式组合成测试结构。

（1）导入问题：你知道，我今天仅问你我讨论过的问题吗？

（2）牺牲相关问题：无论你昨天晚上是否抢劫了王五，你愿意如实回答有关的每一个问题吗？

（3）中性问题：你住在中国吗？

（4）或许欺骗问题：27 岁前你曾经拿过不属于你的东西吗？

（5）相关问题：你昨天晚上抢劫王五了吗？

（6）中性问题：你的名字叫李四？

（7）或许欺骗问题：2001 年之前，你曾经做过不诚实或非法的事吗？

（8）相关问题：昨天晚上抢劫王五的，是你吗？

（9）中性问题：你是 5 月 4 日出生的吗？

（10）或许欺骗问题：27 岁前，你曾经以撒谎消除麻烦或给别人带来麻烦吗？

（11）相关问题：你确实在昨天晚上抢劫了王五吗？

2. 多主题测试。如果在一个单元测试中检测几个测试主题，那么，这个测试单元就属于多主题测试。无论是多主题或许欺骗测试还是指导欺骗测试，其测试刺激的组合方式基本一致。下面以或许欺骗测试为代表加以说明。

（1）导入问题：你理解我仅仅问你我们讨论过的问题吗？

（2）牺牲相关问题：无论你昨天晚上是否抢劫了王五，你愿意如实回答有关的每一个问题吗？

（3）中性问题：你住在中国吗？

（4）或许欺骗问题：27 岁前你曾经拿过不属于你的东西吗？

（5）相关问题：你昨天晚上在滨江道持枪抢劫了王五吗？

（6）相关问题：昨天晚上抢劫王五时，你用枪了吗？

（7）或许欺骗问题：2001 年之前，你曾经做过不诚实或非法的事吗？

---

① Donald J. Krapohl: The polygraph in personnel screening. In Murray Kleiner (ed.) *Handbook of Polygraph Testing*, London: Academic Press, 2002, P. 217～236.

（8）相关问题：你昨天晚上抢劫了滨江道王五的钱柜吗？

（9）相关问题：无论以什么方式，你参与了昨天晚上抢劫滨江道王五的行动吗？

（10）或许欺骗问题：27 岁前，你曾经以撒谎消除麻烦或给别人带来麻烦吗？

（11）中性问题：你是 5 月 4 日出生的吗？

这种组合方式比较灵活，几乎可以应对案件中的任何问题。因为它的灵活性，所以它对单个主题的测试也很有用。况且，为方便数字化计分，用周边对照问题支撑每对相关问题有很多好处。

CQT 测试结构还有一些变体，比较著名的有怀疑—知情—参与（suspect-knowledge-you test，SKY）和唯你测试（you phase test）。

（二）隐秘信息测试（CIT）

隐秘信息测试被称作“测真”技术，又称作信息检测技术，是一类心理生理检测技术的称谓。不像欺骗检测，它不直接评估被测人员否认或断言的可信性，而是测量对具体信息项目的生理反应的相对强度，进而确定被测人员对那些信息是否有真正、直接的了解。①

1. 已知答案的 CIT。已知答案的 CIT 的第一个备选项目绝对不应该是关键的或正确的答案，也不应包括在结果评估内。正确的项目一般应放在接近中间的位置，如：

问题 1：进入房屋的地方是：

（1）前门

（2）厨房门

（3）洗漱间窗口 *

（4）阳台

（5）二楼房间

本案中，被测人员曾打破洗漱间的一扇窗口并且从此爬入房间，第 3 备选项是本组的关键备选项。

问题 2：进入房屋时，被害人正在：

---

① David T. Lykken：*A Tremor in the blood*：*Uses and abuses of the lie detector*. New York：McGraw-Hill，1981；David C. Raskin：The scientific basis of polygraph techniques and their uses in the judicial process. In：A. Trankell（ed.）*Reconstructing the Past*：*The Role of Psychologists in Criminal Trials*. Stockholm：Norstedt and Sconers，1982，P. 317 ~ 371.

(1) 阅读杂志
(2) 淋浴
(3) 睡觉
(4) 看电视 *
(5) 打电话

被害者那个时候正在看电视，因此关键备选项是4。

问题3：入室者持有什么武器

(1) 雕刻刀
(2) 枪支
(3) 折叠刀 *
(4) 剪刀
(5) 碎冰锥

入室者持有折叠刀，3是关键备选项。

问题4：入室者用什么蒙着自己的脸？

(1) 流行面具
(2) 连裤袜 *
(3) 围巾
(4) 大猩猩面具
(5) 毛巾

入室者在犯罪期间用连裤袜蒙着脸，因此关键备选项是2。

问题5：入室者做了什么？

(1) 给她戴上手铐
(2) 用电线绑住她的脚脖子
(3) 用绷带缠住她的眼睛
(4) 用包装封条封住她的嘴 *
(5) 击打她的头

入室者用包装封条封住了她的嘴，因此关键备选项是4。

问题6：入室者拿走了什么？

(1) 54 000日元和她的袋子
(2) 45 000日元和她的项链
(3) 36 000日元和她的手表 *
(4) 27 000日元和她的戒指
(5) 18 000日元和她的汽车钥匙

入室者拿走了36 000日元和她的手表，因此关键备选项是3。

问题7：在逃离之前入室者向她说了什么？

（1）“再见”

（2）“你好”

（3）“你现在安全了”

（4）“保重” *

（5）“谢谢你”

他说，“保重”，因此4是关键备选项。

问题8：他是怎么逃离的？

警察在被害者邻近的街道上找到一把折叠刀，并且推论入室者是沿着这条街道逃走的。使用地图提出有关逃跑路线的问题。

2. 未知答案的CIT。面对一宗凶杀案，测试人员除了现场以外一无所知。为了侦查犯罪动机和被测人员，可以使用包含凶杀日期、凶杀地点、凶杀方法和凶杀方式以及尸体处置等内容的SPOT问题来进行测试。尽管不能确信这样的测试结构包含了正确的关键项目，也不得不这样做。因为除了作案人以外，谁也不知道这些问题的正确答案。下面是用来测试凶杀案件的一个测试结构。

问题1：他是什么时候被杀死的？是在：

（1）一月

（2）二月

（3）三月

（4）四月

（5）五月

问题2：他是在哪里被杀死的？是在：

（1）住所里

（2）汽车里

（3）山坡上

（4）大海边

（5）办公室里

问题3：你怎么杀死他的？你：

（1）用手枪打死他的

（2）用石头砸死他的

（3）用尖刀刺死他的

（4）用绳索勒死他的

(5) 用手掐死他的

问题4：你知道是如何处理尸体的吗？是：

(1) 扔到野外了

(2) 埋在地下了

(3) 藏到水下了

(4) 用火烧了

(5) 藏到墙里了

问题5：你知道尸体在这张地图上的位置吗？在：

(1) 区域A

(2) 区域B

(3) 区域C

(4) 区域D

(5) 区域E

问题6：多少人参与谋杀？有：

(1) 仅仅一个人

(2) 两个人

(3) 三个人

(4) 四个人

(5) 五个人或者更多

相关知识链接

1878年，Mosso开发设计了记录肌肉收缩的肌肉功能描记器。大概是1881年，他和Lombroso（有人说他是Lombroso的学生）一起使用体积描记仪连续记录人的脉搏和血压，并将其应用到犯罪的仪器讯问。1902年，Lombroso使用这种技术成功地甄别了一名无辜的犯罪嫌疑人。Benussi通过记录测量呼吸模式发现，吸气/呼气比率与情绪状态有关。

德国出生的Harvard大学教授Münsterberg没有指名道姓地引述欧洲研究人员的相关研究成果，出版发行了著名的犯罪心理测试著作。他的一个学生Marston在1915年发现了收缩血压与欺骗相关。由于1921年之前对其工作的报道，以及他对美国加利福尼亚州伯克利警察局长August Vollmer、其手下警官John A. Larson的影响，Marston可以被称作多导仪测试之父。

受到Vollmer的鼓励，Larson组装成了第一台可以连续记录的犯罪记忆检测仪，还成功地将自己开发的相关—无关测试（R/I技术）测试格式应用于刑事案件。Leonarde Keeler 开发出了 Keeler 多导仪，并开发使用紧张峰测试格式。他与 John Reid 办起了相互竞争的犯罪的仪器讯问学校。Reid 和 Inbau 合编的教材成了这一领域的标准。他早期的学生 Richard O. Arther 和 Cleve Backster 也成立了十分活跃的学校。

Backster 继承了犯罪的仪器讯问的合理内核，完成了犯罪心理测试的标准化，使犯罪心理测试成了合格的心理测试。正是在这个意义上，Backster 可以赢得犯罪的仪器测试第一人的称呼。Backster 提出了“对照区域”测试格式、使用“数字计分”技术。

David Lykken 在 1959 年开发出犯罪情节测试（GKT）格式。David Raskin 在 20 世纪 70 年代将 Backster 的犯罪记忆检测培训课程引进了圣地亚哥的学校。回到盐湖城后，Raskin 开始指导几个研究生进行犯罪心理测试研究。在他的指导下，犹他大学很快形成了犯罪心理测试的研究团队，为犯罪心理测试的发展做出了重大贡献。

本章小结

本章涉及被害人的催眠询问、证人的认知询问、犯罪人的心理画像及心理测试等心理侦查技术。

催眠询问将催眠技术引入询问，以期获得更为准确与全面的案件信息。它包括催眠询问对象与询问催眠中的询问对象两个阶段。

为了获得更准确的案件信息，认知心理学家基于认知心理学原理研究开发了认知询问技术，从提出到完善，倾注了许多心理学家的心血。迄今为止，已经有美国和德国版本的认知询问获得较为广泛的认可。

犯罪人的心理画像通过研究已有的案件信息，理解犯罪人行为，遵循合理的推理方式，选择适当的思维路径刻画未知犯罪人的生物学、人口学、心理学、社会学等方面的特征。

犯罪人的心理测试服务于犯罪嫌疑人的确定。具体说来，心理测试技术由测试反应的诱导、记录、识别等技术构成。常用的测试格式即狭义的心理测试技术包括 CQT 与 CIT。

复习思考题

1. 解释下列概念：

催眠询问　认知询问　心理画像　心理测试

2. 简述催眠询问的过程
3. 简述认知询问的过程
4. 论述犯罪心理画像的技术
5. 谈谈如何使用 CIT 对杀人案件的犯罪嫌疑人进行心理测试

参考文献

[1] Woodworth, R. S. & H. Schlosberg: *Experimental psychology*. New York: Holt, 1954.

[2] Lykken, David T.: *A Tremor in the Blood: Uses and Abuses of the Lie Detector*. New York: Plenum Trade, 1998.

[3] 李新旺. 生理心理学. 北京：科学出版社，2001.

[4] 张振声. 警察访谈技术. 北京：警官教育出版社，1999.

[5] 付有志. 犯罪记忆检测技术. 北京：中国人民公安大学出版社，2004.

[6] Larson, J. A.: Lying and Its Detection, Chicago: University of Chicago Press, 1932.

[7] Lombroso, Cesare: *L' Homme Criminel*. Paris: Felix Alcan, 1895.

[8] 付有志，刘猜. 破解"测谎"的密码. 北京：中国人民公安大学出版社，2006.

[9] 范海鹰，付有志，王学博. 解析"测谎"的奥秘. 北京：中国人民公安大学出版社，2009.

[10] 布伦特·E·特维. 犯罪心理画像. 李玫瑾，等，译. 北京：科学出版社，2005.

[11] Münsterberg, Hugo: *On the Witness Stand*. New York: McClure, 1908.

[12] [英] 艾森克，基恩. 认知心理学. 高定国，肖晓云，译. 上海：华东师范大学出版社，2003.

[13] Holmes, Ronald. M. & Stephen T. Holmes. *Profiling violent crimes: A multidisciplinary approach* (2nd ed.) [M]. Thousand Oaks: Sage Publications, 2002.

[14] Fisher, Ronald P. & R. Edward Geislman, *Memory-enhancing techniques for investigative interviewing*. Springfield: Charles C Thomas? Publisher, 1992.

[15] C. D. Lee: *The instrumental detection of deception: The lie test*. Springfield, Ill.: Charles C. Thomas, 1953.

[16] Keeler, Leonarde: *Lie detector man*. Boston, MA: Telshare Publishing, 1984.

[17] Matte, J. A.: *Forensic psychophysiology using the polygraph. Scientific truth verification-lie detection*. Williamsville, New York: Matte Polygraph Service, 1997.

[18] Raskin, David C. (ed.): *Psychological Methods in Criminal Investigation and Evidence*, New York: Springer, 1989.

[19] Kleiner, Murray (ed.) *Handbook of Polygraph Testing*, London: Academic Press, 2002

[20] Trankell, A. (ed.) *Reconstructing the Past: The Role of Psychologists in Criminal Trials*. Stockholm: Norstedt and Sconers, 1982.

第十一章

犯罪审讯心理

审讯是侦查人员和审讯人员为揭露案件真相，证实犯罪和查明犯罪人，对犯罪嫌疑人依法进行的讯问活动。审讯阶段是国家权力与公民权利冲突最为激烈的阶段：一方面，侦查审讯人员为了揭露犯罪事实，查明犯罪真相，会动用一切强有力的审讯策略来使犯罪嫌疑人自证有罪；另一方面，受到法律追究的犯罪嫌疑人会极力地维护自己的权利和安全，避免成为罪犯。因此，审讯活动可以说是审讯人员与犯罪嫌疑人之间的面对面的心理较量，无论是对审讯人员还是对犯罪嫌疑人，这都是一个很艰难的时期，都会经历一系列剧烈而复杂的心理活动。对于审讯人员，要想达到审讯目的，就不仅要了解审讯的心理学原理，了解犯罪嫌疑人的特点和心理活动规律，而且还要学会有针对性地采取适当的审讯策略，给对方施加积极影响，促使其作出供述。

本章任务

1. 掌握审讯的心理学原理
2. 掌握犯罪嫌疑人在审讯中的心理学特点
3. 掌握常用的审讯策略和方法

第一节　审讯的心理学原理

名人名言

自我谴责和自我毁灭不是人的正常行为特征……在任何的公开场合坦白和认罪都是一件极其窘困的事情……同时也是不切实际的。

——［美国］弗雷德．英博

一、审讯情境的心理强制性

所有的审讯环境都有一定的强制性，这些强制性包括物理强制和精神强制两种。

物理强制。在接受审讯期间，犯罪嫌疑人被剥夺了活动的自由和与外界联系的权力，在此期间他们只有有限的隐私空间，未经允许，他们不得去厕所，不得随便找食物，不得打电话或接受探望，有时甚至被剥夺了睡眠。在这个非常陌生的环境中他们不知道审讯持续的时间，不知道自己的基本需要是否会得到满足，不知道自己是否将会受到不公正的对待，所有上述因素都会增加犯罪嫌疑人的焦虑和恐惧情绪，使他们努力想逃避这一环境。

精神强制。主要来自面临警察权威所产生的服从压力以及审讯环境下的不确定性压力：首先，在审讯室的环境下，审讯人员和犯罪嫌疑人地位上的不平等性会使犯罪嫌疑人面临更大的服从压力，当审讯人员和犯罪嫌疑人之间的信任合作关系更稳定时，这种服从的压力就更大，犯罪嫌疑人会更加遭受良心的折磨；其次，审讯环境的不确定性所造成的压力。犯罪嫌疑人在审讯室几乎没有任何控制力，与外界几乎完全隔绝，对信息的掌握力完全失真，在这一情境下，犯罪嫌疑人被剥夺了自由，在司法人员的压力下，感到自己对眼前的命运无能为力，这对即使是最坚决的犯罪嫌疑人也会有深刻的影响。

整体上来说，审讯情境使犯罪嫌疑人处于一种不利的境地，这一环境与监狱的拘禁环境存在一定的相似之处。在这种环境下，犯罪嫌疑人有可能面临与社会隔绝、丧失感、睡眠剥夺、身体疲劳、情绪失调等问题，因而可能出现注意力和判断力下降、精神混乱和暗示感受性提高等行为反应，从而增加供述的可能性。

二、说服理论对审讯心理的解释

审讯过程实际上是一个改变犯罪嫌疑人态度的过程，或者是一个态度说服的过程。所以，态度改变的原理也同样适用于审讯策略的应用原理。警察审讯策略的原理实际上也是通过说服来改变他人的态度。心理学家 Hovland 对这一说服过程进行了研究，并提出了一个说服模型，该模型涵盖了所有影响说服效果的因素，后来，该模型被简化成如图 11.1 所示的结构图。[①]

在这一模型中，影响说服效果的因素主要包括外部刺激和说服对象的自身特点两个方面。外部因素包括说服者、说服信息和说服情境。说服者的影响因素取决于说服者的专业水平、吸引力以及可信度水平。说服信息的影响力取决于信息所倡导的态度与被说服者原有态度的差异、该信息所唤起的恐惧感以及该信息的呈现方式。说服情境包括预先警告和分散注意。说服对象的因素包括说服对象的

---

① 章志光. 社会心理学. 北京：人民教育出版社，1996：212.

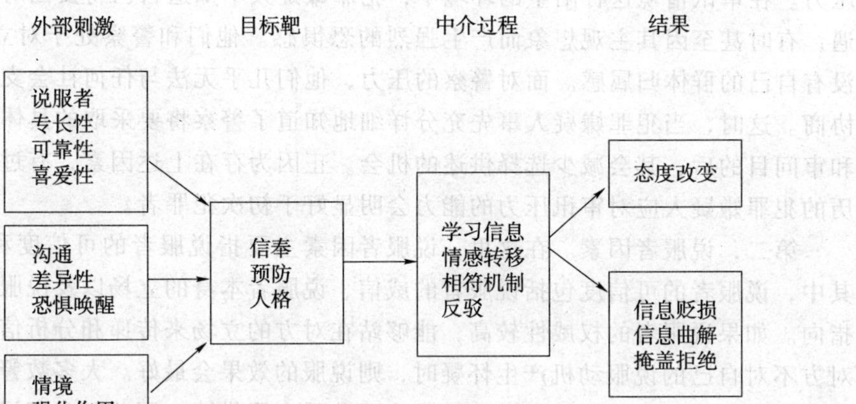

图 11.1　说明过程模型

人格、说服对象的卷入程度以及说服对象的免疫情况等。① 在态度改变的过程中，说服对象在说服者、说服信息和情境的影响下，首先要学习和了解说服者提供的信息，在此基础上产生评价性的主观感受，当收到的信息与原来的态度不一致时，就会产生心理上的紧张感，这时，认知反应机制开始作用，在说服对象原有的投入、免疫和人格特征的影响下，这种认知反应机制会进行主动思考，进而决定个体对信息的整体反应。反应的方式分为两种：（1）寻求与说服信息的一致性，改变原来的态度；（2）对抗说服，即贬低信息来源、故意扭曲说服信息和对说服信息加以拒绝掩盖。以下分别对说服理论中说服情境、说服者因素、说服对象因素和说服信息四个要素进行阐述：

第一，说服情境。说服情境是作为一个背景性因素来对说服对象施加影响的。审讯情境具有如下几个特征：（1）审讯情境具有私密性，是一个封闭的与社会隔绝的互动情境；（2）在这一情境中，犯罪嫌疑人的人身自由受到一定的限制；（3）正常交流过程受到干扰（使嫌疑人分心，打断嫌疑人的谈话，对嫌疑人进行持续的谴责）；（4）在这一情境中，审讯人员会采用一系列的审讯策略，以取得犯罪嫌疑人的供述；（5）对决策过程进行时间限制；（6）供述的结果无论是对犯罪嫌疑人来讲，还是对审讯人员来讲都具有非同寻常的意义，甚至关系到犯罪嫌疑人的生死问题。犯罪嫌疑人在这样的情境中，会感到前所未有的

① 侯玉波. 社会心理学. 北京：北京大学出版社，2003：114—121.

压力。在审讯情境这种陌生的环境中，犯罪嫌疑人不知道自己将要面对怎样的境遇，有时甚至因其主观想象而产生强烈的恐惧感。他们和警察处于对立的一方，没有自己的群体归属感。面对警察的压力，他们几乎无法与任何社会支持系统来协商。这时，当犯罪嫌疑人事先充分详细地知道了警察将要采取的具体审问策略和审问目的后，其会减少选择供述的机会。正因为存在上述因素，有过被审讯经历的犯罪嫌疑人应对审讯压力的能力会明显好于初次犯罪者。

第二，说服者因素。在这里，说服者因素主要指说服者的可信度和吸引力。其中，说服者的可信度包括说服者的威信、说服者本身的立场以及说服者的目的指向。如果说服者的权威性较高，能够站在对方的立场来传递和分析信息，并让对方不对自己的说服动机产生怀疑时，则说服的效果会最好。大多数警察都会认为犯罪嫌疑人有罪，审讯的目的就是为了获得有罪供述。因此，在审讯中，讯问人员会利用强有力的证据来强化犯罪嫌疑人对这种有罪推定态度的认同。同时，为了减轻犯罪嫌疑人的抗拒反应，他们也会站在对方的立场上，进行说服工作，使犯罪嫌疑人产生错觉，认为警察审讯的目的不是为了获取证据，而是已掌握了证据，警察对犯罪嫌疑人充满了理解和同情，审讯的目的是为了让犯罪嫌疑人自己争取减轻刑罚的机会。因此，在具体的审讯环境中，审讯人员的威信、本身的立场以及给犯罪嫌疑人所造成的说服目的的错觉等因素综合在一起，会对供述行为产生深刻影响。

第三，说服对象因素。上述所有的技术将会给犯罪嫌疑人造成一种错觉，即他们只需要将所知道的犯罪事实再具体详细地描述一下而已，所有关于无罪的解释都将被省略或不予采纳。因此，处于此情境下的犯罪嫌疑人本身的特性，会影响说服效果，包括：犯罪嫌疑人本身的自我防卫倾向。犯罪嫌疑人为了保存面子，减低损失，会采取一些防卫机制，来抗拒讯问。这些防卫机制包括笼统拒绝，贬损来源，歪曲信息，论点辩驳以及其他合理化的防御机制等；犯罪嫌疑人的人格因素。一般来讲，性格上较依赖、低自尊的犯罪嫌疑人，容易信任权威和接受说服而改变态度，相比较而言，妇女和未成年人更容易做出供述。

第四，说服信息。说服信息的影响因素有：信息的差异。在审讯过程中，如果犯罪嫌疑人接受的信息与他原有的信息存在巨大差异时，就会存在很大心理压力，作出供述。例如犯罪嫌疑人原以为讯问人员没有掌握真实证据，不知道自己的底细，但当对方提供相应的证明材料或是突然叫到自己的真实姓名时，就会改变态度；信息对情绪的唤醒程度。相关的研究表明，说服信息所激发的情绪卷入度越深，态度改变就越大。审讯过程中，与说服信息有关的重要因素之一是说服信息所唤起的恐惧感。随着信息唤起的恐惧感的增加，人们改变态度的可能性也增加。但是，当信息唤起的恐惧感超过一定界限之后，人们的态度反而不发生改变。犯罪嫌疑人在审问情境中，最终会有两个选择，供认和欺骗。其中，欺骗的目的是为了逃避真实供述的后果。这些后果可概括为两种：一个是物质后果，一个是精神后果。物质后果主要是指对犯罪嫌疑人的人身损害和实际利益的损失，例如失去自由（被监禁、远离朋友和家人）和经济损失（被解雇、失去再就业机会）。精神后果主要是指承认犯罪本身对犯罪嫌疑人所带来的精神损害，比如自尊心的丧失、自豪感的丧失、完整形象的破坏等自我贬损的精神后果。对于这些后果的恐惧足以会超过犯罪嫌疑人的心理底线，从而促使犯罪嫌疑人对审讯人员的说服过程采取抵抗和不合作的态度。但是，如果审讯人员采用恐吓、威胁等策略，使犯罪嫌疑人对审讯的预期发生改变，使他们对不供述的后果的恐惧感远远超过供述的后果，这时，他们就完全有可能选择供述。

根据说服理论，说服过程实际上是一个由说服者创造适当情境，来改变被说服者的态度的过程，这一过程最终是以被说服者愿意改变为前提。讯问人员在审讯过程中，尤其要注重犯罪嫌疑人的自我情况，只有在对方拒绝供述或有犯罪嫌疑的情况下，才可以应用这一理论。

三、强调证据的中心价值理论

该理论由沃伦·霍姆斯提出，他的供述观点可以用以用下面公式来表示：①

$$FA + L = C$$

在这里，FA 代表审讯人员确信犯罪嫌疑人有罪的程度（Force of Assertion），在审讯的过程中，审讯人员可以利用肯定的和有说服力的语言来使犯罪嫌疑人产生这种感觉。L（Leverage）代表证据，包括想象的证据和真实的证据等，例如在初次审讯阶段所得到的物证和心理证据、测谎证据、目击者证言等。C（confession）代表供述。FA 和 L 的数值越大，供述的可能性也就越大。除此之外，沃伦·霍姆斯认为，影响人们作出供述的因素还有犯罪嫌疑人的良心（即内疚感）和对惩罚的恐惧。审讯人员要做的工作之一是减轻犯罪嫌疑人对惩罚的恐惧感和增加对供述的渴望。②

---

① Nathan J. Gordon, William L. Fleisher& C. Donald Weiberg Eds. *Effective Interviewing and Interrogation Techniques*. Academic Press, 2002, pg117.

② Nathan J. Gordon, William L. Fleisher& C. Donald Weiberg Eds. *Effective Interviewing and Interrogation Techniques*. Academic Press, 2002, pg118.

该理论实际暗含了这样一种人性假设，即犯罪嫌疑人是有理性的、意志自由的或趋利避害的，会根据供述的结果进行利弊分析来决定是否供述。犯罪嫌疑人对利弊的分析建立在犯罪嫌疑人自己认知的基础之上，以自己的内心评价为标准。他们会为了逃避惩罚而拒绝供述或采用欺骗手段。对此，审讯人员可以采用一些审讯策略使犯罪嫌疑人确信警方已经掌握了足够的证据并确信自己犯了罪，以此改变犯罪嫌疑人对供述的期望和信念水平。依照操作性条件原则，成功的供述欺骗可以得到强化，因此，说谎未被识破就会鼓励和增加再次说谎的机会。但是，欺骗也会导致人的焦虑感增强，使人的尊严受到贬低和诚实感受损。为了打消犯罪嫌疑人否认供述的心理定势，审讯人员会充分利用证据和审讯手段的影响，使犯罪嫌疑人认识到审讯人员的坚定立场，相信对方有足够的证据，相信任何的辩解和欺骗手段都是无效的，同时，为了减轻对方的恐惧和焦虑心理，审讯人员还会采用认同、同情等策略，减轻犯罪嫌疑人对后果的感知和良心的不安，以使犯罪嫌疑人在情感上接受自己的犯罪行为，并做出详细的供述。

强调证据的中心价值理论的假设是，在审讯人员强大的心理强制和证据面前，犯罪嫌疑人惟一能做的就是承认犯罪事实，争取宽大处理。如果犯罪嫌疑人确实有罪，则这一模式确实能够使犯罪嫌疑人提供真实的供述。但是，如果犯罪嫌疑人没有犯罪，当他面临审讯人员强大的有罪指控和一些相关证据时，就会产生巨大的心理压力，容易导致虚假供述。

第二节　犯罪嫌疑人在审讯中的心理特点

犯罪嫌疑人在审讯中具有复杂多变的心理活动。从变化的规律来看，多数犯罪嫌疑人始终处于矛盾的状态，一方面他们既不甘心如实交代，也不敢一味对抗，既想交代罪行，争取从宽处理，又担心会受到法律的严惩而心存畏惧。随着审讯的不断发展变化，他们的心理状态也在发生变化，既有消极对抗，也有积极的适应。这就需要研究犯罪嫌疑人的心理特征，针对具体情况，选取审讯策略。

一、阻碍犯罪嫌疑人抗拒供述的心理原因

（一）畏罪心理

犯罪嫌疑人承认犯罪通常会给自己带来严重的后果。犯罪越严重，后果就越严重，惩罚也就严重，这种对惩罚的恐惧和害怕情绪，会使犯罪嫌疑人选择隐瞒

犯罪事实。英国学者古德琼森，总结了五个方面的潜在后果[①]：一般来说，犯罪嫌疑人所担心的潜在后果包括以下几个方面：

1. 法律惩罚。所有的犯罪都有特定的惩罚。罪行越严重，惩罚也就越严重。大部分的刑事罪犯都会面临监禁，在特定的时间内被剥夺人身自由。此外，一旦罪犯出狱，曾经的犯罪记录也会使他将来很难就业。

2. 损失个人名誉。有一些犯罪嫌疑人不愿供述，是因为他们担心社会名誉受到侵害。一个人社会地位越高，就会意识到失去越多，担心就越大，也就越不愿意承认犯罪。有时，即便是小偷小摸或酒驾逃逸被捕，对一些人的打击都是致命的，他们可能会变得抑郁乃至自杀。此外，对于那些以欺骗、偷窃为荣的惯犯而言，也不愿意选择供述，因为这会意味着要向警察屈服，是对自己犯罪地位的贬损。

3. 亲人、朋友受到牵连和伤害。很多犯罪嫌疑人之所以选择拒供，是担心自己的家人和朋友知道真相以后，会有不利影响，例如子女受到歧视，朋友受到排挤，父母会受到惊吓等。现实中，这样的情况常大量发生，一旦个人犯了罪，媒体、同事、周围群众乃至街坊邻居都会把他的亲友当作关注对象，采取避而远之的态度。此外，犯罪嫌疑人也担心亲友知道自己的恶行后，会不再接纳自己。

4. 担心罪责感的折磨，不愿面对自己犯罪的事实。一些人实施犯罪行为，具有自我面对的困难，犯罪结果是他们自己完全不能接受的。在实施犯罪行为后，为了使自己免受良心和道德感的折磨，维持自己的自尊和主观感受，会有意无意地选择遗忘犯罪情节。而且，犯罪行为的可谴责性越大，就越有可能出现拒供的动机。例如，一位50岁女性罪犯，采用最恐怖的手段杀害了自己的好友，却声称对谋杀没有任何记忆。

5. 害怕报复。对于某些犯罪人来说，害怕报复的心理更强于对刑罚的恐惧。犯罪嫌疑人害怕自己一旦出卖同伙，会引起被出卖方的疯狂报复，给自己和亲友带来不良影响甚至灭顶之灾。

（二）侥幸心理

侥幸心理是犯罪嫌疑人自以为在犯罪前精心策划，在犯罪中小心谨慎没留任何证据和线索，自信没有什么证据落在审讯人员手里或以为自己凭借资源，可以逃避和减轻法律惩罚的一种心理状态。侥幸心理是支撑犯罪嫌疑人拒供的心理基础，是犯罪嫌疑人趋利避害的一种本能反应。

---

① Gudjonsson, Gisli H. (2003). The Psychology of Interrogations and Confessions: A handbook: West Sussex, England: John Wiley&Sons, Ltd, pp. 115 – 116.

我国学者吴克利认为，犯罪嫌疑人之所以产生期望变化的心理，主要基于以下几个方面的原因[①]：

1. 认为自己作案的手段高明，隐藏较深。不清楚公安机关是否发现了犯罪事实或是否作为犯罪嫌疑人将其抓获，如果仅仅是因为自己有前科或被作为怀疑对象，就有蒙混过关的可能；

2. 轻视司法机关的侦查能力，认为即便公安机关发现了一些证据，但不一定是主要证据，仍有蒙混过关的可能或可以推诿罪责；甚至错误地以为，只要自己守口如瓶，就无法定罪，就可逃脱制裁。

3. 认为自己多年来在社会上影响较广，利用"权""钱"交织了不少的关系网，有不少靠山，积累了大量的人脉，这些都会对自己起到很大作用，司法机关也奈何不了。

4. 认为自己订立的攻守同盟牢不可破，同伙不会出卖自己。

5. 认为自己对审讯的内部情况有所了解，有"二进宫"、"三进宫"经历，不怕审讯。认为审讯机关并没有掌握真凭实据，讯问只不过是怀疑自己，例行调查而已。

侥幸心理的外在表现是：在初审是竭力试探审讯人员对其证据的掌握情况，要求会见律师及家人，试探侦查人员对待自己的态度，进行摸底；在接受讯问时，或矢口否认，守口如瓶；或者寻找审讯人员问话中的漏洞，主动反击；或者始终缄默不语，以守为攻，不管讯问人员怎么问，都保持沉默；或者避重就轻，只交代次要情节，并赌咒发誓自己已彻底交代；或者采用以攻为守的策略，大喊大叫、公开谩骂、喊冤叫屈、装疯卖傻等。针对犯罪嫌疑人的侥幸心理，讯问人员要全面了解案情，摸清根源，采取有针对性的方法和步骤，掌握和适时出示证据，打消其侥幸心理存在的基础，从而突破对方的心理防线，

（三）防御戒备心理

防御戒备心理是犯罪嫌疑人在接受审讯时常见的一种心理现象，是一种防御性的心理，也是一种自卫的本能反应。在戒备心理的作用下，犯罪嫌疑人惟恐自己言多语失，出现破绽，因而处处设防，处处戒备，言辞谨慎，字斟句酌。他们对审讯保持着高度的戒备和警觉，十分注意自己所处的环境，对讯问人员的言谈举止表现出异乎寻常的关心，多方猜测讯问人员的意图，对讯问人员持怀疑态度，始终把审讯人员放在对立的位置上。他们不相信讯问人员强调的"坦白从宽，抗拒从严"的国家政策，不相信讯问人员会真诚地帮助自己，不相信自己

① 吴克利．审讯心理学．北京：中国检察出版社，2006：151．

能够受到客观公正的对待。同时，针对讯问人员的指控，他们常采用一些防御性的策略，使自己减少罪责，有的强调客观，把自己犯罪说成迫不得已，把犯罪原因归结于社会、学校、家庭乃至被害人，有的则痛苦流涕，鸣冤叫屈，强调自己一旦受到惩罚会给家庭带来不幸等等。

防御戒备心理产生的首要原因是犯罪嫌疑人和讯问人员在法律立场上的对立，其次是犯罪嫌疑人的畏罪心理。在防御戒备心理的作用下，犯罪嫌疑人不可能如实供述。为了消除犯罪嫌疑人的防御戒备心理，讯问人员要从言谈举止、审讯方法、政策水平乃至职业道德上入手，以客观、公正、诚恳的态度取得犯罪嫌疑人的信任，逐渐打破对方的戒备心理，获得真实的供述。

（四）抗拒心理

抗拒心理是犯罪嫌疑人对司法机关和讯问人员不信任乃至敌视的心理状态。抗拒心理出现的原因有三种：第一是受绝望情绪的影响。一些犯罪嫌疑人自知罪孽深重，在劫难逃，即使坦白交代也难以得到宽大处理，而对抗审讯或许能有一线生机；第二是对司法机关存在不满和偏见，故意对抗审讯。有些讯问人员不注意讯问方法，有过激或违规行为，对犯罪嫌疑人的合理要求未予理睬，伤害犯罪嫌疑人的人格和自尊心，引起对方的对立情绪。有些犯罪嫌疑人认为，自己被抓，是因为遭人陷害，是别人利用司法机关在整人，是司法机关在帮助对方整自己；第三是受先前的反动意识影响，维护自己的自尊。有的犯罪嫌疑人已形成反社会性人格，仇视所有的权威，包括学校、警察等。选择供述意味着对权威的服从，与他们报复社会的初衷相违背，因此，他们不想因为坦白而失去对自我价值的认同。

抗拒心理的常见表现是：有的犯罪嫌疑人情绪冲动，行为暴躁，缺乏理智，对讯问人员讽刺挖苦，或装疯卖傻，胡搅蛮缠，以发泄不满；有的犯罪嫌疑人情绪压抑，反应冷淡，始终拒不开口。为消除犯罪嫌疑人的抗拒心理，讯问人员要头脑冷静，思维敏捷，在直接出现对抗的状态时，要迅速离开，以免被对方激怒。在讯问过程中，不急于讯问具体的案件情节和实质内容，首先建立双方的交流平台，从对方最感兴趣的话题切入，逐步打破对方的抗拒的心理定势，为下一步讯问打下基础。

二、犯罪嫌疑人在审讯中的心理变化过程

审讯实践表明，犯罪嫌疑人和讯问人员整个心理较量主要经历四个阶段，即

试探摸底阶段、对抗相持阶段、动摇反复阶段和交代供述阶段[①]。

（一）试探摸底阶段

这一阶段出现在犯罪嫌疑人刚被拘捕，进入预审初期的较短时间内。在这一阶段，犯罪嫌疑人往往心烦意乱，焦虑不安，不甘心束手就擒，急于了解讯问人员对自己罪证的掌握程度，同时也密切观察讯问人员的个性特点和审讯风格，以便采取相应的审讯对策。在这一时期，犯罪嫌疑人的主要表现有：1. 索要证据，投石问路。犯罪嫌疑人不自己供述罪行，而向讯问人员所要证据。有些犯罪嫌疑人采用以攻为守的策略，主动讯问试探，他们会问："我不知道自己犯了什么罪？你们有什么证据就先说出来！是我做的一定会承认。"2. 自制力较强、注意力较集中的犯罪嫌疑人，警惕性和戒备心理较突出，与讯问人员刻意保持距离。大多通过直视或瞟视观察讯问人员的年龄、表情和态度等，以此来判断讯问人员的水平和工作作风；3. 以要求接见、送东西和写信为由，急于同外界建立联系，急于在监号内收集信息，利用提讯、放风机会发出特殊信息进行观察，确定措施。

（二）对抗相持阶段

犯罪嫌疑人经过初讯，对讯问、关押的环境已经熟悉并适应，对预审人员的态度和意图都有所了解，紧张、孤独的心理有所缓解，侥幸心理有所增长，不甘心束手就擒，于是，面对讯问人员施加的压力，开始集中精力进行对抗。这一阶段是讯问人员和犯罪嫌疑人心理较量最为激烈的阶段，也是讯问工作最艰苦的阶段。在这一阶段，犯罪嫌疑人通常会有以下表现：或是极力隐瞒、掩盖犯罪事实，极力回避、抵赖、辩解或否认犯罪事实；或是对讯问人员的提问，只说无关紧要的皮毛现象，对重要的问题予以回避，回答问题驴唇不对马嘴，问东答西；或是装疯卖傻，故意用语言辱骂、刺激讯问人员；或是花言巧语，察言观色，随机应变；或是面对讯问人员的连续提问，作出谎供，要么查无证据，要么证据虚假。因此，对抗相持阶段是犯罪嫌疑人和讯问人员进行智力和意志较量的阶段。

（三）动摇反复阶段

经过相持对抗阶段，犯罪嫌疑人的心理激奋期已过，抗拒的心理障碍开始瓦解、动摇，开始感到抵赖蒙混不行，只得交代，如实供述的动机逐渐上升，但是，然而，残存的侥幸、畏罪、疑虑心理不时在起作用。此时，犯罪嫌疑人会出现犹豫、动摇、左右为难的心态。其表现有：1. 态度突然间由硬变软，间接或直接提出要交代问题，在说话的口吻、对讯问人员的态度上都与以前有很大不

① 张保平，徐永新. 犯罪心理学. 北京：中国人民公安大学出版社，2000：344—345.

同，其突出表现是话到嘴边留半句，欲言又止，低头沉思；2. 讨价还价，竭力为自己的行为作多方辩解，试探能否从轻从宽处理；3. 紧张、慌乱情绪加重，下意识动作增多，例如无意中抓衣角，手、腿乱动，用手抹汗或手无意间搓揉小物体等；4. 对讯问人员的要求增多，如有的提出回监考虑或与亲人见面，有的要求喝水，抽烟等；5. 犯罪嫌疑人的心理变化很快，动摇心理会随着讯问人员的问话内容、态度乃至现场气氛等情景因素的变化而瞬息万变。例如，现场的钟声、讯问人员手中的案卷多少都会引起对方的反复。因此，在动摇反复阶段，犯罪嫌疑人心理状态的综合性、持续性、外露性和情景性表现得最为典型。

（四）交代供述阶段

交代供述阶段是讯问的最后阶段。这时，犯罪嫌疑人的主要罪行被揭露，心理防范体系部分或全部崩溃，处于无可奈何、必须交代的心理状态。在这一时期，犯罪嫌疑人的主要表现有：1. 比较放松，对于讯问人员的提问有了一定的兴趣和热情；2. 仍存在侥幸心理，在交代问题上，仍存在幻想，避重就轻，而且不是一次交代清楚，对于预审人员未掌握的犯罪事实仍不肯交代；3. 有的犯罪嫌疑人在供述中，涉及犯罪的关键情节时，会低头俯首，感到难以启齿。尤其是初次犯罪的犯罪嫌疑人在供述罪行的过程中，会体验到一种强烈的羞愧感，即便决定供述，但当着讯问人员的面公开自己的犯罪行为也是一件十分困难和没面子的事。

第三节 审讯中的心理策略及方法

一、审讯中的一般心理策略

审讯的心理对策，是指审讯人员在审讯过程中，针对犯罪嫌疑人的各种心理状态和行为表现，通过语言、动作、表情、气氛等作用，对犯罪嫌疑人心理施加一定的影响，从而使其供述认罪，达到审讯目的所采用的各种对策的总称。审讯中常用的心理策略有两种，分别是最大化策略和最小化策略。

（一）最大化策略

最大化策略是指通过控制对犯罪嫌疑人不利的证据和犯罪后果的严重程度，以提高犯罪嫌疑人供述的内在焦虑感，改变犯罪嫌疑人的主观认知，击溃犯罪嫌疑人的心理防线，进而从心理层面上促使嫌疑人做出供述。最大化策略中最常用到的技术有直接和间接指控、出示真实和伪造的证据、拒绝否认、谴责罪犯说谎、指出嫌疑人供述的不一致性、强调罪犯声明的不可靠性，强调犯罪的严重性等方式。具体可以分为以下几种。

1. 控制现场氛围

对于拒供的犯罪嫌疑人，讯问人员可以通过增强审讯气氛，形成高压态势，先声夺人，使犯罪嫌疑人认识到自己所犯的罪很大，已引起司法机关的高度重视，从而增加供述的焦虑。例如，可以通过审讯成员的调换、人数的增加、审讯时间、地点的变动，审讯速度的加快，审讯强度的加大等手段增强审讯气氛，形成咄咄逼人的态势，使对方意识到交代才是惟一出路。

2. 控制证据

存有侥幸心理的犯罪嫌疑人，会对证据非常敏感。讯问人员可以利用并控制犯罪嫌疑人对证据的有意注意，以一定方式让其感觉到对方已经掌握了罪证，从而把所有的注意力集中到证据的问题上来，讯问人员的不断刺激，会加剧其对犯罪强有力的联想，确定自己罪责难逃，从而选择供述。这些方法有①：

(1) 直接使用证据。就是直截了当地对被告人提出质问，或是当面出示物证后再提出质问，问话时，充满自信，干脆利索，不留余地。通过这种方式，对被告人直接造成强烈的刺激，立即引起对方对犯罪场景的强烈联想，容易击溃对方的心理防线。例如，讯问人员对于一名盗窃4万元的初犯，就采取了开门见山的方式，直接说："本想等你找我们的，但你没有这样做，失去了以此机会，现在，你也不要多想了，直说吧！再不坦白，连从轻处理的机会都没有了。"此外，讯问人员还可以利用手头的证据，采用连续攻击的方式，进行讯问，例如讯问人员在审讯凶杀案的被告时，会问："你手上的伤疤是怎么留下的?"，随后，出示同案犯交出的凶器——匕首，连续讯问："你看看，这把匕首是谁的?"犯罪嫌疑人马上意识到罪行暴露了，很快供述了犯罪经过。

(2) 间接使用证据。就是针对犯罪嫌疑人"做贼心虚"的心理弱点，对所要揭露的事实，用证据从侧面进行暗示，这样，会在心理上引发对方强烈的连锁反应，使对方意识到讯问人员已获取了充分确实的证据。例如，在讯问盗窃犯时，讯问人员会含而不露地问："你家木箱子上的钥匙有几把?"犯罪嫌疑人立刻意识到藏匿在箱子里的赃物已被查获，从而被迫供述。

(3) 揭露使用证据。主要是针对犯罪嫌疑人隐瞒的罪行，选择一个对揭露犯罪有着特殊标志的证据，当其在毫无准备、继续狡辩时，突然使用，从而打破其思维定势，使其在毫无提防的情况下，被迫产生供述动机。

---

① 金瑞芳．审讯心理学．杭州：杭州大学出版社，1990：135—136．

例如，一名犯罪嫌疑人在谈到自己的经历时，说曾去过山东三次，那里的叔叔、婶婶都劝他别干了，否则迟早要进公安局的。这时，讯问人员突然问："你三次去山东，都干了些什么？"对方称去玩，讯问人员又问："既然去玩，为什么你的叔叔、姑妈都劝你别干了，否则要进公安局？"紧接着出示了从嫌疑人家里搜出的部分赃物。犯罪嫌疑人以为这些赃物是山东的窝主交出来的，于是，在慌乱中交代了三上山东盗窃作案的犯罪情况。

（4）利用模糊语言、非言语以及其他信息来迷惑犯罪嫌疑人，通过提供不利的信息或者不利的事件，使其产生错误的认知，认为自己犯罪行为已经暴露，对抗下去已经失去意义。这些方法包括：

第一，使用暗示的证据。使用暗示的证据是为了使现有的证据最大限度地发挥威力和作用。例如贪污、贿赂犯罪大多是合同、票据、证书、财务资料、银行资料等。在给犯罪嫌疑人呈现证据时，既要让他看见这些资料，又要让其不清楚具体内容。讯问人员有时还会抽出一些资料，读其中的某些内容和情节，以此刺激犯罪嫌疑人的心理联想，最后达到证据材料的不断扩大。

第二，使用模糊性的语言控制，使犯罪嫌疑人产生错觉。主要是指利用犯罪嫌疑人做贼心虚的特点和某些侥幸心理，凭借其犯罪过程中的某一情节，用一些内涵和外延都不很明确的模糊性语言，向其输入含有多层意思的信息，使其产生错误的推理、判断，认为交代对自己有利，进而选择供述。

例如，在贿赂案中，受贿的犯罪嫌疑人会认为行贿人只要不告发，无凭无据就没事。针对对方的侥幸心理，讯问人员会采用迷惑性的语言："你早知今日，何必当初……纸里包不住火，你没说不代表别人不说……你俩的关系是有基础的，但是谁不为自己留一条后路啊？……是否贿赂你心里明白，我们也十分清楚"等。

第三，使用假设的语言控制。对于有些类型的犯罪而言，因取证困难或时间长、隐蔽性强等原因，留下来的客观证据很少，给讯问带来极大的困难。为了弥补这一缺陷，打消犯罪嫌疑人负隅顽抗的心理，讯问人员会采用假设的信息使犯罪嫌疑人产生错觉，进而选择供述。

例如某单位私设小金库私分公款。审问时，犯罪嫌疑人表现出极强的侥幸心理，认为账已销毁，死无对证。讯问时，不是一问三不知，就是声称全部记不清了，结果，讯问人员采取假设客观情景的方法，提出了假设信息，对犯罪嫌疑人说："你认为账销毁就无证据可查了吗？但是你忽略了一件事，你们的财务会计担心以后对公款的去向说不清楚，又另外做了记录，这一点你没有想到吧？"这一扰乱信息使犯罪嫌疑人乱了阵脚，最后做了交代①。

第四，利用神态控制。审讯人员在审讯中的喜怒哀乐都会对犯罪嫌疑人产生影响，有时犯罪嫌疑人为了刺探审讯的重点和目标，会用各种方法进行试探。对此，审讯人员要隐蔽自己，或故作镇静，或漫不经心，或紧缩双眉，或摇头叹息，迷惑犯罪嫌疑人，给对方造成假象，促使其供述。例如，一名将人打成重伤的犯罪嫌疑人，在初次审讯他时，气焰嚣张，撒泼耍赖，使审讯无法进行，于是，审讯人员故意将其案件搁下，再也不去理他，过了一段时间，犯罪嫌疑人自己着急了，主要要求提审，态度也老实下来。

3. 拒绝否认。

针对讯问人员的指控，犯罪嫌疑人的反应通常有两种，一种是沉默不语，另外一种是极力辩解自己没有干任何违法犯罪的事。这时，讯问人员会立即阻止犯罪嫌疑人的辩解，设法使犯罪嫌疑人中断辩解，不要其把话说完。否则，一旦犯罪嫌疑人把辩解的话说完，讯问人员就要寻找新的证据来进行印证。中断辩解的另外一层含义，是让犯罪嫌疑人意识到任何的辩解都没有用，已没有任何退路了，只有说出实话才对自己有利。

例如，一位讯问人员讯问犯罪嫌疑人A是如何与B合同进行盗窃犯罪的，A回答："我根本就不认识B。"问："你既不认识B，那么在B的身上怎么会有你的东西？"A答："你怎么确认？"讯问人员这时会阻止犯罪嫌疑人把第一句话说完，然后告知犯罪嫌疑人："你不要再说了，你想说什么我们也知道了，我们现在只想知道你对这一问题的态度，这也是决定对你如何进行处罚的依据。"通过否定犯罪嫌疑人的谈话，讯问人员对犯罪嫌疑人的思维方式进行了干扰，使其无法再进行辩解，这种拒绝否认的技术实际上暗示犯罪嫌疑人警方已经掌握了一些不利于他的证据，现在，警方只是对犯罪的过程和细节感兴趣。

在和犯罪嫌疑人进行面质的过程中，警察还会利用各种证据和方式来打破犯罪嫌疑人的辩解。例如，面对矢口否认的犯罪嫌疑人，警察可能对他的犯罪经历

① 吴克利. 审讯心理学. 北京：中国检察出版社，2006：267.

和犯罪过程进行不断质疑，以消除其意志力和抵抗力。这些谈话包括质疑犯罪嫌疑人的先前行为："但是5年前，你就曾经用刀刺过一个男孩三下"；质疑犯罪嫌疑人的说谎行为："我们有确切的证据证明你的亲戚当时没在现场，你是不是还要我们把证据都摆出来？"警察还可能指出存在着同案犯："你说的和你朋友说的不一样。"在审讯的初始阶段，警察一般会反复地利用上述策略，对犯罪嫌疑人回答的真实性进行不断的质疑和攻击。这种策略实际上构成了一种心理强制，在这一过程中犯罪嫌疑人提出的任何异议都被驳回，只能是按照警察提供的逻辑线索走下去。

（三）最小化策略

最小化策略是指通过表示同情、进行合理化解释、降低犯罪的严重性等方式，减轻犯罪嫌疑人的内疚感和自责感，给嫌疑人营造出一种虚假的归属感和安全感，从而促使其进行供述。从这种策略的近期效果看，审问人员能够站在犯罪嫌疑人的角度来看待犯罪问题，会使犯罪嫌疑人产生被认同的感觉，从而能和审讯人员形成一种合作关系并愿意作出供述，因而有利于侦查人员及时查清事实。这些策略包括如下几个方面：

1. 唤起荣誉感

"唤起荣誉感"是指讯问人员使用恭维或赞美的方法，有意地唤起、肯定和鼓励犯罪嫌疑人曾经的荣誉和贡献，使其意识到讯问人员实事求是的态度和对其身份的认同，没有把他同其他受审人员一般看待，对讯问人员产生信服感，同时，又激起荣誉感和自尊心，进而交代罪行。

在犯罪嫌疑人中，有的曾经是共产党员、劳动模范、先进工作者或领导干部等，从原来的位置一下成为"阶下囚"，会产生强烈的失落感。这类人在供述过程中，往往存在着怨恨、虚荣和防御心理。同时，他们也存在强烈的侥幸心理，担心自己曾经的社会名誉和优厚待遇付之东流。由于强烈的心理落差，使他们在面对讯问人员时存在很大抗拒心理。对于这类人的审讯，讯问人员会用婉转的语言满足其心理承受力，尽力唤起荣誉感，将其自尊、自负转化为交代的动力。在审讯的方法上，大多采用赞美、恭维、肯定的词语，给对方"树形象"，把对方先"立"起来，然后让他们通过实事求是、敢作敢当的方式来维护自己的形象。

例如，一位讯问人员面对某位涉嫌受贿犯罪的某市长，采用了如下讯问方式①：

---

① 吴克利. 审讯心理学. 北京：中国检察出版社，2006：346.

问：你是某市长？

答：……（双眼渐渐为平视）

问：我很早就听说过你的名字，你是一位非常有能力的领导，为地方的建设干了不少好事。

答：谢谢。

问：当地的老百姓都很拥护你，你工作踏实，实事求是，改变了一个城市的面貌，组织上是不会忘记的。

答：（有些激动），谢谢你！谢谢你！

问：多少年来，你一心扑在工作上，很少顾及家庭，没日没夜地工作，有人说你是工作狂，我想这并不过分，你确实是个事业心很强的人。

答：（叹气）……可我现在是个罪人。

问：你相信组织上会公正地对待你的"事情"吗？

答：我相信。

问：我想在很多事情上，你是被动的，你并不是贪财的人，你主要是重情面，为人讲义气。人家敬你一尺，你要敬人家一丈，是"情"字害了你。

答：点头。（默认）

2. 注入同情

讯问过程实际上是一个双向的沟通过程。在这一过程中，犯罪嫌疑人从心里接受司法人员，愿意告诉司法人员真相的前提是对司法人员的认可。讯问人员要想获得犯罪嫌疑人的认可和接受，同情与理解是人际沟通的重要手段。即把犯罪嫌疑人视作"有病"之人，对犯罪嫌疑人走上犯罪道路的动机和原因进行客观分析，对犯罪嫌疑人的境遇以适当的方式表示同情和理解。在讯问中，设身处地地为犯罪嫌疑人着想，将犯罪嫌疑人的犯罪行为与犯罪嫌疑人的人格区别对待。通过这种方式，使犯罪嫌疑人信任讯问人员，从而将注意力转到自己的内心深处，在内疚、悔恨的复杂心理中选择供述。讯问人员表达同情有几种方式①：

（1）关心犯罪嫌疑人在羁押中的生活。绝大多数犯罪嫌疑人在羁押状态下，被限制了人身自由，心理都很不适应。有的犯罪嫌疑人不适应看守所提供的伙食，有的睡眠不好，有的没有适当的衣服穿，有的身体欠佳等等。在这时，讯问人员能适当给予满足，伸出援手，哪怕是微乎其微的点滴关怀，都会使对方产生感激之情。例如，有的讯问人员在讯问时，发现犯罪嫌疑人衣服单薄，就把自己

---

① 赵桂芬. 供述心理与讯问对策解密. 北京：中国人民公安大学出版社，2009：244—245.

穿的衣服脱下来给对方穿，有的把宵夜留下来给对方，有的把自己吃的药给犯罪嫌疑人吃等。在这一过程中，如果犯罪嫌疑人觉察到讯问人员是真诚地关心他个人的情况，就会愿意做出供述。

（2）客观公正地看待犯罪嫌疑人的犯罪原因，从对方的角度出发，对其境遇表示理解，从而使犯罪嫌疑人认识到讯问人员是讲道理的，善解人意的，从而对审讯人员产生强烈的认同感和归属感。犯罪嫌疑人的犯罪原因极其复杂，大多数都是外界环境和内在控制力等多种因素交互作用的结果，例如激情犯罪，为解决贫困而实施的盗窃，受同伴的教唆而实施的犯罪等等。讯问人员在讯问时，如果能够充分理解对方的犯罪动机，以适当的方式表示理解，会减轻犯罪嫌疑人过大的心理压力，加剧其悔恨和内疚心理，从而做出供述。

例如，一位讯问人员在审问帮助别人伪造证据的王律师时，采用了如下讯问方式：

问："我们通过社会上的走访和了解，知道你为人比较实在，乐于助人。大家对你的人品都很肯定，但是你办事太热心，太善良了，帮助了别人不一定会有好报，在这件事上，你是因为讲义气，大家都非常理解你。但是，不能触犯法律啊？"

（3）利用非言语的信息表示同情。主要包括身体动作、目光接触以及语气语调等。当情感型犯罪嫌疑人对于讲真话还是讲假话犹豫不决时，审讯人员离开座位，轻轻地拍拍其胳膊或肩膀，这些动作可以表达审讯人员对于犯罪嫌疑人此时困境的理解和同情，作用远远大于语言。

3. 利用亲情

利用亲情法指审讯人员利用犯罪嫌疑人的亲情关系来进行说服的方法。许多犯罪嫌疑人之所以选择拒供，是担心自己给亲人和家庭造成很大伤害，担心自己的亲人和朋友会不接受自己，不原谅自己的犯罪行为。这时，审讯人员会利用犯罪嫌疑人的感情特点，用深表同情的口吻向其指出他给家属、子女确实带来了巨大痛苦，同时也害了自己。同时，指出如不老实交代，落得个从严判处的下场，将会给家庭、子女带来很大的伤害，只有认罪伏法，争取从宽处理，才能减轻亲属的痛苦，获得亲属的谅解，同时也有利于自己重新做人。①

"亲情法"是一种心理暗示法，审讯人员通过看望犯罪嫌疑人的亲属，转达

---

① 吴克利. 审讯心理攻略. 北京：中国检察出版社，2004：352—353.

他们的关心和担忧，告诉他们的现状，审讯人员把自己的角色转化为犯罪嫌疑人和家庭相联系的“使者”，给处于隔绝状态的犯罪嫌疑人造成“自己人”的错觉，从而取得犯罪嫌疑人的信任。此时，犯罪嫌疑人会把讯问人员的谈话当作自己亲人的谈话，从而选择供述。例如，讯问人员使用的方法通常是：“我刚去了你家，你家人对你的情况很关心，说已经这样了，只有设法走从宽处理的路了，至于能不能从宽还要你配合……”

4. 唤起良知和罪责感

罪责感是犯罪嫌疑人对自己实施犯罪行为的一种自我谴责的情感，是罪恶感和应受惩罚感交织的一种复杂情感。由于犯罪行为不仅违反了法律，也违反了正直、怜悯、同情、利他等人类自然情感，犯罪嫌疑人在实施犯罪前，已认识到犯罪行为的反社会性和随之到来的法律惩罚，并产生模糊的罪责感。当面临司法机关的审讯时，这种模糊的情感又会被唤醒，犯罪嫌疑人会重新体会到来自良知的和罪责感的压力，从而感到痛苦、内疚，因此渴望供述以求获得内心的平静，这种罪责感是促使犯罪嫌疑人供述的积极动机。为此，对于某些对讯问有抵触情绪的犯罪嫌疑人，审讯人员在取得其信任的基础上，会选择有感召力的语言，刺激或强化犯罪嫌疑人的罪责意识和悔罪心理，从而加大其供述的压力。

5. 缩小犯罪行为道德上的严重性，对犯罪嫌疑人的犯罪原因不作道德方面的谴责

犯罪嫌疑人供述罪行的过程，实际上是一个自我揭露和自我否定的过程，是当着他人的面承认自己内心最隐秘的恶的一面，由此产生的强烈的羞耻感使其自尊心受到严重打击，因此，很多犯罪嫌疑人往往会顾及面子和自尊心，难以开口供述。在这种情况下，讯问人员会尽量给对方留一些面子，为对方提供在道德上可以接受的借口或合理化的理由，减轻供述压力。例如指出被害人也有一定过错；指出任何人在那种情境下都有可能实施；指出犯罪嫌疑人的非犯罪意图，犯罪可能只是一种意外、酗酒或是情绪激动；犯罪是为了他人免受进一步伤害等。

二、对不同类型犯罪嫌疑人的审讯对策

（一）女性犯罪嫌疑人的心理特点与审讯对策

女性犯罪嫌疑人在审讯中表现出如下心理特征[①]：首先，在认知上，认识范围狭窄，法制观念淡薄。在接受讯问时，女性犯罪嫌疑人容易根据自己意愿和感情做出判断，容易受直觉思维影响，富于联想，对讯问反应敏感，疑虑较多，即

① 邓维骞，吴中林，等. 预审心理学. 成都：四川科学技术出版社，1986：272—273.

便在客观事实面前无路可退时，仍可靠思维的联想来进行自我调整，千方百计找理由进行抵赖，问东答西，不断改变讯问人员主题，“敢做而不敢为”；其次，在情感上比较悲观失望，心细敏感，家庭观念较重，思家心切，对父母、丈夫、子女存在很强的歉疚感，想到自己判刑后给家庭孩子造成的影响而感到悔恨、耻辱、烦恼和苦闷，常低头哭泣。情绪不稳定，容易激动，对侦查人员的某些提问异常敏感，有时会与审讯人员无缘无故顶撞争吵，甚至大喊大叫，时哭时笑，歇斯底里；最后，在意志上，受情绪影响较大，意志力较为薄弱，重“情”轻理，容易受到暗示影响。一方面，她们在供述的过程中，容易受到外界压力影响而屈服，在审讯的前段时间思维活跃，意志坚定，防守严密，经过一段时间后，就会表现出疲劳和意志脆弱的特点，容易接受趋利避害的暗示而选择供述。另一方面，情感波动大，不稳定，供述反复无常，容易受到内外因素的影响而反复翻供。

针对女性犯罪嫌疑人，审讯人员要采取如下对策：首先，耐心细致，循循善诱地与其建立人际关系，取得对方的信任，这是最关键的一步。很多犯罪嫌疑人是属于先被诱惑、被压迫甚至是被凌辱而后自暴自弃走向犯罪道路的。鉴于犯罪原因及女性犯罪嫌疑人情感细腻的特点，审讯人员要抱有一定同情心。首先，用温和的语气、委婉的语言，耐心细致地与她们建立信任关系，以达到事半功倍的效果。切忌在讯问开始时采用简单粗暴、急于求成的方式，以免适得其反。其次，审讯中要环环相扣，始终围绕犯罪事实进行讯问，用语明确、恰当，减少暗示的消极影响，防止供述出现反复性。在审讯中，可根据她们感情细腻、思家心切的特点，把感化的力量渗透到她们心灵深处。

（二）未成年犯罪嫌疑人的心理特点和审讯对策

未成年犯罪嫌疑人在审讯中表现出如下心理特征①：首先，在认知上，表现思维易片面、偏激，是非不分，善恶不辨，不知道什么是真正的友谊观、英雄观，在审讯中有的为了逞“英雄”，不做“投降派”而拒不交代，有的为了“哥们义气”和信守攻守同盟，往往为同伙保密，甚至承担全部罪责，有的为了与侦查人员讲交情，会选择供述，以证明自己够义气。思维方式简单，对犯罪的社会危害性及被捕后的法律地位、供述的重要性都认识不足，道德意识和法律意识欠缺。如有的杀了人被拘后，仍认识不到问题的严重性，与审讯人员讲交情，问：“能不能交代了就让我回家？”。在面临审讯时，往往靠直觉性思维来应对，思想斗争少，慑于审讯压力，多数能如实供述；其次，在情绪上，表现为高度紧

① 魏月霞. 侦查心理. 北京：群众出版社，2004：290—291.

张性和情绪调控能力差的特点，易冲动，感情用事。在审讯中，常有较强烈的情绪反应，包括强烈的自卑感、显著的冷漠感以及彷徨和懊丧感等。愿听鼓励、称赞的语言，反感挖苦、讽刺的语言；最后，在意志上，受情绪和认知影响，容易受引供、诱供的消极暗示而供述，同时容易受同监犯教唆影响而翻供。另一方面，由于缺乏对刑罚的现实感受，对监禁处境具有较高的耐受性，焦虑感较少。

针对未成年犯罪嫌疑人，审讯人员要采取如下对策：首先，在审讯过程中，遵循他们的思维规律和情感特点，逐渐接近罪行，帮助其提高认识，从而贯彻思想品德和法制观念教育。在初审时，不急于追寻罪行，而是采用启发诱导的方法，引导其树立预警意识，以避免将来的重犯可能；其次，充分发挥"皮格马利翁效应"的作用，进行感化教育。一方面，审讯人员要关心爱护未成年人犯罪嫌疑人，在生活上给予照顾和帮助。另一方面，要尊重未成年犯罪嫌疑人的人格，不讽刺，不挖苦，不动辄训斥恫吓。在审讯时，审讯人员会指出前途，对其过去曾经有过的好的表现，以及认罪态度等思想认识上哪怕有非常小的进步，也要给予承认和鼓励，以感化其心灵，促使其改邪归正。

(三) 老年犯罪嫌疑人的心理特点和审讯策略

老年犯罪嫌疑人在审讯中表现出如下心理特征：首先，在认知上，侥幸心理比较严重，表现为老谋深算，倚老卖老，不肯轻易交代问题，对审讯人员的教育和国家的政策持怀疑态度，瞧不起年轻的没有经验的审讯人员，对付审讯有一套办法，善于以投石问路、反诘发问、真假混供等手法试探摸底。此外，由于生理机能的衰退，对侦查人员的提问反应迟钝，对犯罪案件的回忆有一定困难。思维方式定型化，很难轻易改变对自己犯罪行为及反讯问能力的错误认识；在情感上，以悲观绝望心理为主，担心难以活着回家。容易产生消极的情绪体验，如孤独感、冷漠感、凄凉感、郁闷感等。情绪不稳定，自尊心较强，对强硬的讯问易产生抵触情绪，一旦被激怒，便以沉默相对抗，形成审讯僵局；在意志上，抗拒意志坚定，不轻易认罪，所提供的一切供述都经过深思熟虑。

针对老年犯罪嫌疑人，审讯人员要取如下对策：首先，审讯人员会从老年人丰富的生活经验入手，通过肯定其过去对社会的贡献，对其晚节不保的行为表示遗憾，从而唤起老年犯罪嫌疑人对罪行及犯罪后果产生悔恨意识及自责意识。同时，正面鼓励对方勇于面对过失，承担责任。在问话过程中，审讯人员的语速要放慢，要简洁明了，还要多讲道理，以减轻犯罪嫌疑人的厌烦情绪，消除疑虑；其次，充分使用有力证据，打消其不切实际的幻想。针对老年犯罪嫌疑人的侥幸心理，审讯人员可"出其不意，攻其不备"地使用证据，形成威慑，迫其就范；同时，老年犯罪嫌疑人的审讯应该严肃谨慎，尤其要尊重其人格。在讯问中，审讯人员要表现得更有耐心和智慧感，尤其对于一些思维偏执和法律意识淡薄的老年犯罪嫌疑人更是如此。

（四）累犯和惯犯的心理特点和审讯对策

累犯在审讯中表现出如下心理特征：首先，在认识上，侥幸心理严重，对受审有心理上的准备，并且有一套反审讯伎俩，对抗意识较为强烈。与初犯不同，累犯具有更为全面的犯罪经验，包括作案的经验、参加诉讼的经验、被监禁的经验以及重返社会的经验等。由于犯罪经历较长，不仅反社会心理强烈，还善于掩饰伪装，应变能力强，建立起严密的防御体系。在审讯中，累犯会不断分析案情和审讯人员的意向，及时调整防御计划和抗拒办法；其次，在情绪上，累犯较稳定，没有恐惧心理，并且对立，抵触，很少有悔罪心理。在审讯中沉着冷静，不露声色，对审讯员持冷漠态度，对政策教育不屑一顾；最后，抗拒意志坚定，信念是不见证据不交代。对自己的反审讯经验盲目自信，企图在意志力方面与审讯人员抗衡，采用多种方法干扰审讯秩序，有的以静待动、伺机反扑，有的编造伪供、谎供，有的故意生事、激怒审讯人员、造成僵局，有的对问话充耳不闻，唯恐出现纰漏等。

针对累犯，审讯人员要取如下对策：首先，在讯问前，要有充分的准备，对犯罪嫌疑人的生活经历、家庭情况、社会关系、工作表现、犯罪原因、作案特点等做充分的了解，制定详细的审讯策略，包括突发事件的处理，出示哪些和怎样出示证据以及讯问用语等；其次，审慎使用证据。审讯人员出示的证据要对犯罪嫌疑人产生强有力的心理影响。对于抛小瞒大、避重就轻的累犯，侦查人员要加大压力，采用“引而不发”、“欲擒故纵、集中揭露”的方法，促使其主动供述。

惯犯与累犯有相同或相似之处，可参照累犯的审讯方法进行，具体问题具体分析，选择适合的审讯方法。

（五）反社会人格

具有反社会人格的犯罪嫌疑人在审讯中表现出如下心理特征①：首先，在认知上，已形成比较稳定的反社会意识、思想和信仰，极端自私和自我中心，没有道德感，对他人冷酷无情，刻薄残忍。因此，审讯人员几乎不可能用唤醒良知的方式，使他们重新思考自己的价值观而发生态度改变；其次，在情绪情感上，缺乏羞愧感和悔罪感，情感冷漠，在羁押和讯问状态下无紧张感和焦虑感；最后，在意志力上，随意性很大。在讯问中随意说谎。

针对此类罪犯，审讯人员要采取如下对策：首先，选用主要对策时充分利用

---

① 赵桂芬. 供述心理与讯问对策解密. 北京：中国人民公安大学出版社，2009：332—335.

证据，促使对方做利弊选择。反社会人格者是非情感型的犯罪嫌疑人，但仍具有正常的理智，能进行理性思维。同时，他们在本质上是利己主义者。因此，充分使用证据，利用事实分析和利弊比较的方法，能促使他们主动选择供述；其次，观察和利用反社会人格者的说谎行为。反社会人格者习惯并善于说谎。但他们说谎的动机异于常人，其目的主要是在审讯人员面前表明自己在智力和能力上的优越性。针对这一特点，审讯人员可以通过对其谎言的认可和关注，使犯罪嫌疑人无所顾忌，以便在关键时刻揭露谎言，使对方无法狡辩，同时，还可引导其在与犯罪情节有关的问题上发挥想象力，从而发现案件事实。

三、国外心理学讯问方法简介

（一）联想反应讯问法

联想是由一事物的观念想到另一事物的观念的心理过程，是一种不可抗拒的心理活动，利用联想可以探索人的心理状态。联想反应讯问法是利用联想规律获得犯罪嫌疑人真实供述的一种讯问方法。审讯人员在讯问时，使用多数与该案无关的普通语和与该案有关的刺激语，使它们相混，一次一词地讯问犯罪嫌疑人，要他将所想到的第一个词很快地说出，根据犯罪嫌疑人反应的时间、内容、方式以及表情等判断他是否有罪。对于这两类词语，犯罪嫌疑人的反应会存在差异。例如对于普通词语“天”，则联想词语多数为地，“黑”则为“白”。但是，对于涉案词语例如“菜刀”，犯罪嫌疑人就可能联想到杀人，而不是“切菜”。与此同时，犯罪嫌疑人会出现两种情况：一种是本能的防御反应。由于感到危险，犯罪嫌疑人会抑制自由联想，寻找新的词语代替，因而在反应时间上会减慢，为此，有学者建议采用重复的方法，来看犯罪嫌疑人是否在有意说谎；二是会因犯罪心理痕迹的强烈干扰和思维定势的影响，脱口说出与犯罪有关的反应词语，并表现出惊恐反应，例如出汗、脸色苍白、面红耳赤等。

在运用这种方法时，要注意到无罪犯罪嫌疑人有的因怕受冤枉、无辜涉嫌而出现紧张情绪，当他意识到犯罪刺激语的含义时，也会出现类似于有罪犯罪嫌疑人的反应。因此这种方法不能认为是绝对可靠的，只能作为辅助性方法与其他审讯方法配合使用。

（二）复述讯问法

这种方法是编一个与该案件相类似的故事，即犯罪经过与案件经过相同，但细节不同，将这个故事讲给犯罪嫌疑人听，然后让犯罪嫌疑人复述，按故事内容回答所提出的问题。这时，有罪犯罪嫌疑人复述极易发生错误。其原因在于他可能因心烦意乱无法倾听，也可能因思想混乱，无意间将犯罪经过补充到应复述的故事之内，以致泄露犯罪真相。

这种方法的效果取决于所编的故事是否与犯罪事实经过相符。如果所编故事包含犯罪嫌疑人犯罪动机与经过，犯罪嫌疑人复述该故事时即使无懈可击，但他的情绪已不稳定，他可能怀疑罪行已被发现，无法保持自然神色，据此可判定其是否有罪。但是，由这种方法所得到的结果只能是偶然性的，仅供参考。更重要的是，我们应当重证据而不轻信口供，结合其他方法灵活运用这种方法。

(三) 九步审讯法

九步审讯法是弗雷德·英博总结的针对有确证罪嫌疑人的审讯方法，前提条件是警察已经确认对方有罪，因此，审讯的目的是获得有罪供述。弗雷德．英博把审讯过程归纳为九个步骤，分别是[①]：第一步，提出正面指控，直接明确正面告知被讯问人，他已被视做本案犯罪嫌疑人，并注意观察对方的反应；第二步，展述审讯主题，审讯人员说出自己对犯罪原因的推测，并给犯罪嫌疑人提供一个可以在道义上为自己开脱的理由，以减轻对方的道德责任；第三步，阻止再次否认，打断犯罪嫌疑人对自己无罪的说明，并注意观察其反应；第四步，克服异论障碍。驳倒犯罪嫌疑人关于第二步中提出的道义借口的说明；第五步，攫取对方注意。以认真诚恳的态度获得并保持犯罪嫌疑人的注意力；第六步，控制消极情绪。通过加强目光接触来消除犯罪嫌疑人的消极情绪；第七步，列出选择问题。提出一组选择问题，建议犯罪嫌疑人在“可以接受”和“不能接受”两个方面进行选择；第八步，查明犯罪细节。让犯罪嫌疑人口头讲述犯罪的各个细节；第九步，提取书面供词。把口头供述转为书面供述。

本章小结

审讯是侦查人员和审讯人员为揭露案件真相，证实犯罪和查明犯罪人，对犯罪嫌疑人依法进行的讯问活动。所有的审讯情境具有一定的强制性，分为物理强制和精神强制。物理强制包括失去自由、与外界隔绝、饮食起居受到控制、睡眠被剥夺等。精神强制主要体现在巨大的供述压力上。审讯过程实际上是一个改变犯罪嫌疑人态度的过程，或者是一个态度说服的过程。心理学家 Hovland 态度说服理论同样适用于审讯情境，此外，还有沃伦·霍姆斯提出的强调证据的中心价值理论等。在审讯过程中，犯罪嫌疑人主要存在畏罪心理、侥幸心理、防御戒备

① ［美］弗雷德·E·英博，约翰·E·雷德，约瑟夫·P·巴克雷．审讯与供述．何家弘，等，译．北京：群众出版社，1992：99—250.

心理、抗拒心理等。这四种心理随着犯罪嫌疑人所经历的审讯过程的不同，表现方式也会发生变化。一般来讲，犯罪嫌疑人和讯问人员整个心理较量主要经历四个阶段，即试探摸底阶段、对抗相持阶段、动摇反复阶段和交待供述阶段。在审讯阶段，审讯人员所采用的策略分为两种，分别是最大化和最小化策略。最大化策略是指通过控制对犯罪嫌疑人不利的证据和犯罪后果的严重程度，以提高犯罪嫌疑人供述的内在焦虑感，改变犯罪嫌疑人的主观认知，击溃犯罪嫌疑人的心理防线，进而从心理层面上促使嫌疑人做出供述。最小化策略是指通过表示同情、进行合理化解释、降低犯罪的严重性等方式，减轻犯罪嫌疑人的内疚感和自责感，进行心理接触，从而促使其进行供述。针对不同类型的犯罪嫌疑人，例如未成年人、女性犯罪嫌疑人、累犯和惯犯、老年犯罪嫌疑人以及反社会人格犯罪嫌疑人等，审讯人员所选择的具体审讯策略也会有所不同。

复习思考题

1. 解释下列概念：

   最大化策略　最小化策略　九步审讯法

2. 利用说服理论如何对审讯心理进行解释？
3. 针对未成年犯罪嫌疑人，该采取哪些审讯策略？